Reformation und Recht

ARTIBUS INGENUIS
J·C·B·M·
1·8·0·1

Reformation und Recht

Ein Beitrag zur Kontroverse um die Kulturwirkungen der Reformation

herausgegeben von

Christoph Strohm

Mohr Siebeck

Christoph Strohm, geboren 1958; Dr. theol.; Professor für Reformationsgeschichte und Neuere Kirchengeschichte an der Ruprecht-Karls-Universität Heidelberg, ordentliches Mitglied der Heidelberger Akademie der Wissenschaften, Leiter der Forschungsstelle „Theologenbriefwechsel im Südwesten des Reichs in der Frühen Neuzeit (1550–1620)".

Herausgegeben im Auftrag des Wissenschaftlichen Beirats ‚Reformationsjubiläum 2017'.

Gedruckt mit freundlicher Unterstützung der Beauftragten der Bundesregierung für Kultur und Medien.

ISBN 978-3-16-154803-1

Die Deutsche Nationalbibliothek verzeichnet diese Publikation in der Deutschen Nationalbibliographie; detaillierte bibliographische Daten sind im Internet über *http://dnb.dnb.de* abrufbar.

Das Buch wurde von Martin Fischer in Tübingen gesetzt, von Gulde Druck in Tübingen auf alterungsbeständiges Werkdruckpapier gedruckt und von der Buchbinderei Nädele in Nehren gebunden.

Vorwort

In dem vorliegenden Band kommen die Vorträge zum Abdruck, die auf einem vom wissenschaftlichen Beirat der Lutherdekade am 26./27. Februar 2016 in Berlin veranstalteten Symposium gehalten wurden. Die Gegenwartsbedeutung des Themas liegt auf der Hand. Es ist eine der großen Fragen unserer Zeit und im Besonderen der nächsten Jahre und Jahrzehnte, in welcher Weise die Etablierung und Akzeptanz von Recht – positivem, geltendem Recht! – mit religiösen bzw. weltanschaulichen Grundentscheidungen verbunden oder gar davon abhängig sind. Das Thema „Reformation und Recht" ist aber auch von besonderer historiographischer Bedeutung im engeren Sinne. Wie der Untertitel der Tagung „Zur Kontroverse um die Kulturwirkungen der Reformation" zum Ausdruck gebracht hat, sind diese durchaus umstritten. Im Bereich der wissenschaftlichen Diskussion und ebenso in der öffentlichen Debatte im Zusammenhang des 500-jährigen Reformationsjubiläums werden die Kulturwirkungen der Reformation sehr unterschiedlich beschrieben. Gerade in dieser Frage prallen die Meinungen aufeinander. Auf der einen Seite sieht man von der Sprache bis hin zu den Befunden der Korruptionsindizes noch heute wirksame Folgen Luthers und der Reformation. Auf der anderen Seite wird schon die Ausschreibung einer Preisfrage nach dem Beitrag des Protestantismus zur Formierung der westlichen Zivilisation als Rückfall in eine protestantisch dominierte Kulturkampfgeschichtsschreibung gesehen.

In dieser kontrovers geführten Debatte erörtern die hier abgedruckten Beiträge exemplarisch verschiedene Aspekte des Einflusses der Reformation auf die Rechtsentwicklung in der Frühen Neuzeit. Cornel A. Zwierlein gibt einen Überblick über die neuere Konfessionalisierungsforschung, die die gleichermaßen modernisierende Wirkung aller drei Hauptkonfessionen hervorgehoben hat. Die Diskussion wird kritisch weitergeführt, indem Zwierlein die Leistungsfähigkeit des Konfessionalisierungsparadigmas über die traditionellen territorialstaatlichen Kontexte des Reiches hinaus erörtert. Michael Stolleis ordnet die Auswirkungen der Reformation auf die Rechts- und Staatsentwicklung in größere Zusammenhänge ein und hebt neben einer Phase verstärkter Verrechtlichung im Hochmittelalter eine weitere im 15./16. Jahrhundert hervor. Insbesondere der Beitrag protestantischer Juristen zur sogenannten Reichspublizistik ist offensichtlich. Heiner Lück erläutert den Beitrag Wittenberger Juristen zur Rechtsentwicklung, insbesondere auf dem Gebiet des Eherechts. In vergleichender Perspektive unterstreicht Wim Decock den engen Zusammenhang von Recht und Moral bei katholischen Juristen der Frühen Neuzeit. In dem Beitrag von Christoph Strohm werden die produktiven Folgen konfessioneller Konkurrenz für die Rechtsentwicklung exemplarisch aufgezeigt. Heinrich de Wall erläutert die unterschiedlichen Dimensionen und weitreichenden Folgen des Sachverhalts, dass in Folge der Reformation nun nicht mehr Kleriker oder Klerikerjuristen das Recht in der Kirche bestimmten, sondern „weltliche" Juristen. Der Beitrag Axel Freiherr von Campenhausens gibt die ebenso umfassenden wie pointierten Impulsthesen wieder, die zusammen mit einem (hier nicht zum Abdruck kommenden) Beitrag Udo di Fabios für eine angeregte Abschlussdiskussion sorgten.

Herzlich ist dem Wissenschaftlichen Beirat für das Reformationsjubiläum 2017 für die Finanzierung der Tagung und der Publikation zu danken. Die organisatorische Betreuung der Tagung sowie die redaktionelle Betreuung des Buchmanuskripts lagen in den Händen von Doreen Zerbe. Für die Mitarbeit an der Fertigstellung des Bandes ist den studentischen Hilfskräften Maria Ingeborg Götz, Elisa Dürr, Isabel Raudonat sowie Anja Marschall zu danken.

Heidelberg, im Mai 2017 Christoph Strohm

Inhalt

Abkürzungen

ADB	Allgemeine Deutsche Biographie, 56 Bde., Leipzig 1875–1912; ND 1968–1974 (Online-Ausgabe: http://www.deutsche-biographie.de).
HRG	Handwörterbuch zur Rechtsgeschichte, 5 Bde., 1964–1998.
^{2}HRG	Handwörterbuch zur Rechtsgeschichte, 2. Aufl., 2008 ff.
NDB	Neue Deutsche Biographie, hrsg. von der Historischen Kommission bei der Bayerischen Akademie der Wissenschaften, Berlin 1953 ff. (Online-Ausgabe: http://www.deutsche-biographie.de).
TRE	Theologische Realenzyklopädie, hrsg. von Gerhard Krause u. a., 36 Bde. [und Abkürzungsverzeichnis], Berlin/New York 1977–2004.
WA	Martin Luthers Werke. Kritische Gesamtausgabe: Schriften, 69 Bde., Weimar 1883 ff.
WA Br	Martin Luthers Werke. Kritische Gesamtausgabe: Briefwechsel, 18 Bde., Weimar 1930–1985.
WA TR	Martin Luthers Werke. Kritische Gesamtausgabe: Tischreden, 6 Bde., Weimar 1912–1921.

‚Konfessionalisierung‘ europäisch, global als epistemischer Prozess

Zu den Folgen der Reformation und zur Methodendiskussion

Cornel A. Zwierlein

Das Reformationsjubiläum von 2017 gibt den Historikern auch und vielleicht vor allem die Aufgabe auf, die langfristigen Folgen der Reformation in Erinnerung zu rufen; Bestandsaufnahme zu leisten, was der derzeitige Diskussionsstand und die Forschungsperspektiven hinsichtlich dieser Folgen sind. Die Beziehung von Reformation und Recht hat sich inzwischen vor allem ideengeschichtlich profiliert hinsichtlich der Frage, wie die unterschiedlichen Theologien sich nach der Reformation zum gelehrten römischen und zum kanonischen Recht verhielten. Ursprünglich hatte diese Debatte um 2000 sich noch als Alternative zum Ansatz der Konfessionalisierung positioniert: Immerhin war ‚Konfessionalisierung‘ selbst durchaus als eine sozialhistorisch vertiefende Sicht gerade auch auf die *Verrechtlichung* und *Institutionalisierung* der Folgen von Reformation und Gegenreformation angetreten. Demgegenüber konnte man darauf hinweisen, dass trotz dieses Anspruchs paradoxerweise die Inhalte von Recht und Theologie dabei stark vernachlässigt wurden. Nachdem die neuere ideengeschichtliche Forschung sich fast schon so verselbständigt hat, dass die ursprüngliche Oppositionsstellung zu ‚Konfessionalisierung‘ nahezu vergessen ist, mag es daher für einen allgemeinen Aufriss hilfreich sein, die Frage nach den langfristigen Folgen von Reformation doch noch einmal im Nachdenken darüber, was ‚Konfessionalisierung' heute noch, nach aller Diskussion und Kritik, meinen und bedeuten kann, zu beantworten. Um dabei aber auch nach vorne gerichtet zu arbeiten, soll eine der jüngsten Tendenzen aufgenommen und gebündelt werden, indem gefragt wird, was ‚Konfessionalisierung' in einem *europäischen* und dann einem *globalgeschichtlichen* Zusammenhang meinen kann, und wie so die Nachgeschichte der zentral-, ost- und westeuropäischen Reformation(en) im Ausgriff der Missionen auch globalhistorisch mit einem solchen Konzept, wohl und notwendig umdefiniert, zu erfassen ist.

Das Wort ‚Konfessionalisierung'[1] zu verwenden, erscheint im Jahre 2016 als ein Relikt und verlangt eher nach Historiographiegeschichte.[2] Wollte man heute, in globalhistorischen Zeiten, in Zeiten der Internationalisierung und der Verstrebung der deutschen Geschichtswissenschaft in die europäische und angloamerikanische Forschungslandschaft hinein, einer Doktorandin oder einem Doktoranden ein innovatives Dissertationsthema vorschlagen, so würde man wohl nicht auf die Idee kommen, ein Thema wie „Konfessionalisierung in der Grafschaft Lippe" zu wählen, wie es Schilling einst für seine Habilitationsschrift tat,[3] so wichtig das Thema, die Quellen und das Problem nach wie vor sind. Wenn

[1] Zur Begriffs- und Diskursgeschichte von ‚Konfessionalisierung' sowie für weitere Literatur vgl. Cornel Zwierlein, (Ent)konfessionalisierung (1935) und ‚Konfessionalisierung' (1981), in: Archiv für Reformationsgeschichte 98 (2007), S. 199–230.

[2] Schon 2004 schrieb Harm Klueting hinsichtlich des Konfessionalisierungskonzeptes wie von einer längst abgestorbenen Forschungsdebatte der 1980er-Jahre: vgl. Harm Klueting, Problems of Term and Concept „Second Reformation". Memories of a 1980s Debate, in: Confessionalization in Europe, 1555–1700. Essays in Honor and Memory of Bodo Nischan, hrsg. von John M. Headley, Hans J. Hillerbrand, Anthony J. Papalas, Aldershot 2004, S. 37–49.

[3] Vgl. Heinz Schilling, Konfessionskonflikt und Staatsbildung. Eine Fallstudie über das Verhältnis von religiösem und sozialem Wandel in der Frühneuzeit am Beispiel der Grafschaft Lippe, Gütersloh 1981.

man aber den ersten Reflex der Ermüdung über eine veraltet erscheinende Fragestellung abgelegt hat, macht es doch Sinn, nach dem Problemkern zu fragen, der in der Konfessionalisierungs-Fragestellung enthalten war, und was hiervon übrigbleibt bzw. transferierbar ist, wenn man es zum Beispiel auf europäische und globale Geschichtsschreibung anzuwenden versucht und es mit eher wissens- und kommunikationshistorischen Heuristiken verbindet.

Zunächst aber ein kurzer distanzierter Blick auf die Forschungsgeschichte von 1980 bis heute.[4] Die Grundthese des um 1980 entstandenen und aller Orten in Deutschland rezipierten und gelehrten Interpretaments und Forschungsprogramms zu den politisch-kirchlichen und sozialgeschichtlichen Folgen der Reformation war klar: ‚Konfessionalisierung' beinhaltete zunächst Aussagen zu den typischen institutionellen und prozessualen Bedingungen der Durchsetzung der Reformation vor allem in den Territorien des Heiligen Römischen Reiches. Am didaktisch markantesten war hier das ‚Sieben-Punkte'-Programm Wolfgang Reinhards.[5] Es postulierte eine weitgehend zeitlich-funktionale Paral-

---

[4] Vgl. Wolfgang REINHARD, Konfession und Konfessionalisierung in Europa, in: Bekenntnis und Geschichte. Die Confessio Augustana im historischen Zusammenhang, hrsg. von dems., München 1981, S. 165–189; Heinz SCHILLING, Die Konfessionalisierung im Reich. Religiöser und gesellschaftlicher Wandel in Deutschland zwischen 1555 und 1620, in: HZ 246 (1988), S. 1–45; Heinrich R. SCHMIDT, Konfessionalisierung im 16. Jahrhundert, München 1992, S. 1, 106 f., 116 f.; Stefan EHRENPREIS, Ute LOTZ-HEUMANN, Reformation und Konfessionelles Zeitalter, Darmstadt 2002, S. 63; Thierry WANEGFFELEN, ‚Construction confessionnelle' et ‚confessionalisation' dans l'Europe moderne, in: Historiens et Géographes 341 (1993), S. 121–132; Thomas A. BRADY, Confessionalization – The Career of a Concept, in: Headley, Hillerbrand, Papalas (Hrsg.), Confessionalization in Europe (wie Anm. 2), S. 1–20; Harm KLUETING, ‚Zweite Reformation' – Konfessionsbildung – Konfessionalisierung. Zwanzig Jahre Kontroversen und Ergebnisse nach zwanzig Jahren, in: HZ 277, 3 (2003), S. 309–341.

[5] Vgl. Wolfgang REINHARD, Zwang zur Konfessionalisierung? Prolegomena zu einer Theorie des konfessionellen Zeitalters, in: ZHF 10 (1983), S. 257–277.

lelität zwischen den drei großen christlichen Konfessionen, wie sie dann der Westfälische Frieden anerkannte, und es verknüpfte die Reformationsgeschichte mit der allgemeinen sozialhistorischen Konjunktur der Zeit über die Grenzen des engeren Feldes hinaus dadurch, dass es Konfessionalisierung als einen Teilabschnitt des damals weitgehend anerkannten Modernisierungsprozesses auswies. Damit wurde es hof- und anschlussfähig etwa für Bielefelder Sozialhistoriker und es bot Erklärungen und ein Geschichtsbild für das konfessionelle Zeitalter an, das auch dem primär säkular interessierten Zeithistoriker vermittelbar war.[6] In der binnendeutschen Perspektive mag man noch darauf hinweisen, dass das Konfessionalisierungskonzept sich als sozialhistorische Fortentwicklung des weiteren und weniger spezifischen Konfessionsbildungsbegriffes von Ernst Walter Zeeden verstand:[7] Gegenüber diesem Konzept der 1960er-Jahre, das primär die Arrondierung und bekenntnisförmige Stabilisierung der Konfessionskirchen selbst im Auge hatte, betonte das Konfessionalisierungs-Interpretament die strenge Verknüpfung zum Staat und zur Gesellschaft. In der Ausbildung von konfessionell vereinheitlichten Territorien nach der Reformation habe der werdende, noch unfertige Staat gleichsam als Ersatz für noch nicht vorhandene eigene, säkulare, kirchenfremde Herrschaftsmechanismen auf das noch stärkere und wachsende institutionelle und infrastrukturelle Potenzial der Kirchen zugegriffen. Die konfessionelle Uniformierung und Disziplinierung der Unter-

---

[6] Zur historiographisch-theoretischen Dekonstruktion des (Bielefelder) Modernisierungs-Ansatzes vgl. Chris LORENZ, ‚Won't you tell me, where have all the good times gone?' On the advantages and disadvantages of modernization theory for historical study, in: The many faces of Clio. Cross-cultural approaches to historiography, essays in honor of Georg G. Iggers, hrsg. von Qingjia Edward Wang, New York/Oxford 2007, S. 104–127; Thomas MERGEL, Geht es weiterhin voran? Die Modernisierungstheorie auf dem Weg zu einer Theorie der Moderne, in: Geschichte zwischen Kultur und Gesellschaft. Beiträge zur Theoriedebatte, hrsg. von dems./Thomas Welskopp, München 1997, S. 203–232.

[7] Vgl. Ernst Walter ZEEDEN, Konfessionsbildung. Studien zur Reformation, Gegenreformation und katholischen Reform, Stuttgart 1985.

tanen sei insoweit eine Etappe der Sozialdisziplinierung als ganzer und damit eben Teil eines vom Staat her gedachten Modernisierungsprozesses.[8] Dass das Programm in den 1980ern und 1990ern sehr fruchtbar war, viele Monographien, Dissertationen, unzählige Sammelbände und Aufsätze und auch Editionen etwa von vorher wenig beachteten Kirchenratsprotokoll- und Visitationsregistern hervorbrachte, ist bekannt, ebenso muss hier nicht die zunächst vor allem oder lange sogar nur in Deutschland geführte Diskussion der 1990er-Jahre wiederholt werden, in der das Konzept von allen Seiten schon gründlich kritisiert wurde, also die teleologische Anbindung an das zu dieser Zeit selbst rasant an Evidenz und Interesse verlierende Modernisierungskonzept, die Anbindung an das Staatliche, die top-down-Perspektive. Auch muss nicht an die ebenfalls lange geübte Kritik erinnert werden, dass die Fixierung auf das Sozialhistorische – zunächst als Stärke des selbsternannten Paradigmas erachtet – lange Zeit zu einer Art Blindheit gegenüber den Inhalten des Religiösen, der Theologie, der *Konfessionen* selbst führte: Konfessionalisierungshistoriker hatten gelernt, ,lutherische', ,katholische', ,calvinistische' Territorialgeschichte zu schreiben – Institutionalisierungsvorgänge, Ereignisgeschichte, auch ,konfessionalisierte' Außenpolitikgeschichte, Prosopographien von entsprechenden Territorialstaaten – gleichsam ohne dem Inhalt von diesen Adjektiven Aufmerksamkeit zu widmen. Dass dieser oder jener Kirchenrat ,ein calvinistischer Aktivist' war, konnte in das Narrativ eingebaut werden, ohne weiter auf die Quellen einzugehen, die den ,Calvinismus' selbst bezeugt hätten.[9] Dies hat sich

[8] Vgl. Gerhard OESTREICH, Strukturprobleme des europäischen Absolutismus, in: ders., Geist und Gestalt des Frühmodernen Staates. Ausgewählte Aufsätze, Berlin 1969, S. 179–197, hier S. 187–196; Winfried SCHULZE, Gerhard Oestreichs Begriff ,Sozialdisziplinierung in der Frühen Neuzeit', in: ZHF 14 (1987), S. 265–302.

[9] Dies gilt etwa für die ansonsten prosopographisch unübertroffene Arbeit von Volker PRESS, Calvinismus und Territorialstaat. Regierung und Zentralbehörden der Kurpfalz 1559–1619, Stuttgart 1970; dies gilt aber auch für Arbeiten der Nachfolgegeneration, selbst zur ,konfessionalisierten Außenpolitik', in denen meist wenig tiefergehende Verbindung zwischen

alles inzwischen schon stark gewandelt. Andere Themen und andere Zugänge herrschen vor, eine Neuerstarkung der Theologie- und Diskursgeschichte, des Studiums der theologico-politischen Sprache ist auch unter ‚Säkular'-Historikern lange Zeit schon zu beobachten,[10] ein Interesse an religiöser und konfessioneller Dissimulation, Pluralisierung, an Zwischenformen des Religiösen, an konfessioneller Ambiguität, an Trans- und Interkonfessionellem herrscht in der Forschung vor.[11] Wie so oft in der internationalen Forschung setzte freilich gerade zu der gleichen Zeit, als im deutschen Sprachraum das Konfessionalisierungskonzept in die Jahre gekommen war, an Interesse verlor, ja in der Kritik soweit erodierte, dass viele sich fragten, ob es eine solche Folge der Reformation je gegeben habe, die internationale Rezeption des Konzepts ein. Die ersten französischen, italienischen und englisch-amerikanischen Beiträge und Sammelbände – ganz abgesehen von osteuropäischen und skandinavischen Beiträgen –, die in einen Dialog mit dem Paradigma traten oder jedenfalls begannen, an entsprechenden Stellen in Buch-Einleitungen und Synthesen darauf hinzuweisen, kann man gerade Ende der 1990er und nach 2000 ausmachen.[12] Vor knapp zehn Jahren schon habe ich einmal versucht,

---

der Ebene der Theologie, der konfessionalisierten *politica*-Literatur und der administrativen politischen Sprache hergestellt wurde.

[10] Diese Bemerkungen zu einer Trend- und Kohorten-Abfolge betreffen v.a. die deutschsprachige Historiographie, aus der Perspektive globaler historiographischer Strömungen gibt es zwar Nähen und Verbindungen hierzu, das Feld war aber immer pluraler.

[11] Vgl. Andreas PIETSCH/Barbara STOLLBERG-RILINGER (Hrsg.), Konfessionelle Ambiguität. Uneindeutigkeit und Verstellung als religiöse Praxis in der Frühen Neuzeit, Gütersloh 2013; Kaspar VON GREYERZ u.a. (Hrsg.), Interkonfessionalität – Transkonfessionalität – binnenkonfessionelle Pluralität. Neue Forschungen zur Konfessionalisierungsthese, Gütersloh 2003; Cornel ZWIERLEIN/Isabel KARREMANN/Inga GROOTE (Hrsg.), Forgetting Faith? Confessional Negotiations in Early Modern Europe, Berlin/New York 2012.

[12] Vgl. Massimo FIRPO, L'età della confessionalizzazione. A proposito del ‚Sacramento del potere' di Paolo Prodi, in: Annali dell'Istituto storico italo-germanico in Trento 19 (1993), S. 449–456; Oscar di SIMPLICIO,

kurz auf die Geschichte des Begriffs selbst von ‚Konfessionalisierung' und von ‚Entkonfessionalisierung' hinzuweisen, um zu verdeutlichen, mit welchen semantischen Hypotheken das Konzept von Beginn an antrat und wie sehr es eben in einer deutschen Konzeptionstradition des Nachdenkens über das Verhältnis von Religion und Staat steht:[13] Ich darf kurz daran erinnern, dass die Rede von der Konfessionalisierung und der Entkonfessionalisierung aus der aufgepeitschten Polemik des Kirchenkampfes unter den Nationalsozialisten in den Jahren 1935 bis 1937 stammt, seine inhaltlichen Wurzeln (jenseits des Wortkörpers) freilich noch weiter zurück im ersten Kirchenkampf Ende des 19. Jahrhunderts und in der neokonfessionalistischen Lagerbildung von Kulturprotestantismus und ultramontanem politischen Katholizismus hat. Dies nicht, weil Heinz Schilling und Wolfgang Reinhard bewusst hieran angeknüpft hätten, sondern eher als eine latente Bedeutungsgeschichte, die dem Begriff und der damit verbundenen Geschichtsdeutung über oppositionelle konfessionelle Lagerbildung

---

Confessionalizzazione e identità collettiva – Il caso italiano: Siena 1575–1800, in: Archiv für Reformationsgeschichte 88 (1997), S. 380–411; Lucia BIANCHIN, Dove non arriva la legge. Dottrine della censura nella prima età moderna, Bologna 2005, S. 1–52; Gérald CHAIX, Rezension von: Heinz Schilling, Aufbruch und Krise. Deutschland 1517–1648, Berlin 1988, in: Bulletin d'information de la Mission historique française en Allemagne 17 (1988), S. 121 f.; DERS., Notes dix-septiémistes, in: ebd. 21 (1990), S. 125–195; WANEGFFELEN, Construction confessionnelle (wie Anm. 4), S. 121–132; Patrice VEIT, Observations autour de la confessionnalisation, in: Études Germaniques 57, 3 (2002), S. 545–550; Philip BENEDICT, Confessionalization in France? Critical Reflections and New Evidence, in: Ders. (Hrsg.), The Faith and Fortunes of France's Huguenots, 1559–1685, Aldershot 2001, S. 309–325; Serhii PLOKHY, The Cossacks and Religion in Early Modern Ukraine, Oxford 2001; Matthew P. ROMANIELLO, Mission Delayed. The Russian Orthodox Church after the Conquest of Kazan, in: Church History 76, 3 (2007), S. 511–540; vgl. auch oft kurze Referenzen etwa bei Alasdair RAFFE, Presbyterians and Episcopalians: the Formation of Confessional Cultures in Scotland, 1660–1715, in: The English Historical Review 125, 514 (2010), S. 570–598, hier S. 572 f.

[13] Vgl. ZWIERLEIN, (Ent)konfessionalisierung (wie Anm. 1), S. 199–230.

hinsichtlich umstrittener staatlicher Ressourcen anhaftet: ‚Entkonfessionalisierung' des Staates wurde, zuerst vom Reichsinnenminister Frick in einer viel beachteten Rede 1935 als Fanal der nationalsozialistischen Weltanschauungspolitik gefordert, was meinte, dass den Kirchen in ihrer staatlichen Zwitterfunktion in Deutschland, ihre Teilhabe an Bildungs- und Wohlfahrtfunktionen des Staates, alle Rechte entzogen werden sollten. Die christlichen Kirchen in Deutschland interpretierten den Begriff unmittelbar nicht etwa als reines Programm der strikten Trennung von Staat und privater religiöser Überzeugung, sondern als Fundamentalangriff im Sinne einer erstrebten Ent*christlichung* schlechthin, um dem totalitären Anspruch auf das Weltanschauungsmonopol gerecht zu werden. Hiermit war das Geschichtsbild verknüpft, dass Reformation und Gegenreformation als Spaltbewegungen zum Unheil des deutschen Volkskörpers dauerhaft durch einen langen vorgängigen Prozess, der so 1936 eben als ‚Konfessionalisierung' von Gesellschaft und Staat bezeichnet wurde, geführt hätten, wobei die historischen Prozesse des 16. und 17. Jahrhunderts mit der jüngeren Vergangenheit von ultramontaner katholischer Aktion, Zentrumspartei hier und borussisch etatistischem Protestantismus Ende des 19. und Anfang des 20. Jahrhunderts dort, überblendet wurden. Der polemisch-ideologische Konfessionalisierungsbegriff stammt also aus dem Zusammenhang, als um das Verhältnis von Religion und Staat in der fragilen Moderne der Weimarer und Nach-Weimarer Zeit erneut erbittert gekämpft wurde und die Wahrnehmung der Akteure durch – durchaus auch auf Seiten der Kirchen – militaristisch-korporative moderne Lagerbildungs-Realitäten und -Institutionen (‚Jesuiten als Sturmtruppen des Papstes') geprägt war. Der Begriff der 1980er ist, wie schon 2007 gezeigt, natürlich ein sorgfältig methodisch geprägter historiographischer *Theorie*-, kein solcher *Ideologie*-Begriff, das steht außer Frage. Aber es bleiben doch unbewusst Elemente, die ihn mit der älteren polemischen Vorgeschichte verbinden, insbesondere die zunächst wenig reflektierte Rückbindung an die spezifisch deutschen oder deutsch-österreichischen Verhältnisse der Staatskirchlichkeit, die in den genannten Kirchenkämpfen virulent wurden, die so in anderen europäischen Ländern historisch kaum gleichartig bestanden.

Die Frage nach einer Konzeptionalisierung der Folgen der Reformation ist aber auch dem heutigen Historiker aufgegeben, und so hilft eine Dekonstruktion des älteren Konzepts nur dann, wenn man nicht Leere hinterlässt, sondern eine weitere, andere Konzeption zu bilden versucht.

Ich schlage daher hier eine Rückführung des Verständnisses von Konfessionalisierung auf einen epistemischen Funktions- und Bedeutungskern vor, der durchaus einige ursprünglich auf den deutschen territorialstaatlichen Kontext bezogene Beobachtungen des Ausgangsparadigmas aufnimmt, allerdings selektiv, und diese eher generalisiert. Der Kern von Konfessionalisierung wird hierbei, einfach formuliert, als nichts anderes verstanden als das *Fragen-Stellen-* und das *Fragen-Beantworten-Können-Müssen* von Fragen, die man vorher so nicht hatte:[14] Angeknüpft wird an die *Konfession*, das Bekenntnis selbst, das im Wort steckt, und das den Inklusions/Exklusions-Code markiert. Konfessionalisierungs-Kommunikation zeichnet sich dadurch aus,

– in asymmetrischen Kommunikationsverhältnissen eine theologische Normerwartung autoritativ einzufordern (normativ-appellativer Anteil). Die Asymmetrie kann in formalen Herrschaftsbeziehungen (zum Beispiel innereuropäisch), formellen und informellen Protektionszusammenhängen (Europäer gegenüber christlichen Untertanen des Osmanischen Reiches) oder auch nur in einem wirtschaftspolitischen Gefälle (Europäer im außereuropäischen handelskolonialen Kontakt) bestehen.

---

[14] Zum methodischen Ansatz einer Nichtwissensgeschichte vgl. Cornel Zwierlein, Towards a History of Ignorance, in: The Dark Side of Knowledge. Histories of Ignorance, 1400 to 1800, hrsg. von dems., Leiden/Boston 2016, S. 1–47 sowie Einleitung und Schluss von Cornel Zwierlein, Imperial Unknowns. The French and the British in the Mediterranean, 1650–1750, Cambridge 2016.

– empirisch ständig danach zu fragen und zu überprüfen, wie sich die vorgefundene religiös-theologisch gelebte Realität im Vergleich zur Normerwartung verhält (Empirismus-Anteil).

– Konfessionalisierung führt in diesem Widerspiel von Autoritätsanspruch und Empirie zum Teil zu Formen nicht-intendierter Dialektik, nämlich gerade zur Neuausbildung von Gegen-Norm-Ansprüchen und damit gegebenenfalls zur Pluralität von Bekenntnissen.

– Die Asymmetrie impliziert einen Zwang zur kognitiven Öffnung: Wer es nicht nötig hat, die Frage danach, was sein Bekenntnis ist, überhaupt auch nur zu beantworten, geschweige denn einen normativen Anspruch hinnehmen zu müssen, bei dem wird keine Übernahme von Theologoumena und Praktiken von Glaubensausführung und -Disziplin weder in Teilen noch im Ganzen erfolgen.

Das Zentrale ist hiernach, dass Konfessionalisierungs-Kommunikation in der Tat genuin neuzeitlich und zunächst jedenfalls genuin mittel-/westeuropäisch ist, und dass der epistemisch besondere Kern weniger im Normativen als im Zusammenspiel von Normativität und *Empirismus* liegt:[15] Die seit jeher in der Forschung beobachteten Phänomene der gerade ‚sozialhistorisch' so bedeutsamen Tiefenwirkung dahingehend, dass man breitflächige Visitationen, kontinuierliche Kirchenzucht, Katechese, institutionelle Uniformierungs- und Abweichungskontrolle in Gestalt von neuzeitlicher Inquisition und protestantischen funktionalen Äquivalenten immer als Wesens- und Wirkungskern von Konfessionalisierung hervorhob, lassen sich auf diesen epistemischen Kern zurückführen: All dies sind Mechanismen und Institutionen, die stets die Frage nach dem Verhältnis von autoritativer Norm

---

[15] Vgl. Cornel Zwierlein, Fame, violenza e religione politicizzata: gli assedi nelle guerre confessionali (Parigi 1590), in: Militari e società civile nell'Europa dell'età moderna (secoli XVI-XVIII), hrsg. von Claudio Donati, Bernhard R. Kroener, Bologna 2007, S. 497–545; Ders., The Thirty Years' War – A Religious War? Religion and Machiavellism at the Turning Point of 1635, in: The Ashgate Research Companion to the Thirty Years War, hrsg. von Peter Schröder, Olaf Asbach, Aldershot 2014, S. 231–243.

und empirischer Realität stellen, überprüfen und damit in Gang halten; Fragen, die – überspitzt formuliert – in dieser Breiten- und Tiefenwirkung die mittelalterliche Obrigkeit-Kirchen-Verbindung so an den *einzelnen* Gläubigen und die Gläubigen als Gruppe eben gar nicht oder nur punktuell bei einzelnen Häretikerinquisitionen gestellt hatte.[16]

Dies sei in abstracto kurz vorangestellt, nun soll dieser Ansatz in drei Schritten vorgeführt werden

1) Im kurzen Blick auf die religiös-konfessionelle Situation innerhalb der europäischen Staaten und Territorien, was hier ‚innerchristliche Konfessionalisierung' genannt wird.
2) Hinsichtlich der Anwendbarkeit von ‚Konfessionalisierung' auf innereuropäisch nicht-christliche enklavierte Gruppen (Juden) und auf außer- oder periphäre europäische christliche Kirchen, wobei man letzteres – um über einen Begriff zur raschen Verständigung zu verfügen – ‚inter-christliche' Konfessionalisierung nennen mag.
3) Hinsichtlich der Anwendbarkeit von ‚Konfessionalisierung' im Kontakt zwischen christlichen Konfessionen mit außereuropäischen Religionen.

Dass dies in diesem Rahmen nur in thesenförmigen Linien und nicht auf der Mikroebene des Detailbeweises am jeweiligen Quellenmaterial in Breite erfolgen kann, liegt auf der Hand.

---

[16] Zur Durchsetzung des Inquisitionsprozesses aus rechtshistorischer Perspektive: Mathias SCHMOECKEL, Humanität und Staatsräson. Die Abschaffung der Folter in Europa und die Entwicklung des gemeinen Strafprozeß- und Beweisrechts seit dem hohen Mittelalter, Köln/Weimar/Wien 2000; die Verbindungsbrücke zum Thema Recht und Reformation wird von DEMS., Das Recht der Reformation. Die epistemologische Revolution der Wissenschaft und die Spaltung der Rechtsordnung in der Frühen Neuzeit, Tübingen 2014, geschlagen.

1) Inner-christliche ‚Konfessionalisierung' europäisch

Zur kurzen Rekapitulation der unterschiedlichen konfessionellen Situation in Europa sei zunächst eine Unterscheidung zwischen der Binnenpluralität und der Außenpluralität von Konfessionen hinsichtlich eines staatlichen Gebildes oder Territoriums in der Frühen Neuzeit eingeführt. Die Unterschiedlichkeit dieser Lösungen von Koexistenz kristallisiert sich in etwa um 1560 heraus, als in Westeuropa (Savoyen, Frankreich, Niederlande, England) Binnenpluralität, das heißt die per Edikt, Privileg, Kapitulation oder Vertrag mit Ständen, Adligen oder den Konfessionsgruppen als solchen zugelassene Mehrzahl von Konfessionen im Herrschaftsbereich eines Souveräns sich durchsetzt;[17] und als in Mitteleuropa, insbesondere dem Heiligen Römischen Reich sich Außenpluralität insoweit durchsetzte, als *innerhalb* eines Territoriums nur eine Konfession offiziell zugelassen war.[18] Man könnte zwar aus der

---

[17] Vgl. Olivier CHRISTIN, La paix de religion. L'autonomisation de la raison politique au XVIe siècle, Paris 1997; Eike WOLGAST, Religionsfrieden als politisches Problem der frühen Neuzeit, in: HZ 282 (2006), S. 59–96; Bernard COTTRET, 1598. L'Édit de Nantes. Pour en finir avec les guerres de religion, Paris 1997; Michel GRANDJEAN/Bernard ROUSSEL (Hrsg.), Coexister dans l'intolérance. L'édit de Nantes (1598), Paris 1998; Monique WEISS, Deux confessions pour deux États? La Pacification de Gand de 1576, un tournant dans la Révolte des Pays-Bas, in: Les affrontements religieux en Europe du début du XVIe au milieu du XVIIe siècle, hrsg. von Véronique Castagnet, Olivier Christin, Naïma Ghermani, Villeneuve d'Asq 2008, S. 45–57; Benjamin J. KAPLAN u. a. (Hrsg.), Catholic Communities in Protestant States: Britain and the Netherlands c. 1570–1720, Manchester 2009; für die Reflexe auf der theologico-politischen Diskussionsebene vgl. Anthony MILTON, Catholic and Reformed. The Roman and Protestant Churches in English Protestant Thought, 1600–1640, Cambridge 1995; Charles H. PARKER, Faith on the Margins. Catholics and Catholicism in the Dutch Golden Age, Cambridge 2008; Cornel ZWIERLEIN, The Peace of Cavour in the European Context, in: Political, Religious and Social Conflict in the States of Savoy 1400–1700, hrsg. von Sarah Alyn Stacey, Oxford/Bern 2014, S. 125–167.

[18] Vgl. mit der älteren Literatur Axel GOTTHARD, Der Augsburger Religionsfrieden, Münster 2004; Carl A. HOFFMANN u. a. (Hrsg.), Als Frieden

Perspektive des Reiches selbst dies auch als ‚binnenplural' verstehen, dies trifft aber nicht die politisch-realen Bedingungen von Herrschaftspraxis, die lokal eben ganz zuvörderst von den Landesherren ausgeübt wurde. Auch trifft es nicht die politisch-rechtliche Theoriebildung, denn in der Diskussion um die partielle Souveränität der deutschen Reichsstände als Territorialherren war ja gerade das *ius reformandi* im Prozess der Politisierung der Reformation de facto und dann de jure der *suprema potestas* des Landesherren, oder, vorsichtiger formuliert, zumindest dem Inhaber des *merum imperium* zugeschlagen worden, was viele wie etwa Martin Bucer schon früh als die römisch-rechtliche Kategorie für die Inhaber des selbst vom Kaiser unabhängigen *ius reformandi* rezipiert hatten (auch eine Semi-Reichsstadt wie Hamburg habe dieses *merum imperium*).[19]

Außenplural nenne ich dies deshalb, weil jeder Fürst oder jeder Stadtmagistrat nach 1555 konzedieren muss, dass außerhalb seiner Landesgrenzen eine andere Konfession gelebt und geglaubt wird, er nach innen blickend aber Einheitlichkeit verlangen und durchsetzen kann. In Osteuropa (Warschauer Konföderation, Böhmischer Versuch) und in den österreichischen Erblanden tendieren die Regelungen mehr oder minder zu einem nach unten in der Feudalpyramide weitergereichten Muster der Außenpluralität, insoweit als die Religionsausübungsfreiheit den Ständen als Herrschaftsausübenden für ihre Länder zukommt, auch wenn hier eine jeweils geringere Eigenterritorialität oder

möglich war. 450 Jahre Augsburger Religionsfrieden. Begleitband zur Ausstellung im Maximilianmuseum Augsburg, Regensburg 2005; Heinz SCHILLING/Heribert SMOLINSKY (Hrsg.), Der Augsburger Religionsfrieden 1555. Wissenschaftliches Symposion aus Anlass des 450. Jahrestages des Friedensschlusses, Augsburg 21. bis 25. September 2005, Gütersloh 2007.

[19] Vgl. Hans VON SCHUBERT, Die Beteiligung der dänisch-holsteinischen Landesfürsten am hamburgischen Kapitelstreit und das Gutachten Martin Bucers von 1545, in: Schriften des Vereins für schleswig-holsteinische Kirchengeschichte 3, 1 (1904), S. 1–64.

gar ‚suprema-potestas'-Doktrin vorherrscht als im Reich.[20] Demgegenüber stand nie außer Frage, dass die Waldenser im Piemont (und auch nicht etwaige Adelsvertreter in den Tälern) nur den Herzog von Savoyen und dass die Hugenotten in Frankreich als Souverän nur den König von Frankreich anerkannten. Die Zulassung ihrer Religionsausübung als eigener Konfession wurde innerhalb des politisch insoweit unbeschränkten Machtbereichs ihres Souveräns angezielt und schließlich erlangt. Dies erfolgte hier ja auch stets in Form von königlichen bzw. herzoglichen Edikten. Zwar ist mit den Regeln für die bikonfessionellen Reichsstädte schon 1555[21] auch ein binnenplurales Element im Reich gegeben und zwar überlappen sich im Verlauf der Frühen Neuzeit diese idealtypischen Formen immer wieder; gerade nach 1648 mündet das Reich auch in eine praeter-propter binnenplurale Ordnung.[22] Aber dieser Grundunterschied ist doch wichtig, da das

---

[20] Vgl. Joachim BAHLCKE, Regionalismus und Staatsintegration im Widerstreit. Die Länder der Böhmischen Krone im ersten Jahrhundert der Habsburgerherrschaft (1526–1619), München 1994; Arno STROHMEYER, Konfessionskonflikt und Herrschaftsordnung. Widerstandsrecht bei den Österreichischen Ständen (1550–1650), Mainz 2006; Janusz TAZBIR, A State without stakes. Polish Religious Toleration in the Sixteenth and Seventeenth Centuries, New York 1973; gegen das ‚Toleranz-Narrativ' Damien TRICOIRE, Mit Gott rechnen. Katholische Reform und politisches Kalkül in Frankreich, Bayern und Polen-Litauen, Göttingen 2013. Alfons BRÜNING, Unio non est unitas. Polen-Litauens Weg im konfessionellen Zeitalter (1569–1648), Wiesbaden 2008.

[21] Zum Reichsstädte-Paragraphen 27 vgl. Carl A. HOFFMANN, Die Reichsstädte und der Augsburger Religionsfrieden, in: Der Augsburger Religionsfrieden (wie Anm. 18), S. 297–320; Paul WARMBRUNN, Zwei Konfessionen in einer Stadt. Das Zusammenleben von Katholiken und Protestanten in den paritätischen Reichsstädten Augsburg, Biberach, Ravensburg und Dinkelsbühl von 1548 bis 1648, Wiesbaden 1983; Etienne FRANÇOIS, Die unsichtbare Grenze. Protestanten und Katholiken in Augsburg 1648–1806, Sigmaringen 1991.

[22] Eine weitere, hier nicht weiter zu behandelnde Komplexität ist damit gegeben, dass die Zeitgenossen gerade im Verlauf der Dekaden und des Jahrhunderts der Ausdifferenzierung dieser verschiedenen Formen verrechtlichter Koexistenz selbst, bewusst und meist unbewusst, die Re-

Konfessionalisierungskonzept, im Ausgangspunkt eben deutsch geprägt, unbewusst die hier gegebene rechtliche Überblendung von territorialer Herrschaft mit Konfessionalität zum Ausgangspunkt nahm, hieraus auch das Kapital für die Thesen zur Staat/ Konfessions-Verbindung bezog (dienende Funktionalität von Religionsdisziplinarisierung im Staatsbildungsprozess). Im Grunde wurde hier aber von einem europäischen Sonderfall aus ein Idealtyp induktiv abstrahiert, der dann in den anderen Ländern schlecht passt. Für Frankreich muss man gleichsam mit 1685 einsetzen, um gelingende konfessionelle Uniformierung im Staat zu beobachten,[23] so wie sie für Sachsen oder Bayern seit dem frühen 16. Jahrhundert stattfand. Es erscheint aber doch falsch gewichtet, die Zeit der Aufklärung, der Antinomie von *philosophes* und Staat in Frankreich als Konfessionalisierung zu rekonstruieren, auch wenn es für die katholische Konfessionalisierung die These der zeitlich nachklappenden Durchsetzung für die fürstbischöflichen Territorien gibt.[24] Das, was französische Historiker für das ‚konfessionelle Zeitalter' untersuchen, nämlich die machtpolitische Dysfunktionalität, die massive Schwächung Frankreichs im europäischen Konzert bis 1629 und die explosive Gewalt, die über

gelungen in den Nachbarländern missverstanden, und mit unscharfen Signalwörtern wie „Interim" (in Westeuropa oft überblendet mit dem Augsburger Religionsfrieden oder ganz generell als Religionstoleranzregelung missverstanden) oder „Freistellung" (im Reich seit ca. den 1570ern Chiffre für das, was man als westeuropäische Formen von Binnenpluralität wahrnahm) kräftig an der fluiden semantischen Verwischung arbeiteten, die jenseits von allem lag, was man normativ sorgfältig im Stile von Martin Brecht als historisch ‚geltendes Recht' verbuchen mochte.

[23] Vgl. Anna BERNARD, Die Revokation des Edikts von Nantes und die Protestanten in Südostfrankreich, München 2003.

[24] Andreas HOLZEM, Religion und Lebensformen. Katholische Konfessionalisierung im Sendgericht des Fürstbistums Münster 1570–1800, Paderborn 2000; ein genau anderes Bild (nicht Konfessionalisierung, sondern Ausdifferenzierung zwischen säkularem und konfessionell-religiös gerahmtem Feld) auf das deutsche 18. Jh. hatte hier Rudolf SCHLÖGL, Glaube und Religion in der Säkularisierung: die katholische Stadt; Köln, Aachen, Münster, 1700–1840, München/Wien 1994 gezeichnet.

40 Jahre Religionskriege hervorbrachten,[25] ist mit dem Staatsbildungs-Konfessionalisierungskonzept schlicht nicht in Einklang zu bringen, was an der grundsätzlich anderen Binnenpluralität liegt. Der Binnenpluralität *malgré* in Frankreich korrespondiert in den nördlichen Niederlanden seit der Union von Utrecht 1579 durch die Festschreibung der Religionsausübungsfreiheit trotz des steten Anspruchs der Führungsschicht, Calvinismus zur Staatsreligion zu machen, eine schon stärker verfassungsförmige Binnenpluralität. Sie führte zu dem bekannten Phänomen der langfristigen Koexistenz von andernorts scharf verfolgten Gruppen wie den Wiedertäufern mit Calvinisten unterschiedlicher Schattierung und auch mit Katholiken.[26] Die hinter Bürger-Grachtenhaus-Fassaden versteckten, aber allseits bekannten katholischen wie Täufer-Kirchen in den großen Städten sind die materielle Manifestation dieser Binnenpluralität, die im Reich mit Abstrichen höchstens in Augsburg oder nach 1648 unter schon ganz anderen Voraussetzungen in Simultaneen ihre Pendants hat, nicht aber in der Frühphase nach 1555 und nicht breitflächig. In England bestand eine ähnliche Form von Binnenpluralität, wenngleich nicht als Ergebnis einer grundsätzlichen Edikt- oder Vertragsregelung, sondern als Ergebnis der – aufgrund des mehrfachen tatsächlichen oder im 17. Jahrhundert ständig drohenden Herrscherkonfessionswechsels und des latenten Pendelns zwischen verschiedenen ekklesiologi-

[25] Vgl. Mack P. Holt, The French Wars of Religion, 1562–1629, Cambridge 1995; Denis Crouzet, Les guerriers de Dieu. La violence au temps des troubles de religion, vers 1525–vers 1610, 2 Bde., Seyssel 1990; Jérémie Foa/Paul-Alexis Mellet (Hrsg.), Le bruit des armes. Mises en formes et désinformations en Europe pendant les guerres de Religion (1560–1610), Paris 2012; Arlette Jouanna, La France du XVIe siècle. 1483–1598, Paris 2006; neuere Literatur bei Cornel Zwierlein, The Political Thought of the French League and Rome, 1585–1589. *De justa populi gallici ab Henrico tertio defectione* and *De justa Henrici tertii abdicatione* (Jean Boucher, 1589), Genève 2016, S. 7–10.

[26] Statt einer Fülle von Einzelstudien vgl. nur John D. Roth/James M. Stayer (Hrsg.), A companion to Anabaptism and Spiritualism, 1521–1700, Leiden/Boston 2007.

schen Konzeptionen – verschiedenen Modelle des Puritanismus und der religiös-gemeindlichen Pluralisierung. Dies hatte, um das Paradox zu formulieren, gleichsam die stabilisierte Instabilität der *Church of England* zur Folge, und führte zur bekannten konfessionell-religiösen Pluralität.

Für Italien und Spanien, wo ab der zweiten Hälfte des 16. Jahrhunderts im Wesentlichen Nicht-Katholizität sich zu jeweils individuellen Ausnahmephänomenen reduziert hatte, es aber nie zu ‚proto-staatsrechtlichen' Regelungen von konfessioneller Pluralität kam – von der schon genannten Ausnahme der Waldenser abgesehen; das Intermezzo des Venedigs Sarpis ist ja kein Fall von *Konfessions*pluralität[27], – kann man natürlich auf den ersten Blick die These von der Staatsbildungs-/Konfessionalitäts-Symbiose gut exemplifiziert finden. Aber hier stellt sich sowohl für den iberischen als auch für den italienischen Fall die Frage, ob dies in gleichem Maße als ‚Folge der Reformation' zu rekonstruieren ist, wie es für den nordalpinen Bereich einleuchtet.[28] Die spanische Inquisition ist selbstverständlich der Reformation vorgängig und richtete sich bekanntlich zuerst und noch bis in die letzten Dekaden des 16. Jahrhunderts nicht primär gegen den Protestantismus, und der erfolgreichste Ketzer Spaniens im 16. Jahrhundert blieb Erasmus.[29] Konfessioneller Antagonismus

---

[27] Vgl. Filippo De Vivo, Information and Communication in Venice. Rethinking Early Modern Politics, Oxford 2007, S. 157–199.

[28] Freilich ist zu betonen, dass auch für Polen-Litauen Michael G. Müller, „Dissidentes de religione Christianae" in Polen-Litauen: vom Interim (1552) zur Warschauer Konföderation (1573), in: Der Augsburger Religionsfrieden (wie Anm. 18), S. 377–388 die vorreformatorische Tradition von religiös pluraler Koexistenz betont.

[29] Vgl. Marcel Bataillon, Érasme et L'Espagne. Recherches sur l'histoire spirituelle du XVIe siècle. Neuaufl. mit Vorwort von Jean-Claude Margolin, 3 Bde., Genève 1998; Eliseo Serrano Martin, Erasmo y España. 75 años de la obra de Marcel Bataillon (1937–2012), Zaragoza 2015; Henry Kamen, The Spanish Inquisition, London 1965; Doris Moreno, La invención de la Inquisición, Madrid 2004; Jaime Contreras/Gustav Henningsen, Forty-Four Thousand Cases of the Spanish Inquisition (1540–1700). Analysis of a Historical Data Bank, in: The Inquisition in

konnte nur über die internationale Ebene, insbesondere im Niederlandekonflikt wirken.[30] Die Symbiose von Staatsbildung mit kirchlichen Institutionen als Stützfunktion hat aber hier schon viel tiefere und ausgeprägte Wurzeln im 15. Jahrhundert. Für die italienischen Territorialstaaten gilt ähnliches: Die Indienstnahme und Verschränkung von territorialstaatlichen Institutionen mit Ordensinitiativen war in breitem Maße schon früher erfolgt: Man denke nur an die hunderte von *Monti di pietà*, die ein Hybrid aus Erfahrungen des Renaissancekapitalismus, den Staatsinstitutionen und dem von Orden getragenen kirchlichen Unterbau waren und die ganz entscheidende Funktionen für so reale staatswirtschaftliche Probleme wie das Abfedern der Folgen stark überproportionalen Bevölkerungswachstums hatten, ganz jenseits des religiös-karitativen Impetus.[31] Unbenommen ist, dass die Reform-

---

Early Modern Europe. Studies on Sources and Methods, hrsg. von Gustav Henningsen/John Tedeschi, DeKalb, Ill. 1986, S. 100–129; José Antonio Escudero (Hrsg.), Intolerancia e Inquisición, Madrid 2005; Michael Alpert, Criptojudaísmo e Inquisición en los siglos XVII y XVIII. La ley en la que quiere vivir y morir, Barcelona 2001; Miguel Juan Blázquez, Inquisición y criptojudaísmo, Madrid 1988; François Bethencourt, The Inquisition. A Global History, 1478–1834, Cambridge 2009.

[30] Die wichtigsten ‚chemins de l'hérésie' betrafen, schon aufgrund der vergleichsweise geringen eigenen Druckproduktion, den Buchimport, weniger den inner-iberischen Druck selbst. Vgl. schon Ricardo García Cárcel, Herejía y sociedad en el siglo XVI. La Inquisición en Valencia (1530–1609), Barcelona 1980; Philippe Berger, Livre et Lecture à Valence à l'époque de la Renaissance, Lille 1983, S. 290 sowie die Studien zum Index, hier zum spanischen, Jesús Martínez de Bujanda, Index de l'Inquisition espagnole 1551, 1554, 1559, Genève 1984 mit der Einleitung S. 31–120.

[31] Überblick bei Maria Giuseppina Muzzarelli, Il denaro e la salvezza. L'invenzione del Monte di Pietà, Bologna 2001; Mauro Carboni/Maria Giuseppina Muzzarelli, I monti di Pietà fra teoria e prassi. quattro casi esemplari. Urbino, Cremona, Rovigo e Messina, Bologna 2009; Gino Barbieri, La funzione storica dei monti di pietà nei sermoni del beato Bernardino da Feltre, in: Economia e Storia 5, 3 (1984), S. 261–271; Massimo Fornasari, Economia e credito a Bologna nel Quattrocento. La fondazione del Monte di Pietà, in: Società e Storia 16 (1993), S. 475–502; Ders., Il ‚Thesoro' della città. Il Monte di Pietà e l'economia bolognese nei

orden, die römische Inquisition und all jene Erscheinungen des postreformatorischen und dann posttridentinischen Katholizismus sich mit Blick auf die protestantische Gefahr bildeten, aber wieder sind dies Phänomene, die man gut zunächst innerkirchlich, auf die Kurie bezogen verstehen muss, und nur sekundär (durch die Verschränkung etwa der römischen Inquisition mit ihren Dependenzen in den lokalen Territorien) als Phänomen der italienischen Territorialstaatlichkeit.[32] Pointiert formuliert: Dort, wo Elemente des Konfessionalisierungskonzepts der 1980er auf Südeuropa passen, sind es die Elemente, die man mit dem nicht-staatsbezogenen Konfessionsbildungs-Begriff schon hinreichend erfassen könnte, dort, wo Staatsbildungselemente im Fokus stehen, reichen sie oft weiter in vorreformatorische Zeit zurück. Wenn man darauf schaut, was die südeuropäische Forschung hier, von der älteren *eretici*-Literatur bis zu den Nikodemismus-, Indifferenz- und Heterodoxie-Forschungen der 1970er als das ‚Gegenüber' zur dominanten Orthodoxie untersuchte, so gehören hier freilich einige prominente Beispiele ‚echt' protestantischer Verfolgter dazu, von den Gruppen am Hof von Renata di Francia

secoli XV e XVI, Bologna 1993; Carol Breshahan MENNING, Charity and State in Late Renaissance Italy. The Monte di Pietà of Florence, Ithaca/London 1993.

[32] Es ist nicht möglich, hier eine auch nur repräsentative Literaturauswahl zu geben. Klassisch für das gegenreformatorische Mailand Borromeos ist Wietse DE BOER, The Conquest of the Soul. Confession, Discipline and Public Order in Counter-Reformation, Milan/Leiden/Boston 2001. Als eine Überblickssynthese Ronnie Po-Chia HSIA, The World of Catholic Renewal 1540–1770, Cambridge 2005. Für die verschiedenen posttridentinischen Institutionen gibt wohl derzeit die Inquisitionsforschung mit ihren Seitenablegern den besten bibliographischen Überblick, Adriano PROSPERI, Tribunali Della Coscienza. Inquisitori, confessori, missionari, 2. Aufl., Torino 2009; DERS./Vincenzio LAVENIA/John TEDESCHI, Dizionario storico dell'Inquisizione, 5 Bde., Pisa 2010; Christopher BLACK, The Italian Inquisition, New Haven/London 2009; Vittorio FRAJESE, Nascità dell'indice. La censura ecclesiastica dal Rinascimento alla Contrariforma, Brescia 2008.

über die Mantovaner und Luccheser und Venezianer Kreise der 1540er bis zu den schon vor Öffnung des Archivs des Sant'Ufficio durch Kardinal Ratzinger 1998 vertieft erarbeiteten Studien zu dezentral überlieferten Einzelprozessen der Inquisition (Calandra, Friauler, Udineser Prozesse), dann den Antitrinitariern.[33] Ab etwa 1560 geht es ja aber meist um viel individuellere, bei der Elite oft um philosophie-bezogene Heterodoxie-Formen. Inneritalienisch agieren die Institutionen der Gegenreformation weniger gegen Konfessionen als gegen individuelle Abweichungen.

Das, was die Phänomene aber tatsächlich europäisch und ab diesem Zeitpunkt auch synchron zu den protestantischen Visitationen und Disziplinierungsinstrumenten vergleichbar macht, ist vor allem der empirische, ja empiristische Ausgriff, das ständige Prüfen und Befragen der Gläubigen auf das hin, was sie tatsächlich glauben, im Ab- und im Vergleich mit den tridentinischen Normen. *Dies* macht dann südeuropäische ‚Konfessionalisierung' im Kern so ähnlich mit den Situationen hoher kleinteiliger konfessioneller Binnen- und Außenpluralität im Norden, weniger aber die präsupponierte Gleichförmigkeit der Staatssymbiose und weniger die Chronologie der jeweiligen Gesamtentwicklung.

---

[33] Vgl. vom klassischen Delio CANTIMORI, Eretici Italiani del Cinquecento, Firenze 1939 (seit der Neuauflage Torino 1992 mit Einleitung und Anmerkungen von Adriano PROSPERI) zu John TEDESCHI, The Prosecution of Heresy. Collected Studies on the Inquisition in Early Modern Italy, Binghampton 1991; Sergio M. PAGANO, Il processo di Endimio Calandra e l'inquisizione a Mantova nel 1567–1568, Città del Vaticano 1991; A Dieci anni dall'apertura dell'archivio della congregazione per la dottrina della fede: storia e archivi dell'inquisizione, Rom 2011; Massimo FIRPO, La presa di potere dell'Inquisizione romana 1550–1554, Rom 2014. Die institutionell paritätische ‚Gewaltenteilung' zwischen Rom und Venedig in der dortigen Inquisition hatte schon die Studie von Brian PULLAN, The Jews of Europe and the Inquisition of Venice, 1550–1670, London 1997 (Neudr. d. Ausg. v. 1983), insbes. S. 26–44, herausgearbeitet.

2) Inter-Christliche Konfessionalisierung und Konfessionalisierung innereuropäischer Nicht-Christen

Der rasche europäische Überblick ergibt zunächst vor allem ein Bild davon, inwieweit das ältere Konfessionalisierungskonzept schlecht passt in diesen sehr verschiedenen regionalen und staatlich-religiösen Zusammenhängen, schon innerhalb Europas. Es muss jedenfalls dezidiert gerade von der apriorischen konzeptionellen Anknüpfung an den Staat gelöst werden, wie schon seit längerem gefordert; auch wenn im innereuropäischen Zusammenhang der epistemische Vorgang dann gerade in diesen Staat-/Religions-Symbiosen seine besonderen, aber keinesfalls notwendigen Kristallisationsformen findet. Eigentlich interessanter ist die Frage, wie sich die Folgen der Reformation außerhalb solcher staatskirchlichen Zusammenhänge gegebenenfalls als ,Konfessionalisierung' erfassen lassen. Dies betrifft zunächst Konstellationen christlicher Gemeinschaften unter nicht-christlicher Oberherrschaft, was insbesondere die vielen Denominationen im osmanischen Reich anbelangt, dies betrifft aber auch die seit dem Mittelalter trotz wiederholter Pogrome und in verschiedenen Schüben innerhalb Europas enklavierten jüdischen Gemeinden.

Das Phänomen, dass die Antitrinitarier (Unierte) seit 1568/1571 sich im teilautonomen Fürstentum Siebenbürgen als Konfessionskirche neben Lutheranern, Calvinisten und Katholiken sogar ständeverfassungsförmig durchsetzen konnten, während überall in Süd- und Westeuropa die Sozinianer als häretisch verfolgt, und gerade auch für die selbst vielfach verfolgten Calvinisten das Objekt absoluter Grenzziehung bis hin zu den exemplarischen Hinrichtungen (von Servet 1553 in Genf, von Sylvanus 1572 in Heidelberg)[34] waren, liegt sicherlich an der besonderen Konstellation der

[34] Zu Servet und vor allem der Diskussion nach der Servet-Hinrichtung vgl. Hans R. Guggisberg, Sebastian Castellio, 1515–1563. Humanist and Defender of Religious Toleration in a Confessional Age, Aldershot 2003 und dann die neuere Castellio-Literatur, etwa Marie-Christine Gomez-Géraud (Hrsg.), Sébastien Castellion. Des Écritures à l'écriture, Paris

Äquidistanz bewirkenden osmanischen Oberhoheit – jedenfalls nach deren Stabilisierung nach dem langen Türkenkrieg und insoweit dies nicht nur eine Übergangssituation unter Johann Sigismund, sondern eine Dauerlösung wurde. Methodisch gesehen ist es ein an sich wenig abweichendes Beispiel von territorialer Binnenpluralität, gewährleistet durch ein besonderes Machtgefüge, das es den anderen Konfessionen, insbesondere dem calvinistischen ständischen Adel, nicht erlaubte, so zu agieren, wie es in einem rein calvinistischen Territorium ohne nicht-christliche Oberhoheit der Fall gewesen wäre.[35] Methodisch interessanter wird es, wenn man jenseits der siebenbürgischen Okzident-/Orient-Schwelle weiter auf die vielfältigen Formen des Christentums im Herz des Osmanischen Reiches schaut. Tatsächlich ist hier ohne Zweifel eine Art ‚Konfessionalisierung' der verschiedenen Ostkirchen zu beobachten. Dies ist so noch wenig mit Blick auf ‚Konfessionalisierung' quellengestützt untersucht worden. Die spezialisierte Historiographie zu den Ostkirchen, den griechisch-Orthodoxen, den Jakobiten, Melkiten, Kopten, Nestorianern tendiert dazu, die Frühgeschichte dieser Kirchen *vor* islamischer oder osmanischer Domination in den Vordergrund zu rücken.[36] Die

---

2013 und Cornel Zwierlein, The Waldensians, Bucer, Beza, Castellio, and German Confessional Diplomacy 1556/7, in: Archiv für Reformationsgeschichte 106 (2015), S. 184–241; zu Sylvanus Frieder Hepp, Religion und Herrschaft in der Kurpfalz um 1600, Heidelberg 1993, S. 62–80.

[35] Vgl. John Erdö, Transylvanian Unitarian Church. Chronological History and Theological Essays, Chico CA 1990; János Káldos, Ungarländische Antitrinitarier, 2 Bde., Baden-Baden 1993. Die Interpretation und Gewichtung dieser Konstellation ist gerade aus der Konfessionalisierungsperspektive neu diskutiert bei Mihály Balázs, Tolerant Country – Misunderstood Laws. Interpreting Sixteenth-Century Transylvanian Legislation Concerning Religion, in: Hungarian Historical Review 2 (2013), S. 85–108, und Ders., Gab es eine unitarische Konfessionalisierung im Siebenbürgen des 16. Jahrhunderts?, in: Konfessionsbildung und Konfessionskultur in Siebenbürgen in der Frühen Neuzeit, hrsg. von Volker Leppin, Ulrich A. Wien, Stuttgart 2005, S. 135–142.

[36] Für generelle Synthesewerke und Überblicke vgl. Michael Angold (Hrsg.), The Cambridge History of Christianity. Eastern Christianity, Cam-

Geschichte der europäischen Orientalistik untersucht, wie die frühen Vertreter der linguistisch und kulturhistorisch interessierten Kreise seit der Renaissance, vor allem aber seit dem 17. Jahrhundert langsam ein 'besseres', 'größeres' Wissen über diese Kirchen akkumulierten, wie die Manuskriptsammlungen in Oxford, Paris und Leiden wuchsen und Lehrstühle für Arabistik und andere semitische Sprachen für das Studium dieser Frühgeschichten unterschiedlicher Denominationen östlichen Christentums eingerichtet wurden.[37] Bis auf wenige Autoren und Beiträge bleiben aber bei diesem disziplinhistorischen Ansatz der zeitgenössische Funktionskontext und die Wirkungsverstrebungen zwischen Ost und West wenig beachtet, die bei diesen Kontakten und dieser Austausch-Kommunikation entstanden, und die, gerade auf der Ost-Seite, als Konfessionalisierung im eben genannten epistemischen Sinne erfasst werden können.[38]

Betrachten wir den Fall der griechisch-orthodoxen Kirche: Hier ist eine dogmatische Neubestimmung und Verfestigung im 17. Jahrhundert festzustellen, und zwar als Kollateral- und Fremdwirkung eines Spätausläufers des innereuropäischen calvinistisch-katholischen Streits bzw. der anglikanischen Identitätsformierung während der Stuart-Restauration, während gleichzeitig eine Art 'Orientalisierung' der westlichen Theologie insofern stattfindet, als

bridge 2006; Patriarchen-Listen und Chronologien bei Michael Burgess, The Eastern Orthodox Churches. Concise Histories with Chronological Checklists of Their Primates, Jefferson 2005; Steven Runciman, The Great Church in captivity. A study of the patriarchate of Constantinople from the Eve of the Turkish Conquest to the Greek War of Independence, Cambridge 1968; kaum überholt und spezifischer für die griechische Orthodoxie unter osmanischer Herrschaft Gerhard Podskalsky, Griechische Theologie in der Zeit der Türkenherrschaft 1453–1821, München 1988.

[37] Vgl. Gerald J. Toomer, Eastern wisedome and learning. The study of Arabic in seventeenth-century England, Oxford 1996; Gül A. Russell (Hrsg.), The 'Arabick' Interest of the Natural Philosophers in Seventeenth-Century England, Leiden/Boston 1994.

[38] Vgl. Alastair Hamilton, The Copts and the West 1439–1822. The European Discovery of the Egyptian Church, Oxford 2006; Zwierlein, Imperial Unknowns (wie Anm. 14), Chapter 2 'Religion'.

seit den 1650ern in ganz anderem Maße als zuvor griechisch-orthodoxe Theologie mit in die eigenen Diskussionen aufgenommen wird. Neben der bekannten Sonderfigur des protestantischen Patriarchen von Konstantinopel Kyrill Lucaris, der in den 1620ern und 1630ern – nach Vorgang um 1584 – Fühlung mit den protestantischen Kirchen in der Schweiz, Deutschland, den Niederlanden und England aufnahm,[39] ist vor allem seit den 1650ern in die andere Richtung, in die Levante hinein, das Phänomen zu beobachten, dass calvinistische, anglikanische und katholische Theologen gezielt empirische Anfragen über das Netzwerk der Botschafter von Konstantinopel und Konsuln in den Faktoreien wie Aleppo, Smyrna und auf den griechischen Inseln an die Griechen schicken, was denn nun gegenwärtig ihre theologische Position (insbesondere, aber nicht nur, hinsichtlich des Abendmahls) sei. Dies fordert Einzel- und Gruppenantworten, synodale Zusammenkünfte in den 1670ern in Konstantinopel, Bethlehem und Jerusalem heraus, die in Konfessionsbekenntnisse münden, die griechischerseits von da ab auch intern als neue Norm akzeptiert sind. Der berühmte calvinistische Kontroversgegner der Port-Royal-Theologen Jean Claude etwa formulierte einen solchen Fragekatalog, mit so präzisen terminologischen Fragen auf dem aktuellen Stand der innereuropäischen Eucharistiediskussion,[40] dass eine Antwort bei den Griechen

[39] Vgl. Gunnar Hering, Ökumenisches Patriarchat und europäische Politik 1620–1638, Wiesbaden 1968.

[40] Der englische Botschafter und die chaplains sollten die Griechen zum Beispiel fragen „An apud eos [= den Griechen] articulus fidei sit illud ipsum substantiale et physicum corpus Christi, illud ipsum inquam quod est in coelis in varia membra distinctum, nempe caput, collum brachia, femora pedes estque a communicantibus edi ore corporeo, non tantum mystice sed physice et realiter adeo ut haec omnia corporis Christi membra caput brachia etc. una cum ipsius anima per se ac immediate existant tum in ore tum in stomacho et ventre communicantium et an tantum portentum non credere haeresis sit“ (BL London, Ms. Add. 22910 [Papiere John Covels], f. 83r). Claude gibt auch (ibid., f. 83v) präzise den Namen des ökumenischen Patriarchen von Konstantinopel, von sieben griechischen Erzmetropoliten und einen Verweis auf eine Liste mit 39 weiteren Metropoliten und anderen Geistlichen an, die hierzu zu befragen seien.

oft überhaupt erst die Neuformierung einer Position erzwang, während die Orthodoxen sonst eher dazu neigten, das alles im Ungenauen zu belassen und auf die frühen Liturgien, etwa von Basilios zu verweisen.[41] De facto wird hier eine zaghaft schon in den 1450ern vorbereitete tendenzielle Latinisierung der griechischen Positionen (mit Ausnahme der alten mittelalterlichen Schisma-Fragen über das *filioque* und den Bilderstreit) und damit im 18. Jahrhundert eine klare Abgrenzung vom Protestantismus erwirkt, ein Ziel, das mit echter Missionierungsstrategie die Kongregation *de propaganda fide* und römisch-konvertierte Griechen wie Arkudios und Allacci ja intentional noch weitgehender gemeint verfolgten.[42] An die Details des innereuropäischen Nachfragekontexts, den innerfranzösischen Port-Royal-Streit und das anglikanische Identitätsvakuum während der Restauration und,

---

[41] Schon die Antwortschriften, die Patriarch Jeremias II. den Tübinger Theologen gab, rekurrierten stark auf Kirchenväter und frühbyzantinische Theologie und Liturgie, kein Autor nach Photios wird zitiert, Acta et scripta theologorum Wirtembergensium, et Patriarchae Constantinopolitani D. Hieremiae […], Wittenberg 1584; George Mastrantonis, Augsburg and Constantinople. The Correspondence between the Tübingen Theologians and Patriarch Jeremiah II of Constantinople on the Augsburg Confession, Brookline 1982; Dorothea Wendebourg, Reformation und Orthodoxie. Der ökumenische Briefwechsel zwischen der Leitung der Württembergischen Kirche und Patriarch Jeremias II. von Konstantinopel in den Jahren 1573–1581, Göttingen 1986. Vgl. ähnlich bei entsprechenden Befragungen vor Ort: beim Bekenntnis des gegenwärtig Geglaubten, dass das Dargereichte bei der Eucharistie der Erscheinung nach Brot und Wein, dem Geiste nach aber Leib und Blut Christi sei („καὶ κατὰ τὸ φενόμενον εἶναι ἄρτος καὶ οἶνος εἰδὲ κατὰ πνεῦμα σῶμα καὶ αἷμα Χριστοῦ"), verweisen der Metropolit von Theben Arsenios und der Archimandrit Gennadios auf Basilios und Johannes Chrysostomos entgegen der Intention des Fragenden Humfrey Wanley, (‚at the Coach Office', aber bezüglich Aleppo), 21. Dezember 1714, an John Covel, Cambridge, BL London 22911, f. 163r.

[42] Zu erinnern ist daran, dass die ersten Gründungsbestrebungen hinsichtlich der Kongregation 1599 (und nicht erst 1622) genau mit Blick auf eine Reunion mit der griechisch-orthodoxen Kirche erfolgten, vgl. Marko Jačov, Clément VIII et la fondation de la Congrégation pour la propagation de la foi 1599, in: Revue d'Histoire Ecclésiastique 100, 1 (2005), S. 5–14.

für Gruppierungen wie die Non-jurors, erst recht nach der Glorious Revolution, kann nicht erinnert werden.[43] Systematisch ist nur bedeutsam, dass hier ein solcher Konfessionalisierungseffekt mit allen Ingredienzien (terminologische Dogmatisierung durch Neologismus-Bildungen, Verfestigung von Aussagen bis in die Details hinein) *durch das Fragen von außen* stimuliert wird. Bereiche der Theologie, die im griechisch-orthodoxen Zusammenhang eher abgeschottet und ohne größere Bedeutung geblieben waren, werden durch die insistierende Herausforderung von westeuropäischer Seite überhaupt erst ins Bewusstsein gebracht, neu geformt. Aber all dies betrifft eine Kirche, die keinesfalls einen irgend staatskirchlichen Status hat, sondern lediglich im osmanischen ‚System' der millet-förmigen Duldung verschiedener religiöser Untertanengruppierungen neben dem Islam eingeordnet ist.[44] Für andere der über Patriarchen- und Bischofspyramiden institutionalisierten größeren und kleineren Kirchen des Ostens (Kopten, Melkiten, syrische Kirchen) sind ähnliche Phänomene im 17. Jahrhundert als Kollateraleffekt des Kontakts mit den seit den 1620ern starken katholischen Missionsberührungen und seit den 1650ern geringer nachholenden protestantischen Interessen und Teilmissionierungsversuchen zu beobachten. Der Effekt ist, dass wir gerade und erst aus dieser Zeit dann eine Vielzahl von Konfessionen („Homologiai") der Kirchen, einzelner Patriarchen, Metropoliten besitzen. Die religiöse Kommunikation besteht geradezu aus einer Serie von

---

[43] Vgl. dazu ZWIERLEIN, Imperial Unknowns (wie Anm. 14), Chapter 2 ‚Religion'.

[44] Die Anwendung des millet-Begriffs für diese Zeit wird zum Teil methodisch in Frage gestellt, hier sei damit nur auf die privileg-förmige und korporationsrechtliche Zusammenfassung der jeweiligen Gruppen aus Sicht der Pforte verwiesen, vgl. Bruce MASTERS, Christans and Jews in the Ottoman Arab World. The Roots of Sectarianism, Cambridge 2001, S. 61; Michael URSINUS, Zur Diskussion um ‚millet' im Osmanischen Reich, in: Südost-Forschungen 48 (1989), S. 195–207; für die unsystematische zeitgenössische Terminologie Daniel GOFFMAN, Ottoman *Millets* in the Early Seventeenth Century, in: New Perspectives on Turkey 11 (1994), S. 139–154.

Konfessionen. Wenn man etwa die Reise des französischen Botschafters Nointel 1671 nach Konstantinopel und durch die Inselwelt der Ägäis betrachtet, die dezidiert der generalstabsmäßigen, empirischen Erfassung der religiös-kirchlichen Situation der Christen im Osmanischen Reich diente, so nimmt sich dies aus wie eine Diözesanvisitation eines Visitators in einer sehr großen Region, nur mit dem Unterschied, dass der Visitierende ein Botschafter Frankreichs ist, und die Visitierten ganz unterschiedlichen Kirchen und Patriarchaten angehören.[45] Trotz des Beharrens auf der ganz eigenen unabhängigen Position gegenüber Rom, den Protestanten, wie auch – religiös – gegenüber den Osmanen, zeigt die Akzeptanz der Fragen, die Bereitschaft zur Konfessionsablegung, das Organisieren von Synoden, eine innerkirchliche Brisanz für die Ostkir-

[45] Die ältere Edition des Reisetagebuches (Albert VANDAL, L'Odyssée d'un ambassadeur. Les voyages du marquis de Nointel [1670–1680], Paris 1900) ist hierfür weniger aufschlussreich als etwa die Briefe und Dokumente von und an Nointel, die in BNF Paris, Ms. Nouvelles acquisitions françaises (NAF) 7460 gesammelt sind; hier wird etwa die notariatsähnliche Kanzleifunktion des Konsulats-Kanzlers für die Registrierung einer heterodoxen koptischen Konfession in Anspruch genommen (Actes du Consul du Caire sur la foy des Coptes, 30. Jan. 1671, f. 39–42), oder Nointel bezeugt selbst als Botschafter die abgelegte Konfession des armenischen Patriarchen Cruciador (3. Non. Oct. 1672, Konstantinopel, ibid., f. 57f.), er korrespondiert mit Antoine Arnauld, Pierre Nicole und dem Chef-Dragomanen der Pforte Panagiotis hierüber. Auf seiner Reise durch Griechenland und die Ägäis hält Nointel dann jeweils Audienz und die lokalen Vertreter der Kirchen machen ihm zeremoniellförmig die Aufwartung, um von ihrer jeweiligen Konfession Zeugnis abzulegen: „Le 20e Feuurier 1672 sur les dix heures du matin trois Metropolithes scauoir ceux d'Andrinople, de Philipopoli, et d'Athenes suyuis du referendaire de la grande Eglise patriarchalle des Grecs, sont uenus me uisitter, mon premier Drogueman qui les attendoit, les a receu a la porte de la grande salle et jay esté les receuoir dans mon antichambre […] Le premier de ces M.rs ayant pris un grand rouleau me dit que Monsieur le Patriarche leurs auoit fait la grace de les charger d'une confession de foy synodalle de l'Eglise anatholique de Constantinople que j'auois demandée [… etc.]" (ibid., f. 141r.) – Ähnlich spielt sich dies an allen Orten und hinsichtlich syrischer, koptischer, nestorianischer, jacobitischer Bekenntnisse ab.

chen und damit eine durchaus asymmetrische Kommunikationslage: Man ist auf die halb symbolische, wirtschaftspolitisch sehr reale Protektion der Westeuropäer angewiesen, auch wenn man nicht offiziell eine kirchliche Jurisdiktion oder Oberhoheit akzeptiert. Die im Ergebnis meist erfolgende Festschreibung des Transsubstantiationstheologoumenons in griechischer Adaptation (metousíosis) – jedenfalls in den nach außen hin dominierenden Kreisen – ist *de facto* wenn auch nicht *de jure* eine in eine ähnliche Richtung weisende Form von Konfessionalisierung, wie es bei einer posttridentinischen Visitation und Diözesenreform in Westeuropa der Fall wäre. Dies betrifft allerdings primär die höchste klerikale Ebene der griechischen Orthodoxie, während die Pluralität in den übrigen Kirchen auch seitens der Missionare nicht zu leugnen ist. Die lange auf westlicher Seite leitende Idee, dass man in den Ostkirchen bis auf wenige schismatische Positionen *im Grunde* Manifestationen der ewig weitertradierten Grundwahrheiten der Urkirche finde, erodiert im 18. Jahrhundert zunehmend. In diesen empirischen Erhebungen werden Klöster, Gemeindegrößen von Nointel und ähnlichen Quasi-Visitatoren vermerkt, überall wo man rastet, hält man Gespräche mit den höchsten oder gelehrtesten lokalen religiösen Klerikern und erfragt stets präzise gerade die Eucharistie-Doktrin. Nicht nur in Nointels Papieren, sondern auch in denen Gallands und Renaudots in Paris,[46] oder in den ähnlichen Papieren Covels und Smiths auf Seiten der Anglikaner[47] haben sich dementsprechend oft die wichtigsten Überlieferungen von einer Fülle solcher Konfessionen der Orthodoxen, Armenier, Metro-

[46] Übersicht über die Manuskripte Gallands nach wie vor bei Mohamed Abdel-Halim, Antoine Galland. Sa vie et son œuvre, Paris 1964; zu Renaudot fehlt eine größere monographische Erschließung, vgl. die Mss. in BNF NAF 7459 ff. (auch noch 7482 ff.), die seine Sammel- und Editionstätigkeit in Zusammenarbeit mit und bei der Überarbeitung der *Perpétuité de l'église* von Arnauld/Nicole dokumentiert.

[47] Insbes. BL London, Ms. Add. 22910, 22911, 22911A; die Smith-Manuskripte in der Bodleian Library Oxford sind zu reichhaltig, um hier nur eingeschränkt auf diese Frage zitiert werden zu können.

politen verschiedener Regionen und Distrikte erhalten, die alle durch die europäische Nachfrage stimuliert wurden, die dann zur eigenen innerkirchlichen Vergewisserung im 18. und 19. Jahrhundert dienten. Diese sind heute, ihres ursprünglichen Entstehungskontextes weitgehend entrissen, in Editionen bei Mansi oder noch stärker bei Karmires als gültige eigenkirchliche Konfessionstexte abgelegt, zu denen der Orthodoxe nun greift,[48] so wie der Lutheraner zur Klassikerausgabe der Bekenntnisschriften mit der Confessio Augustana von 1530 und Konkordienformel greift.[49] Dies ist für die ostkirchliche Theologie aber eine fremdinduzierte Neuformung der eigenen Positionen in Punkten, die sie so oft vorher gar nicht präzise bedacht und mitgeführt hatte. Dies kann man sowohl anhand von Beobachtungen der Europäer als auch in Selbstaussagen der befragten Sinai-Mönche, Metropoliten, Samaritaner belegen: Die einen stellen ab 1700 zunehmend präzise fest, dass es den Ostkirchen in etlichen Bereichen an präziser Terminologie fehlte, die anderen äußern zunächst Unverständnis oder Unwillen, auf die Fragen einzugehen, um dann, je mehr es innerkirchlich zu Konflikten, etwa zwischen Lukaris-Anhängern und anderen kam, schließlich in den erwähnten Formen und synodalen Zusammenschlüssen zu terminologischen Neubildungen und Konfessionsfestlegungen zu kommen, die so eigentlich im Mittelalter, außerhalb der Konzilsbeschlüsse, auch nicht als Textform gängig waren. Europäischerseits ist der Anstoß oder zumindest der spezifisch ausgeübte epistemische Druck hierzu zunächst gar nicht primär ein missionarischer Zugriff auf die Ostchristen, sondern der komparatistische und konflikthafte Vergleich der christlichen Theologien im jeweiligen inner-französischen, inner-niederlän-

[48] Vgl. Ioannes KARMIRES (Hrsg.), Τὰ δογμάτικα καὶ συμβολικὰ μνημεία τῆς ὀρθοδόξου καθολικῆς ἐκκλησίας, 2 Bde., Graz 1968; Ernst J. KIMMEL (Hrsg.), Monumenta fidei ecclesiae orientalis. Pars 1, Jena 1850.

[49] Vgl. Die Bekenntnisschriften der evangelisch-lutherischen Kirche, Göttingen [13]2010, dazu jetzt die Neuedition der Materialien hrsg. von Irene Dingel, 3 Bde., Göttingen 2014; Heiner FAULENBACH et al. (Hrsg.), Reformierte Bekenntnisschriften, 7 Bde., Neukirchen-Vluyn 2007–2015.

dischen, inner-englischen Streit.[50] Für die Missionen, wie sie zunächst die Orden aufbauten, wie sie dann französischerseits unter Père Joseph, römischerseits mit der Kongregation de propaganda fide 1599 und 1622, protestantischerseits erst später und wenig institutionalisiert bis 1700 aufgebaut wurden, ist zunächst der Bedarf präziser Konfessionsabfragung bei dem jeweiligen christlichen Gegenüber weniger gegeben. Erst indem sich missionarischer Ausgriff mit den innereuropäischen Religionskonflikten im Übergang vom Konfessionseuropa zum Europa frühaufklärerischer Religionspluralität und -sublimierung verstrebt, Ende des 17., Anfang des 18. Jahrhunderts, kommt es zu diesem ‚epistemischen Druck' Richtung Osten.[51]

Die im Sinne obiger Definition nötige asymmetrische Kommunikationsstruktur liegt also nicht in der direkten Kommunikation zwischen dem weltlichen Herrscher und den Kirchen, sondern, unter der insoweit sekundären, aber den Rahmen gebenden osmanischen Oberhoheit, in der Kommunikation mit untereinander

[50] Für das identitäre Vakuum, das für die English Church spätestens mit der Hinrichtung von Karl I. gegeben war und sich letztlich bis hin zum Gruppenverständnis der non-jurors im 18. Jahrhundert verstetigte, vgl. Robert D. CORNWALL, Visible and apostolic. The constitution of the Church in High Church Anglican and Non-juror thought, Newark/London/Toronto 1993; speziell für diesen Kontext Peter M. DOLL (Hrsg.), Anglicanism and Orthodoxy. 300 Years after the ‚Greek College' in Oxford, Oxford u.a. 2006; Jean-Louis QUANTIN, Church of England and Christian Antiquity. The Construction of a Confessional Identity in the 17th Century, Oxford 2009; für die französische Diskussion im Spannungsfeld von Jansenismus, katholischer Reform und Calvinismus vor der Revokation von 1685 vgl. Remy SNOEKS, L'argument de tradition dans la controverse eucharistique entre catholiques et réformés français au XVIIe siècle, Louvain 1951; Bruno NEVEU, Erudition et religion aux XVIIe et XVIIIe siècles, Paris 1994.

[51] Für einen Überblick über die Institutionalisierung der *Propaganda fide* und ihrer Erforschung, freilich mit Blick primär auf die lateinamerikanische Mission vgl. Giovanni PIZZORUSSO, I dubbi sui sacramenti dalle missioni *ad infideles*. Percorsi nelle burocrazie di Curia, in: Mélanges de l'École française de Rome, 121/1 (2009), S. 39–61; für die Levante etwa Bernard HEYBERGER, Les chrétiens du Proche-Orient au temps de la Réforme catholique, Rome 1994.

wettbewerbenden nationalkirchlich gerahmten katholischen und protestantischen Vertretern der westlichen Handelsimperien mit den christlichen Kirchen des Ostens. Denn ein Großteil des Handels jener Griechen, Armenier und anderer Gruppierungen, soweit sie exportorientiert waren, war unauflöslich interessenmäßig an die Europäer gebunden. Die partielle Konfessionalisierung der Ostkirchen entsteht nicht aus direkter Konfessionskonkurrenz mit den Westkonfessionen – man mag hier als vielleicht etwas sinnentleert anmutendes kontrafaktisches Erinnerungsmoment anführen, dass es nie einen Religionskrieg zwischen griechisch Orthodoxen und Katholiken oder Calvinisten um die Religionsausübung in einem Territorium gegeben hat –, sondern rein als Folge der Kombination teil-asymmetrischer Kommunikation und eines mit den Mitteln neuzeitlicher Fragebogen-Empirie systematisch herbeigeführten Klarstellungsdrucks.

Man könnte hier von *inter-christlicher* oder *schismatisch-christlicher* Konfessionalisierung im Unterschied zur klassischen lutherisch-calvinistisch-katholischen Konfessionalisierung Mittel- und Zentraleuropas sprechen, was auch die Verneuzeitlichung bzw. die Transformation schon älterer mittelalterlicher Differenzbildungen in neuzeitlichen Formen und hinsichtlich von Inhalten, die im Mittelalter nicht bedeutsam waren, bedeutet.[52]

Dies führt zur Frage, inwiefern dies auch nicht-christliche Religionen betreffen kann.

---

[52] Nur insoweit vergleichbar mit der nachhaltigen calvinistischen ‚Konfessionalisierung' der mittelalterlichen Waldenser 1532/1561; Gabriel Audisio, The Waldensian Dissent. Persecution and Survival c. 1170–c. 1570, Cambridge 1999, betonte stets den Abschluss der theologisch nahezu vollständigen Calvinisierung der Waldenser um 1560, wenn nicht schon mit der Synode von Chanforan 1532; ähnlich Ders., Preachers by Night. The Waldensian Barbes (15th–16th Centuries), Leiden/Boston 2007; Euan Cameron, The Reformation of the Heretics. The Waldenses of the Alps, 1480–1580, Oxford 1984, tendierte zu größerer Traditionskontinuität; Cornel Zwierlein, Discorso und Lex Dei. Die Entstehung neuer Denkrahmen im 16. Jahrhundert und die Wahrnehmung der französischen Religionskriege in Italien und Deutschland, Göttingen 2006, S. 356–374.

Für die europäisch enklaviert bzw. in Diaspora-Form lebenden Juden, jedenfalls für die mitteleuropäischen Ashkenazi-Gruppierungen, wurde schon festgestellt, dass man wohl seit den 1530ern in etwa von so etwas wie einer dogmatisch-theologischen Verfestigung, der Verwandlung der mittelalterlichen Tradition in eine neuzeitliche Orthodoxie (mit Joseph Caros Religionsgesetz des *Gedeckten Tischs)*, einer Zunahme disziplinatorischer Uniformierungsansinnen sprechen kann.[53] Für den italienischen Raum dürfte Ähnliches gelten. Hier ist ohnehin ein starker Einschnitt mit der Ghetto-Bildung gegeben. Sie erfolgte in Reaktion auf die Migrationswelle von Juden aus Süditalien in Folge der spanisch-neapolitanischen Gesetzgebung und stellt insoweit auch in Italien eine Fernwirkung der spanischen Inquisition in die norditalienischen Territorien dar. Die Entwurzelung führte bei der privilegienförmigen Neuansiedlung (venezianisches *ghetto* 1535, römisches ab 1555) auch zu starken Anforderungen nach innen an die Gruppe selbst hinsichtlich ihrer kulturell-religiösen Identitätsbestimmung.[54] Die christliche Hebraistik und gegebenenfalls auch

---

[53] So die Interpretation bei Gerhard LAUER, Die Konfessionalisierung des Judentums – Zum Prozess der religiösen Ausdifferenzierung im Judentum am Übergang zur Neuzeit, in: von Greyerz (Hrsg.), Interkonfessionalität (wie Anm. 11), S. 250–283. Generell zur Geschichte der jüdischen Gemeinden in den Territorien des Heiligen Römischen Reiches Johann Friedrich BATTENBERG, Die Juden in Deutschland vom 16. bis zum Ende des 18. Jahrhunderts, München 2001, für einen rezenten Forschungsüberblick vgl. André GRIEMERT, Jüdische Klagen gegen Reichsadelige. Prozesse am Reichshofrat in den Herrschaftsjahren Rudolfs II. und Franz' I. Stephan, Berlin u.a. 2015, S. 18–21, die inner-jüdische Religionsverfassung ist hier freilich nicht Teil der Darstellung.

[54] Vgl. Robert C. DAVIS (Hrsg.), The Jews of early modern Venice, Baltimore 2001; Lorenzo MANNINO (Hrsg.), Italia Judaica. Gli ebrei nello Stato pontificio fino al Ghetto (1555), Rom 1998; PULLAN, The Jews of Europe (wie Anm. 33); Benjamin C. I. RAVID, Studies on the Jews of Venice, 1382–1797, Aldershot 2003; Jörg DEVENTER, Zwischen Ausweisung, Repression und Duldung. Die Judenpolitik der ‚Reformpäpste' im Kirchenstaat (ca. 1550–1605), in: Aschkenas 14 (2004), S. 365–385; Kenneth STOW, Theater of acculturation. The Roman ghetto in the sixteenth century, Seattle 2001.

Judaistik mit ihrem zuerst ganz christozentrischen Interesse an der jüdischen Schriftgelehrtheit bei der Bibelauslegung bis später zum proto-religionsethnologischen Interesse der Beobachtung des jüdischen Religionslebens insbesondere hinsichtlich der Tradierung der Zeremonialformen (in Frankreich etwa von Postel über Génébrard zu Cayet und anderen)[55] ist eine der außereuropäischen oder levantischen Religionsbeobachtung durch Missionare vergleichbare Haltung, die insoweit epistemischen Druck in ‚konfessionalisierender' Form auszuüben vermochte, als wiederum Fragen nach theologoumena und ihrer Präzisierung gestellt und eingefordert wurden, die gegebenenfalls kaum so bedacht oder eher latent gewesen waren. Echte Missionierungsstrategien blieben aber bekanntlich bis weit ins 18. Jahrhundert wenig bedeutsam, wie schon Luthers Wandlung vom Missionsbedachten zum starken Antijudaisten (1520er bis 1540er) und die Entwicklung noch bis zum Lavater-Mendelssohn-Streit zeigt.[56]

Es gibt also durchaus ein, wenngleich zeitversetzt stattfindendes Phänomen von dogmatischer Kristallisierung und Verfestigung bei mittelalterlichen schismatisch-christlichen und bei jüdischen Kirchen und Gruppierungen, das man nicht ohne Grund ‚Konfessionalisierung' nennen könnte, gerade wenn man auf die Haupttextgattung abzielt, die dieses spezifisch neuzeitliche Phänomen prägt, nämlich die „Confessio" nicht im augustinischen, sondern im normativ-theologischen, bekenntnisförmigen Sinne. Da alle übrigen in der älteren Konfessionalisierungskonzeption meist

---

[55] Paul Colomies, Gallia orientalis sive gallorum qui linguam hebraeam vel alias orientales excoluerunt vitae [...], s'Gravenhage 1665; Marion Leather Kuntz, Postel and his idea of progress and utopian reality, in: History of European Ideas 6, 3 (1985), S. 311–324.

[56] Zu Luther vgl. Thomas Kaufmann, Luthers ‚Judenschriften'. Ein Beitrag zu ihrer historischen Kontextualisierung, Tübingen 2013; David Sorkin, The Berlin Haskalah and German religious thought. Orphans of Knowledge, London 2000; Michael A. Meyer u.a. (Hrsg.), Deutsch-Jüdische Geschichte in der Neuzeit. Bd. I. Tradition und Aufklärung, 1600–1780, München 2000; Christoph Schulte, Die jüdische Aufklärung. Philosophie, Religion, Geschichte, München 2002.

mitgeführten Bedingungen der direkten Konfessionskonkurrenz, der staatskirchenförmigen Bedeutung der ostkirchlichen oder jüdischen Gemeinde aber *nicht* passen, zeigt sich, dass der Kern von ‚Konfessionalisierung' die Ausübung epistemischen Drucks durch normativen Vergleich und empirische Befragung mit den Mitteln neuzeitlicher Empirie, Registrierung, Standardisierung und terminologischer Präzisierung ist. Der Kern von Konfessionalisierung ist nicht der *Staat*, nicht das *Soziale*, sondern der Empirismus, der dann bei entsprechender Institutionalisierung seine Wirkung in und auf Staat-Kirchen-Verbindungen ausübt.

3) ‚Konfessionalisierung' und außereuropäischer Religionskontakt

Vom Beispiel der enklavierten jüdischen Diasporagemeinden liegt der Schritt zur Frage nach ‚Konfessionalisierung' im Kontakt zwischen europäischen und außereuropäischen Religionen nahe. Diese Engführung von christlicher Expansion (Mission) und Konfessionalisierung kommt gerade dann in den Blick, wenn man ‚Konfessionalisierung' so reformuliert wie oben geschehen, denn dann sind zunächst einmal beide Prozesse sehr ähnlich: Es werden (katechetische, konfessions- und theologiebezogene) *Fragen gestellt* und es wird das *Beantworten von Fragen* eingefordert, die die Befragten so vorher nicht hatten. Dies hatte die Konfessionalisierungsforschung im engeren Sinne früher kaum im Blick, aber an sich liegt es auf der Hand: Man wird Institutionen wie die *propaganda-fide*-Kongregation ohne Zweifel als ein neuzeitliches Kind des posttridentinischen Katholizismus verstehen; man wird die Form des ‚Barock-Katholizismus', wie er in Lateinamerika von Dominikanern, Franziskanern, Jesuiten und anderen Orden unter spanisch-portugiesischer Herrschaft durchgesetzt wurde, sicher als, zumindest im Ausgangspunkt ähnlich, wenn nicht identisch mit dem Konfessionskatholizismus identifizieren, den die Konfessionalisierungsforschung für Bayern oder Österreich traditionell im Blick hat. Wie ist aber die epistemische Wirkung beim Kontakt mit den Indigenen zu beurteilen? – Das Selbstverständliche mag kurz notiert sein: Offenbar findet keine ‚Konfessionalisierungswirkung' hinsichtlich der *indigenen Religionen* statt, so wie es beim Aufeinandertreffen zwischen westeuropäischen und östlichen christlichen Kirchen zu beobachten war, und dies scheint generell zuzutreffen, wenn europäisch-christliche Beobachter und auch Missionare auf nicht institutionalisierte, nicht oder kaum schriftgestützte Religionen treffen. Wird nicht der Weg von Zwangskonversion beschritten, werden die Europäer dann oft rasch zu proto-teilnehmenden Beobachtern wie im berühmten Fall Jean de Lérys für die Tupinambá in Brasilien im 16. Jahrhundert, der die Bräuche der Indianer beschreibt, ohne dass wir etwas von einer nachhaltigen Veränderung der Rituale und Glaubenswelt der Indianer wüssten, bevor sie entweder epidemiebedingt dezimiert wurden oder im Herrschaftsbereich der Portugiesen aufgingen.[57] Konfessionell verhärtete Polemik findet in diesem gut untersuchten Fall ab 1550 zwischen den Europäern und über den Atlantik hinweg zwischen Léry, Richer, den spanischen Jesuiten, Villagnon im Fort Coligny in der Bucht von Rio de Janeiro und dann Calvin in Genf statt, aber *nicht* mit den Indigenen. Dies ist hinsichtlich der Religionsbeobachtung selbst, abzüglich der starken Entwicklung, die von der Renaissance-Zeit bis hin zur professionalisierten wissenschaftlichen Expedition stattgefunden hat, nur graduell anders, wenn man 150 Jahre später auf eine der bedeutendsten wissenschaftlichen Expeditionen der Frühaufklärung in das kaum bekannte und erforschte Innere Russlands schaut: Diese Forscher betreiben nicht nur naturkundliche Wissenschaftsbeschreibung, sondern untersuchen auch die Religionen der Völker im Sinne der frühaufklärerischen *historia gentium*, und sollen – so die Instruktionen für die Forschungsreise – auch untersuchen, was „über die natürliche Religion eines jeden Volkes, falls diese existiert,

---

[57] Frank LESTRINGANT, L'huguenot et le sauvage, Genève [3]2004; DERS., L'expérience huguenote au nouveau monde (XVIe siècle), Genève 1996.

zu erfahren ist, welche Vorstellung die Völker von Gott und den Dingen, die das Seelenheil betreffen haben, welcher heiliger Zeremonien sie sich bedienen".[58] Die Antworten hierauf sind dann häufig, ob Frühaufklärer in den 1680ern auf die Restgemeinden von jahrtausendalter Samaritaner-Tradition in Palästina treffen, die zwar die eigene Sakral-Schrift und -Sprache noch tradieren, im direkten Kontakt aber kaum irgend gelehrte, aus westlicher Sicht ‚präzise' theologische Antworten geben können,[59] oder ob sie 1740 auf die Burjaten im Distrikt von Udinsk treffen, sehr ähnlich:

> „Die Buräten des Udinischen districts leben in ansehung der religion/in der allerdiksten finsterniß, und wissen wenig von Gott. wer weiß, was in vorigen zeiten vor der verbindung der völker untereinander, und was vor eine verfassung der religion mag gewesen sein, die die nachkömlinge negligiert, und nur einige geringe und fast unkentliche Spuren davon noch übrig behalten haben. Es scheinet daß sie alle einen gott des himmels glauben, aber auch zugleich davor halten, daß er sich um die irdische afairen nicht bekümmere. daher adressiren sie ihre wünsche an einen andern, welchen wir teufel wiewol unrecht heissen: denn ihre begriffe und unsere begriffe von diesem geist sind nicht einerlei: […]."[60]

Man befindet sich damit sofort an der Einmündung des Arguments hin zu einer Geschichte der frühen Religionsanthropolo-

---

[58] Wieland Hintzsche (Bearb.), Dokumente zur 2. Kamčatkaexpedition 1730–1733. Akademiegruppe, Halle 2004 (Quellen zur Geschichte Sibiriens und Alaskas aus russischen Archiven, Bd. IV, 2), S. 145, 147.

[59] Vgl. die Fragen, die Hiob Ludolf Robert Huntington über die Religion der Samaritaner stellte und seine Antwort, z. B. „De Messia loquentes, parum sibi constat & confuse, nunc hoc, nunc illud asserunt" (Thomas Smith [ed.], Roberti Huntingtoni […] Epistolae […] Collectore […] Edwardo Bernardo, London 1704, S. 51); verächtlich über die Samaritaner auch Louis Piques: „Il est vray que les Samaritains sont tres mauuais chronologistes et que leur Calcul est tres faux ce que j'ay reconnu par les beaux fragmens de leur chronique que m'a enuoyée l'obligeant Mr Huntington anglois […] Voila d'habilles gens que ces samaritains tant vantés par nos sçauants idolatres des Nouueautés et des descouuertes bonnes ou mauvvaise" (UB Frankfurt, Nachlass Ludolf, Brief Nr. 573, Piques an Ludolf, Paris 22.7.1691).

[60] Georg Wilhelm Steller/Johann Eberhard Fischer, Reisetagebücher 1738 bis 1745, hrsg. von Wieland Hintzsche, Halle 2009 (Quellen zur Geschichte Sibiriens und Alaskas aus russischen Archiven, Bd. VII), S. 338.

gie und deren Methodenreflexion, im Quellen- und Diskursfeld zwischen missionarischen Akkomodationslehren und den Apodemiken, *Queries* und Reiseinstruktionen des frühneuzeitlichen Forschungsempirismus seit dem 16. Jahrhundert.[61]

Zunächst aber soll für die hier im Vordergrund stehende Frage nach dem Funktionieren und den Bedingungen von Konfessionalisierungskommunikation die zu vergleichende kommunikative Ausgangssituation festgehalten werden. Es treffen hier europäische Akteure der frühneuzeitlichen Expansion und Globalisierung auf die jeweiligen Indigenen, bei denen die ersteren selbstverständlich sehr oft in ihrem Glauben und ihrer Konfession klar definierte Anhänger einer sehr spezifischen europäischen Untergruppierung waren. Schon für das in Lateinamerika maßgebliche Personal der frühen Evangelisierung hat man die sehr kompakte Zugehörigkeit zur ersten bis dritten Generation der Schule von Salamanca mit ihrer spezifisch thomistischen Theologie festgehalten,[62] die in Europa selbst bedeutend, freilich aber keinesfalls die einzige Spielart der katholischen Theologieströmungen war und deren Lehren in den 1580ern und 1590ern Gegenstand der Überprüfung durch die römische Index-Kongregation und teilweise sogar der gänzlichen Zensur (Bañez) waren; die geistigen Väter der spanisch-lateinamerikanischen Zensoren und Inquisitoren wurden römischerseits selbst zensiert.[63] Das vielfach innerkatholisch

---

[61] Justin STAGL, Die Apodemik oder ‚Reisekunst' als Methodik der Sozialforschung vom Humanismus bis zur Aufklärung, in: Statistik und Staatsbeschreibung in der Neuzeit, vornehmlich im 16.–18. Jahrhundert, hrsg. von dems./Mohammed Rassem, Paderborn u. a. 1980, S. 131–204; Michael HUNTER, Robert Boyle and the Early Royal Society. A Reciprocal Exchange in the Making of Baconian Science, in: The British Journal for the History of Science 40, 1 (2007), S. 1–23, hier S. 4; Silvia COLLINI/Antonelle VANNONI, Les instructions scientifiques pour les voyageurs XVIIe–XIXe siècle, Paris 2005.

[62] Martin Austin NESVIG, Ideology and Inquisition. The World of the Censors in Early Mexico, New Haven/London 2009, S. 93–103.

[63] ZWIERLEIN, The Political Thought of the French League (wie Anm. 25), S. 152–154; Peter GODMAN, The Saint as Censor. Robert Bel-

angefeindete jesuitische Quasi-Monopol in der China-Mission muss nicht weitläufig betont werden.[64] Ähnlich finden sich, obgleich wohl zum Teil noch näherer Untersuchung harrend, bei Vertretern und chaplains etwa der englischen East India-Company eher presbyteriale Tendenzen oder ein moderat-episkopaler Anglikanismus, während bei der englischen Levant Company, die im Mittelmeer operierte, über Generationen hinweg ein konservativer Episkopalismus bis hin zum Non-jurortum vorherrschte, also ganz verschiedene und relativ präzise abgegrenzte Prägungen jeweils anderer Teile des *British Empire*.[65] In den nordamerikanischen settler colonies sind die Gründungsgruppen ja ebenfalls Anhänger sehr spezifischer religiöser Gruppen, seien es Quäker oder seien es föderaltheologisch geprägte Puritaner in Massachusetts (Gemeinde Bulkeleys in Concord). Bei diesen primär auf die Eigenorganisation bedachten settler colonies tritt freilich das Moment des hier in Frage stehenden Religionskontakts oft längere Zeit in den Hintergrund, weshalb sie weniger als Beispiele herangezogen werden können. Für die frühe protestantische Mission in Indien gilt aber zum Beispiel, dass es der gerade erstarkende, aber noch in der Minderheitsposition befindliche lutherische Pietismus und nicht die lutherische Orthodoxie war, der die missionarischen Aktivitäten, aber auch die wissenschaftlichen Expeditionen aus dem mitteleuropäisch sächsischen Raum nach Russland, Nordafrika, Indien betrieb.[66]

---

larmine between Inquisition and Index, Leiden u. a. 2000, S. 135; Frajese, Nascità dell'Indice (wie Anm. 32), S. 132.

[64] Vgl. Sebald Reil, Kilian Stumpf 1655–1720. Ein Würzburger Jesuit am Kaiserhof zu Peking, Münster 1977.

[65] Zwierlein, Imperial Unknowns (wie Anm. 14), Chapter 2 ‚Religion'; Cornel Zwierlein, Coexistence and Ignorance. What Europeans in the Levant did not read (ca. 1620–1750), in: Ders. (Hrsg.), The Dark Side of Knowledge (wie Anm. 14), S. 225–265.

[66] Aus der reichen Forschung nur grundlegend Daniel Jeyaraj, Inkulturation in Tranquebar. Der Beitrag der frühen dänisch-halleschen Mission zum Werden einer indisch-einheimischen Kirche (1706–1730), Erlangen 1996, dort S. 19 f. zu den heftigen Differenzen zwischen etwa dem ortho-

Es sind also Angehörige von innereuropäisch ganz spezifisch positionierten Konfessions-(Unter)Gruppen, die christlicherseits den Kontakt betreiben. Die ‚Indigenen' gehören ihrerseits ebenso unterschiedlichen Strömungen und Gruppierungen an, doch bleibt dies in der Wahrnehmung oft lange unterbestimmt und abgeschattet. Noch beim so berühmten früh-ethnologisch quasi-teilnehmenden Beobachter Ziegenbalg in Indien ist die Ausgangsheuristik eine sehr grobe Vierteilung der Religionen in Christen, Juden, Muslime und ‚Heiden', letztere die größte Gruppe auf der Welt, die aber als vierte Religion oder Zivilisation, nicht lediglich als Atheismus oder Negation der Angehörigkeit zu einer der drei anderen Religionen erscheint.[67] Dies führt protestantischerseits die Tradition fort, die Grotius schon Anfang des 17. Jahrhunderts geprägt hatte in seinem auch mit Missions- und niederländischem Expansionsbezug geschriebenen Werk *De veritate religionis*: Auch hier bilden die drei europäischen Hauptreligionen plus dem Heidentum die vier Grundkategorien.[68]

Die an sich ähnliche Ausgangslage von präziser innereuropäischer konfessioneller Positionierung, die im Außenkontakt auf andere kirchliche und religiöse Formen trifft, bewirkte bei Religionen segmentär differenzierter Gesellschaften kaum so etwas wie dialektisch gegenstrebige Verstärkung, Verhärtung, Präzisierung der religiösen oder doktrinalen Positionierung der indigenen Religionen. Damit ein solcher Effekt eintritt, bedarf es offenbar nicht nur einer asymmetrischen Kommunikationssituation, sondern

dox gesinnten Missionar Johann Georg Bövingh, C. B. Michaelis und den Hallensern; neuere Literatur bei Dens./Richard Fox Young (Hrsg.), Hindu-Christian Epistolary Self-Disclosures. ‚Malabarian Correspondence' between German Pietist Missionaries and South Indian Hindus (1712–1714), Wiesbaden 2013, S. 19–42.

[67] Bartholomäus Ziegenbalg, Malabarisches Heidenthum, hrsg. von William Caland, Amsterdam 1926, S. 9; Gita Dharampal-Frick, Indien im Spiegel deutscher Quellen der Frühen Neuzeit (1500–1750). Studien zu einer interkulturellen Konstellation, Tübingen 1994, S. 308–312.

[68] Vgl. Jacqueline Lagrée, La raison ardente. Religion naturelle et raison au XVIIe siècle, Paris 1991.

auch einer schon vorhandenen gelehrten Form von Theologie mit Formen der Institutionalisierung und gegebenenfalls der Schriftstützung.

Ist dann aber für die Regionen, in denen sich langfristig die jeweiligen europäischen Konfessionen fast exklusiv durchsetzten, wie im Falle des lateinamerikanischen Katholizismus, ‚Missionierung' mit ‚Konfessionalisierung' identisch? – Die jüngere Forschung hat für diese Zusammenhänge oft gerade auf die Prozesse hybrider Verschmelzung, auf *métissage* indigenen Brauchtums mit konfessionellem Katholizismus abgehoben, hat dominikanische und jesuitische Akkomodationstheorien als Reflexionen auf Anpassungsöffnung und -notwendigkeit hervorgehoben. Bewusst habe man zum Beispiel alte lokal verehrte Gottheiten durch ‚passende' Heilige der katholischen Kirche ersetzt und so ältere Kulttraditionen verschmolzen und in camouflierter Form inkorporiert.[69] Zwar ist die Methodendiskussion hier von einem älteren unidirektional geformten Akkulturationstheorem abgerückt und betont postkolonial die Reziprozität der Kommunikation. Ob das Ergebnis als strategisch geplanter Synkretismus, als spontane Hybridbildung, oder als ‚Aushandlung in einem dritten Raum' beschrieben wird: Hinsichtlich des hier interessierenden Vergleichs zur europäischen Situation besteht sicherlich aus postkolonialer Läuterungsperspektive sogar umso größere Einigkeit über die Alterität des lateinamerikanischen Ergebnisses, eines verstärkt paganisierten Katholizismus. Dies ist dann aber ein Phänomen, das gerade gegenläufig zu dem ist, was Konfessionalisierung für den innereuropäischen Zusammenhang meint; dort war die auf Disziplinierungszunahme gerichtete Heuristik ja von einer zuneh-

---

[69] Vgl. etwa schon Hugo G. Nutini, Syncretism and Acculturation. The Historical Development of the Cult of the Patron Saint in Tlaxcala, Mexico (1519–1670), in: Ethnology 15 (1976), S. 301–321; Stephanie Wood, Adopted Saints: Christian Images in Nahua Testaments of Late Colonial Toluca, in: The Americas 47 (1991), S. 259–294; Serge Gruzinski, La colonisation de l'imaginaire. Sociétés indigènes et occidentalisation dans le Mexique espagnol, XVIe–XVIIIe siècle, Paris 1988.

menden territorienspezifischen Uniformierung ausgegangen. Kartographisch gestützt konnte man die Ergebnisse als konfessionelle Prägung der Regionen genau verzeichnen.[70] Für die Kolonien, in denen die spanische Inquisition ja auch nach kurzem Intermezzo der Anwendung auf Indigene primär für Kolonisten, Neuchristen und Afrikaner, nicht für die Indigenen selbst galt,[71] wäre das Ergebnis aber gerade eine Art Mischreligiosität, eher Pluralität und ein diffuser Katholizismus, nicht Einheitlichkeit gewesen. In Folge der Akkomodation,[72] der Übersetzung des fremden Christlichen in angenommene indigene Grundüberzeugungen hinein entstand bei der eifrigen, schnellen Missionierung während des 16. Jahrhunderts oft ein komplexes religiöses, hochplurales Mischsystem, das dann von den Visitatoren des 17. und 18. Jahrhunderts selbst, etwa in der Erzdiözese Lima, geradezu als selbstgeschaffenes ‚Frankensteins Monster' betrachtet wurde, wie pointiert worden ist:[73] nirgends auch nur halbwegs reiner tridentinischer Katholizismus, sondern Vermischungen, die die Brüder der Missionarsorden und später die Jesuiten im Grunde im 16. Jahrhundert selbst produziert hatten. Freilich kann man ähnlich erscheinende negative Aussagen

---

[70] Walter ZIEGLER/Anton SCHINDLING (Hrsg.), Die Territorien des Reichs im Zeitalter der Reformation und Konfessionalisierung. Land und Konfession 1500–1650, 7 Bde., Münster 1989–1997.

[71] Fernando Domínguez REBOIRAS, La Inquisición española y los indios, in: Esplendores y miserias de la evangelización de América. Antecedentes europeos y alteridad indígena, hrsg. von Wulf Oesterreicher/Roland Schmidt-Riese, Berlin/New York 2010, S. 46–71; NESVIG, Ideology and Inquisition (wie Anm. 62), S. 134–169; Toby GREEN, Policing the Empires. A Comparative Perspective on the Institutional Trajectory of the Inquisition in the Portuguese and Spanish Overseas Territories (Sixteenth and Seventeenth Centuries), in: Hispanic Research Journal 13 (2012), S. 7–25, hier S. 14.

[72] Michael SIEVERNICH, Von der Akkomodation zur Inkulturation, in: Zeitschrift für Missionswissenschaft und Religionswissenschaft 86, 4 (2002), S. 260–276.

[73] So die Formulierung bei Kenneth MILLS, The Limits of Religious Coercion in Mid-Colonial Peru, in: Past & Present 145 (1994), S. 84–121, hier S. 99 f.

auch von mitteleuropäischen Diözesanvisitatoren hinsichtlich gelebter Volksfrömmigkeit in Perpignan oder bei Speyer finden, aber dies ist systematisch doch etwas anderes, da in der ‚Neuen Welt' nun einmal mit ganz anderen vorfindlichen Religions- und Kultursystemen Austausch herrschte und nicht mit einer ‚nur' unvollständigen Christianisierung seit dem Mittelalter und wo zudem kaum inter-christliche Konfessionskonkurrenz herrscht; Zensur und Inquisition in Lateinamerika suchen und finden quasi nie Luther oder Zwingli, wie sie im innereuropäischen Zusammenhang als „Haeresiarchen" theologisch inzwischen präzise abhorresziert waren.[74] Ohne gleichzeitig wirkenden Konfessionswettbewerb und bei gegebener unangefochtener Herrschaft zerstäubt dieselbe Bewegung des Belehrens, Befragens, des Vergleichens von Norm und Realität in der Vermischung und Verschränkung, sie findet keinen Widerhalt, der zum Widerspiel von epistemischem Druck und dialektischer Gegenformung eigener verhärteter Konfessionalität führen würde.

Wieder anders ist die Situation dort, wo die frühneuzeitlichen Europäer nicht nur nicht als koloniale Eroberer und Territorialherrn auftreten, lediglich von Handelsstützpunkten agieren und wo Missionare gegebenenfalls auf sich gestellt agieren, sondern wo sie auch auf stärker institutionalisierte Hochreligionen treffen: Zwar gab es seit dem 16. Jahrhundert immer wieder Ansätze, missionarisch auch auf den Islam auszugreifen, aber dies erwies sich sehr bald als Wunschdenken. Die weiter im 17. Jahrhundert gewählten katholischen wie protestantischen katechetischen und

[74] In der Index-Kongregation hatte sich ja inzwischen eine Hierarchie der Abweichungen herausgebildet, schön etwa in einem quasi-ramistischen Übersichtsschema für die Kongregation wohl um 1596 zusammengefasst, in dem die Entwicklung der Haeretiker-Lehre spezifisch auf die Index-Bedürfnisse zugeschnitten wurde, und nach der „secunda regula Indicis" zwischen *libri* „a) Haeresiarcharum qui prohibentur omnino, b) aliorum haereticorum, c) ab haereticis catholice conscripti, d) labores literarii ab haereticis confectae" unterschieden wurde mit jeweils pro Typ weiteren Subdifferenzierungen, Archivio storico della Congregazione per la Dottrina della fede, Protocolli Congregationis Indicis B, nach f. 418.

anderen Texte, die ins Griechische oder Arabische übersetzt wurden (berühmt Bellarminos Katechismus hier,[75] Grotius' *De veritate religionis*[76] dort) richteten sich de facto vor allem an arabisch sprechende und lesende Christen, wie die Kopten, wenn sie nicht gar nur zum Arabisch- und Griechisch-Lernen des eigenen französischen, italienischen oder englischen Konsular- oder Ordenspersonals dienten.[77] Das Osmanische Reich konnte sich eine weitgehende Duldung vieler christlicher und anderer Religionen auch deshalb leisten, weil die Stellung des Islam insoweit unangefochten war, entsprechende Konversionsversuche rasch unterbunden wurden oder wegen Unattraktivität vor Ort ohnehin kaum erfolgversprechend waren.[78] Eine 'Konfessionalisierung' des Islam

---

[75] Zur beschränkten durchschnittlichen Arabisch-Kenntnis der katholischen Missionare Bernard HEYBERGER, L'Islam dei missionari cattolici (Medio Oriente, Seicento), in: L'Islam visto da Occidente. Cultura e religione del Seicento europeo di fronte all'Islam, hrsg. von Bernard Heyberger u. a., Genova/Milan 2009, S. 289–314, hier S. 298 f. und Giovanni PIZZORUSSO, Les écoles de langue arabe et le milieu orientaliste autour de la Congrégation de propaganda fide au temps d'Abraham Ecchellensis, in: Bernard Heyberger (Hrsg.), Abraham Ecchellensis, Turnhout 2010, S. 59–80, hier S. 70.

[76] Robert Boyle, Edward Pococke und Robert Huntington wirkten hierbei mit, vgl. Charles G. D. LITTLETON, Ancient Languages and New Science. The Levant in the intellectual Life of Robert Boyle, in: Alastair Hamilton/Maurits H. Van Den Boogert/Bart Westerweel (Hrsg.), The Republic of Letters and the Levant, Leiden/Boston 2005, S. 151–172.

[77] Auf die sogar primäre Funktion schlicht als Text im humanistischen Griechisch-Unterricht und weniger für Missionszwecke etwa der griechischen Übersetzungen des Heidelberger Katechismus hat zuletzt noch einmal Reinhard FLOGAUS, Die griechischen Übersetzungen des Heidelberger Katechismus. Entstehung, historischer Kontext, Wirkungsgeschichte, in: Profil und Wirkung des Heidelberger Katechismus. Neue Forschungsbeiträge anlässlich des 450jährigen Jubiläums. The Heidelberg Catechism: Origins, Characteristics, and Influences. Essays in Reappraisal on the Occasion of its 450th Anniversary (SVRG 215), hrsg. von Christoph Strohm/Jan Stievermann, Gütersloh 2015, S. 242–268, hier S. 264, hingewiesen.

[78] Aus den strengen Vorschriften der europäischen Handelsmächte zur Befristung der Aufenthaltsdauer von Händlern und der Schließung der jeweiligen Zugehörigkeit zur französischen, englischen oder nieder-

oder einer der islamischen Schulen aufgrund von epistemischem Druck, den Missionare oder französische, niederländische oder englische Konsuln, Kaplane oder andere Reisende ausgeübt hätten, vergleichbar zum griechisch-orthodoxen Fall, kann man in der gesamten Frühen Neuzeit wohl kaum in einem signifikant neu strukturbildenden Maße feststellen, auch wenn die Europäer bekanntlich nicht nur an den christlichen Kirchen des Orients, sondern auch am Islam und seinen unterschiedlichen Schulen interessiert waren.[79]

ländischen ‚Nation' spricht nicht nur die Sorge vor Gefangenschaft und Versklavung der eigenen Handelsleute, sondern auch vor schlichter Konversion zum Islam oder zur Heirat von muslimischen Frauen, was die Zwangskonversion zur Folge hatte, was für Handelsleute, die lange vor Ort lebten, durchaus eine opportune Option sein konnte.

[79] Es gibt in der jüngeren Forschung teilweise die Vorstellung, dass der religionskriegsähnliche Konflikt zwischen persischen schiitischen Safawiden mit den sunnitischen Osmanen kombiniert mit innerosmanischen Schiitenaufständen mit den an westeuropäischen Modellen geschulten Begriffen beschreibbar sei. Vielleicht passt hier sogar ‚Konfessionalisierung' in noch genauer zu adaptierender Form. Allerdings scheinen mir einige sehr rasche Vorstöße in diese Richtung eher missverständlich. Daniel Goffman, The Ottoman Empire and Early Modern Europe, Cambridge 2002, S. 187 formulierte noch, dass „virtually all of western Europe adopted *cuius regio eius religio* […] For the Ottomans, though, there never was such an issue", sondern es habe über das Prinzip von Extraterritorialität gewährleistete Religionsduldung gegeben. Obgleich hier das westlich von Konstantinopel gelegene Europa vielleicht etwas holzschnittartig unter *ein* Prinzip von Konfessionspluralitäts-Ordnung eingeordnet wird, scheint dies doch insgesamt eher stimmig als die jüngst vorgebrachte, auf der Basis eines (für sich gewinnbringenden) close readings zweier Quellentexte beruhende Großthese, dass das Prinzip von „*cuius regio, eius religio* was therefore upheld in the Ottoman and Safavid Empires as well", weil zu beobachten sei, dass nach der Eroberung von Flecken und Dörfern Imame der jeweiligen Islamschule eingesetzt wurden (Tijana Krstić, Illuminated by the Light of Islam and the Glory of the Ottoman Sultanate: Self-Narrative Conversion to Islam in the Age of Confessionalization, in: Comparative Studies in Society and History 51, 1 [2009], S. 35–63, hier S. 52). Jedenfalls liegt hier aber keine Konfessionalisierung aufgrund eines epistemischen Außendrucks vor.

Ähnliches dürfte für die ostasiatischen Hochreligionen gelten, soweit sie verfestigt waren. Das Ausgreifen der Jesuitenmissionen nach China ist vielfach untersucht worden, konzentriert im 16. Jahrhundert um die bedeutende Gestalt Matteo Riccis.[80] Um 1700 könnte man noch einmal ein ähnliches Aufflammen des Interesses und des Missionsimpetus mit der Legation des Kardinals Tournon ansetzen,[81] bis dann 1705 der Kaiser die öffentliche Ausübung des christlichen Glaubens und der Mission verbot, was – obgleich das Verbot nie im Sinne massiver blutiger Christen-Massenverfolgung, sondern nur in Einzelaktionen, durchgesetzt wurde – doch einen deutlichen Einschnitt bedeutete, insbesondere weil es die institutionalisierte Mission stark reduzierte. Anders als gegenüber dem Islam verzeichnete die Mission in Asien ja starke Erfolge, um 1700 geht man von etwa 200.000 Neuchristen aus. Diese ‚kognitive Schließung' 1705 kann aber natürlich nicht als Form von ‚Konfessionspolitik' etwa wie die Ausweisung der Hugenotten aus Frankreich von 1685 interpretiert werden. Die jesuitisch geprägte katholische Konfession stand insoweit mit Konfuzianismus oder Buddhismus ja nicht in einem offenen, gegebenenfalls machtgestützten Wettbewerb.

Die innereuropäische Perspektive und Diskussion[82] war hier zunächst einmal eine Verlängerung der gleichen Diskussion, die für

---

[80] Aus der Überfülle von Literatur zu Ricci sei als Biographie auf Ronnie Po-chia HSIA, A Jesuit in the forbidden city: Matteo Ricci, 1552–1610, Oxford 2010 und für die Werkanalyse der missionarischen Hauptschriften auf Vito AVARELLO, L'Œuvre italienne de Matteo Ricci. Anatomie d'une rencontre chinoise, Paris 2014, insbes. S. 512–571 verwiesen.

[81] Anecdotes sur l'Etat de la religion dans la Chine ou Relation de M. le CARDINAL DE TOURNON Patriarche d'Antioche, Visiteur Apostolique [...], 6 Bde., Paris 1733; Francis A. ROULEAU, Maillard de Tournon, Papal Legate at the Court of Peking. The First Imperial Audience, in: Archivum Historiae Societatis Jesu 31 (1962), S. 264–311; Claudia von COLLANI, Claudio Filippo Grimaldi S. J. Zur Ankunft des päpstlichen Legaten Charles-Thomas Maillard de Tournon in China, in: Monumenta Serica 42 (1994), S. 329–359.

[82] Virgile PINOT, La Chine et la formation de l'esprit philosophique en France (1640–1740), Paris 1932; Joan-Pau RUBIÉS, From Antiquarianism

die Ostkirchen der Levante geführt wurde, ja, es sind oft dieselben Forscher und Orientalisten wie etwa protestantischerseits Hiob Ludolf oder katholischerseits natürlich Athanasius Kircher und später Eusèbe Renaudot, die die gleiche Heuristik anwenden: Renaudot behandelt China, chinesische Religion teilweise geradezu als Unterkapitel zur Ausbreitung der christlichen Nestorianer.[83] Beiträge zur Diskussion über die Thomas-Christen versuchten eine sehr frühe christliche Prägung Chinas nachzuweisen (oder es aus konfessionell spezifischer Position abzulehnen),[84] und sie versuchten konfuzianische Philosophie als Vorformung des Christentums nachzuweisen. Konfuzius figuriert dann als Prophet der Ankunft Christi, vergleichbar zur vorchristlichen europäischen

---

to Philosophical History. India, China, and the World History of Religion in European Thought (1600–1770), in: Antiquarianism and Intellectual Life in Europe and China, 1500–1800, hrsg. von Peter N. Miller/François Louis, Ann Arbor 2012, S. 313–367.

[83] Einer der Hauptanstöße hierfür war 1625 die Auffindung des syrisch-nestorianisch-chinesischen Monumentsteins von 781 und seine Diskussion in orientalistischen Kreisen, vgl. für Literaturhinweise den Editorenkommentar in Gottfried Wilhelm Leibniz, Discours sur la théologie naturelle, hrsg. von Wenchao Li und Hans Poser, Frankfurt/M. 2002, S. 218f. mit Fn. 225; vgl. dann den den Nestorianern in der Levante gewidmeten Manuskript-Band Renaudots BNF NAF 7475 mit etwa dem Abschnitt ‚De Praedicatione Evangelii in Sinarum Imperio olim per Sacerdotes Nestorianos facta' (f. 259–279), etliche weitere Stücke, sowie den ‚Appendix ad Dissertationem de Monumento Sinico-Syriaco' (f. 292–308), die mit dem den Vorstufen seiner Studien zur arabisch-chinesischen Verbindung (Eusèbe Renaudot, Anciennes relations des Indes et de la Chine. De deux voyageurs Mahometans, qui y allèrent dans le neuviéme siecle […], Paris 1718) und der Tournon-Legation gewidmeten Band NAF 7482 zusammenzulesen sind.

[84] Es ist bezeichnend, dass für das vorspanische Peru seit 1508 eine ähnliche Legendenbildung der vorkolumbianischen christlichen Predigt durch den Anden-Held Tunapa, überblendet wieder mit Thomas, kursierte, die zwar vom Ersten Konzil von Lima 1551 verurteilt wurde, die aber weiter tradiert wurde: Hier wurde ein aus der orientalistischen Tradition geläufiger Topos übertragen mit dem gleichen Ziel, eine möglichst frühe christliche Prägung des Erdteils zu konstruieren. Vgl. Ana Sánchez/Henrique Urbano (Hrsg.), Antigüedades del Perú, Madrid 1992, S. 139–154.

Tradition und vergleichbar zum Argumentationsmuster, mit dem der Humanismus schon lange zumindest Teile der Lehren der vorchristlichen paganen Philosophen der griechischen Antike (Platon, Cicero) als der Sache nach kongruent zum Inhalt der christlichen Botschaft nachgewiesen hatte. Die Ausdifferenzierung dieser Positionen von einer *prisca theologia* hin zu echten aufklärerischen Naturreligion-Universalismen muss hier nicht verfolgt werden. Im chinesischen Anwendungsfall führte dies innereuropäisch zum Teil zu großem Streit, entsprechende Positionen konnten als häretisch zensiert werden.[85] All dies betrifft aber eher die Frage, wie innereuropäisch eine geistige Appropriation und Einordnung des Fremden stattfand.[86] Für die Frage der Konfessionalisierung im Außenverhältnis gilt hingegen, dass wohl kaum eine ‚Konfessionalisierung' des Buddhismus oder Hinduismus nachzuweisen ist, so wie es im Kontakt mit christlichen Ostkirchen der Fall war, zumindest nicht in der Vormoderne. Man kann höchstens Ansätze zu solchen Austauschformen nachweisen, wenn etwa die gelehrtesten Vertreter der Tamilen in ihren Siedlungen ihrerseits das empiristische Schema der Europäer kopieren und einen detaillierten Katalog von 648 Fragen über Theologieinhalte nach Halle schicken, die aber, weil die Sprache dort nicht beherrscht wurde, nie beantwortet wurden.[87] Es herrscht aber kein ähnlicher kompetitiv gesteuerter epistemischer Druck vor. Christianisierung in den verschiedenen europäischen Denominationen findet statt, langsamer

---

[85] Censura sacrae facultatis theologiae Parisiensis, lata in propositiones excerptas ex libris, quorum haec est inscriptio *Nouveaux Mémoires sur l'Etat présent de la Chine. Histoire de l'Edit de l'Empereur de la Chine. Lettre des Cérémonies de la Chine*, BNF NAF 7482, f. 247–250. Vgl. zum Kontext schon PINOT, La Chine (wie Anm. 82), S. 71–130 und für die China-Referenzen der *philosophes* Zhan SHI, L'image de la Chine dans la pensée européenne du XVIIIe siècle. De l'apologie à la philosophie pratique, in: Annales historiques de la révolution française 347 (2007), S. 93–111.

[86] So schon bei Ricci, AVARELLO, L'Œuvre italienne (wie Anm. 80), S. 544–546 und passim.

[87] So der Tamil-Dichter Kanambadi Wattiar mit seiner Sendung nach Halle, JEYARAJ, Inkulturation (wie Anm. 66), S. 114 mit Fn. 403.

und in geringerem Umfang, da keine oder erst spät eine territoriale Kolonialherrschaftssituation besteht, mit ähnlichen Akkomodations- und Vermischungsphänomenen wie in Lateinamerika, die gerade zu einer neuen Pluralisierung und Veruneindeutigung des Konfessionellen führt, aber die Kontaktreligionen selbst werden hierdurch vergleichsweise (!) wenig berührt.

Eine *andere* Frage ist, ob in der hochkolonialen Situation bei Ausgreifen des British Empires im 19. Jahrhundert und dann im 20. Jahrhundert im Zuge des ‚epistemischen Drucks', den nun Verwestlichung ausübt, die genannten Religionen mit ihren hochkomplexen Subströmungen, die schon Jaspers und ihm folgend Eisenstadt dann als die großen Hochreligionen ausgewiesen hatte, die als Basis von Achsenzivilisationen quasi-autarke Sockel pluraler Modern*en* geformt hätten, nun doch auch intern Verfestigungs- und Transformationsvorgänge der Theologien nachzuweisen sind.[88] Dies ist eine Frage, die man zwar gegebenenfalls auch als eine achronische[89] Manifestation von Konfessionalisierung fassen kann, so wie man innereuropäisch vom Neokonfessionalismus des 19. und frühen 20. Jahrhunderts spricht. Im Falle der nicht-westlichen Religionen, die nun aufgrund westlichen Drucks sich etwa in Islamismen transformieren, ist dies aber dann kein rekursives Phänomen, so wie die europäische Moderne *neo*-Konfessionalismus schafft, indem sie auf die eigene Konfessionsgeschichte der Vormoderne zurückgreift. Da dann zudem der Westen-Außereuropa-Kontakt auch kaum mehr dominant auf Religionskontakt reduziert werden kann, sondern es um den Gesamtkomplex von pluraler Moderne-Genese geht, empfiehlt es sich wohl nicht, hier

[88] Zum Verhältnis von Jaspers und Eisenstadt vgl. Cornel ZWIERLEIN, Frühe Neuzeit, *multiple modernities*, globale Sattelzeit, in: Frühe Neue Zeiten. Zeitwissen zwischen Reformation und Revolution, hrsg. von Achim Landwehr, Bielefeld 2012, S. 389–405.

[89] ‚Achronisch' ist hier kein Tippfehler, vgl. Cornel ZWIERLEIN, Return to Premodern Times? Contemporary Security Studies, the Early Modern Holy Roman Empire, and Coping with Achronies, in: German Studies Review 38, 2 (2015), S. 373–392.

weiter den Konfessionalisierungsbegriff als Leitkonzept zu benutzen; er mag höchstens noch als Subphänomen mitzuführen sein. Hingegen kann man im Kontrast die systematische Schlussfolgerung ziehen, dass die genannte Jaspers-Eisenstadt'sche Grundannahme der Teilautarkie der Hochreligionen insoweit empirisch darin ihre Bestätigung findet, dass in der vormodernen Zeit diese gleichsam ‚teil-immun' gegen europäischen epistemischen Druck, ‚immun' gegen Konfessionalisierung im eingangs definierten Sinne waren.

Schluss

Das ‚Testen' des Konfessionalisierungskonzepts im europäischen und vor allem globalen Zusammenhang zeigt also, dass der Gedanke gar nicht so fern liegt, diese an sich überholt scheinende Fragestellung von der Grafschaft Lippe und von Detmold in die Weiten frühneuzeitlicher nahöstlicher, asiatischer, amerikanischer Kommunikation zu transferieren – sofern man entscheidende Modifikationen vornimmt, sofern man erkennt, dass der Kern der Sache nicht in der stark europäisch oder sogar noch enger: stark deutsch geprägten Staat-Kirchen-Verbindung, sondern im epistemischen Kalkül von neuzeitlichem Empirismus und Normativität liegt, angewandt auf Institutionalisierung von Religionsausübung und -administration. Im Grunde ist die Geschichte der Folgen der Reformation, die Geschichte von Konfessionalisierung dann Teil einer Nichtwissens-Geschichte: Konfessionsnormen machen explizite Aussagen darüber, was der Visitator, Inquisitor oder sonstige Religionsbeobachter und -befrager hinsichtlich der empirisch vorfindbaren Religion seiner Gegenüber *nicht weiß* (nämlich wie es um diese Theologoumena wirklich bestellt ist beim anderen). Sie machen damit Nichtgewusstes in hochpräziser Form explizit – in einer Präzision, die bei den Befragten gegebenenfalls auf Unverständnis stößt, weil präzise Differenzbildungen vom Gegenüber Entscheidungen darüber, was er glaubt, in einem Bereich herausfordern, an den er in dieser Präzision überhaupt nicht gedacht hatte – etwa Fragen darüber, nicht nur ob Realpräsenz oder nicht geglaubt wird, sondern gegebenenfalls wo der *tropus* im *hoc est corpus meum* verortet wird (im *hoc*, im *est*, im *corpus*), oder darüber, wie man physikalisch genau die Leiblichkeit des Christuskörpers im Brot und im Himmel konzipiert: Vom Befrager präzise spezifizierte Nichtwissens-Rahmen, die für die Beantwortung möglichst wenig, möglichst gar keinen Spielraum zum Entweichen in einen Zwischenbereich, sondern ein konfessionelles Ja/Nein, ein Entweder/Oder herausfordern, treffen in der inter-christlichen und christlich-nichtchristlichen Kommunikation oft auf einen Zustand des unbewusst Nicht-Gewussten, der Latenz. Die Theologie scheidet zwar *fides* und *scientia* begrifflich in ihren Systemen, doch fordert sie der Sache nach im konfessionellen Zusammenhang den Glauben an hoch ausdifferenzierte Wissensinhalte, von denen der Jakobit, der Kopte, der Tamile teilweise noch gar nicht weiß, dass er sie nicht weiß und also auch nicht weiß, ob er sie glaubt. Dieses *Aufeinandertreffen von spezifiziertem theologischem Nichtwissen mit Latenz* ist sozusagen der epistemische Kern dessen, was unter bestimmten Bedingungen einen Druck auslöst, der epistemisch und sozial strukturbildend wirken kann: Der epistemische Druck besteht in der Bedingung einer asymmetrischen Kommunikationssituation und bei offenbar gleichzeitig notwendigem Vorhandensein von a) hinreichender kognitiver Öffnung, ob freiwillig oder nicht, und b) einer vorgängig hinreichenden religiös-theologischen Kondensierung und kulturellen Pflege, wenn nicht ‚gelehrten Institutionalisierung'. Die Folge ist der dialektische Anstoß zu autoritativer Verschärfung, Verhärtung und damit zugleich zur Pluralisierung des Nebeneinanders von mehreren Konfessionen. Will man dies schematisch zusammenfassen, ergibt sich für die Frage, ob und wenn wie ‚Konfessionalisierung' interchristlich, außerchristlich, außereuropäisch in der Vormoderne stattfand, in etwa das folgende Schema.

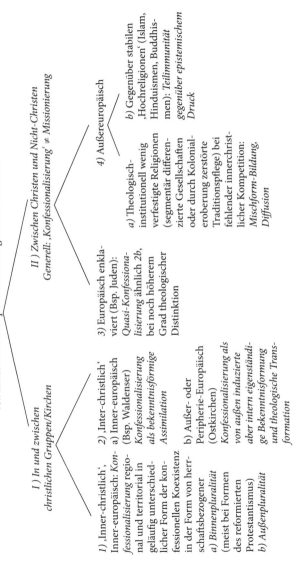

‚Konfessionalisierung' als epistemischer Vorgang der Verschränkung von neuzeitlichem Empirismus mit religiöser Normativität

- *I) In und zwischen christlichen Gruppen/Kirchen*
  - *1)* ‚Inner-christlich', Inner-europäisch: *Konfessionalisierung* regional und territorial in geläufig unterschiedlicher Form der konfessionellen Koexistenz in der Form von herrschaftsbezogener
    a) Binnenpluralität (meist bei Formen des reformierten Protestantismus)
    b) Außenpluralität
  - *2)* ‚Inter-christlich'
    - a) Inner-europäisch (Bsp. Waldenser) *Konfessionalisierung als bekenntnisförmige Assimilation*
    - b) Außer- oder Peripherie-Europäisch (Ostkirchen) *Konfessionalisierung als von außen induzierte aber intern eigenständige Bekenntnisformung und theologische Transformation*
- *II) Zwischen Christen und Nicht-Christen*
  Generell: ‚Konfessionalisierung' ≠ Missionierung
  - *3)* Europäisch enklaviert (Bsp. Juden): *Quasi-Konfessionalisierung* ähnlich *2b*, bei noch höherem Grad theologischer Distinktion
  - *4)* Außereuropäisch
    - *a)* Theologisch-institutionell wenig verfestigte Religionen (segmentär differenzierte Gesellschaften oder durch Kolonialeroberung zerstörte Traditionspflege) bei fehlender innerchristlicher Kompetition: *Mischform-Bildung, Diffusion*
    - *b)* Gegenüber stabilen ‚Hochreligionen' (Islam, Hinduismen, Buddhismen): *Teilimmunität gegenüber epistemischem Druck*

Reformation und Verrechtlichung am Beispiel der Reichspublizistik

Michael Stolleis

Die Frage, ob die kirchliche „Reformation“ in ihren lutherischen, zwinglianischen und calvinistisch-reformierten Ausprägungen kausal mit den Veränderungen des „Rechts“ im 16. und 17. Jahrhundert zusammenhängt, nötigt zunächst zu gewissen Präzisierungen. Sie umschließt zwei oder (bis zum Ende des Ancien Régime) gar drei turbulente Jahrhunderte, in denen selbstverständlich viele Veränderungen des Rechts zu verzeichnen sind. Sie beschränkt sich auch geographisch nicht, meint aber wohl nicht nur das Heilige Römische Reich Deutscher Nation, sondern das „alte Europa“. Aber in welchem Umfang, und in welcher Tiefenschärfe? Schließlich ist das Wort „Recht“ ein Terminus, der nur Nichtjuristen abgrenzbar erscheinen mag. Für den Rechtshistoriker öffnen sich hier weite Felder: Ist vom römisch-italienischen Recht des späten Mittelalters die Rede, wie es auf den Universitäten gelehrt wurde, oder geht es um das in Stadt und Land praktizierte Dorf- und Stadtrecht sowie das weiträumig praktizierte Fernhandelsrecht? Soll auch das Recht der römischen Weltkirche, soweit es Europa erfasste, einbezogen werden? Und warum, um die Schwierigkeiten komplett zu machen, soll man sich auf ein neues Spezialfach, das *ius publicum imperii*, separat einlassen?

Ich möchte diesen Schwierigkeiten weder ausweichen noch sie banalisieren, sondern einen pragmatischen Weg gehen, und zwar in der Weise, dass ich in drei Schritten zunächst dem Terminus „Verrechtlichung“ etwas Kontur gebe und mit Belegen aus dem 13. und dem 16. Jahrhundert versehe (I), dann aber (mit verengter

Optik) auf die Verrechtlichungsprozesse und die Verdichtung des Rechts in Folge der Reformation näher eingehe (II). Am Ende sollen die Reichsverfassung und ihre Behandlung in der Lehre des öffentlichen Rechts an protestantischen und katholischen Universitäten beleuchtet werden (III).

I.

„Verrechtlichung" meint – stets im Vergleich zu einem vorhergehenden Zustand – Vermehrung der hoheitlichen rechtsförmigen Regulierung des sozialen Lebens. Das impliziert eine numerische Zunahme von Normen, die mit hoheitlich gesetztem Geltungs- und Durchsetzungsanspruch verkündet werden, aber nicht nur dies. Es geht auch darum, dass in dieser Zunahme der Normen ein verstärkter Wille zur einheitlichen Durchregulierung zum Vorschein kommt. Die Normadressaten (sollen) „wissen sich darnach zu richten", wie es im 17. und 18. Jahrhundert häufig hieß. Dass es solche Verrechtlichungsprozesse tatsächlich gibt, sie also nicht nur auf Täuschungen der Wahrnehmung und der verformten Erinnerung an „früher" beruhen, kann schwerlich bestritten werden. Die Beispiele liegen auf der Hand, wenn etwa einfache Sachverhalte, die man in Familie, gemeinschaftlichem Leben oder Geschäftsverkehr bisher durch Sitte, Gewohnheit oder Handelsbrauch erledigte, nun von kirchlichen oder weltlichen Administrationen generalisiert, textualisiert und mit Geltungsanspruch und Zwang „reguliert" werden. Das bedeutet, dass plötzlich das konsensuale, deliberative Modell durch das Modell von Befehl und Gehorsam ersetzt wird. Bei Gehorsamsverweigerung drohen Sanktionen. An die Stelle der überschaubaren Gemeinschaften, die wissen, „was sich gehört", und die durch Selbstregulierung mit abweichendem Verhalten zurechtgekommen sind, tritt nun die übergeordnete Instanz, die normative Texte produziert, sie vermittelt und interpretiert und am Ende gegen Widerstände durchsetzt.

Das bedeutet, dass der gesamte Herrschaftsapparat nun anders funktionieren muss als in überwiegend schriftloser und weithin unregulierter Zeit. An die Stelle des mündlich überlieferten Rechts und des Konsenses der Laien tritt das geschriebene hoheitliche Wort, an die Stelle der auf den Einzelfall zielenden und sorgfältig verwahrten Urkunde tritt die Akte (mit Kopien zur Kontrolle, ob der Rechtsbefehl auch ausgeführt wurde).[1] Die Leitfigur des Richters wird durch die des Gesetzgebers ersetzt. Ihm haben die Richter zu gehorchen. An die Stelle des mehr oder weniger rechtskundigen Laien tritt sukzessive der studierte Jurist, der sich einer Fachsprache bedient.[2]

Einer der großen europäischen Beispielsfälle für einen solchen Prozess der Verrechtlichung ist die hochmittelalterliche Revolution der „Verrechtlichung" der römischen Kirche. Sie zeigt sich in der Kirchenorganisation, in der Rechtsetzung, symbolisiert durch das Auftreten des Ausdrucks *ius positivum*,[3] in der Ausbildung des Lehrkanons der mittelalterlichen Universitäten, in der Ausdifferenzierung insbesondere von Theologie, Philosophie und Kirchenrecht. Grundlage dieses Prozesses ist die Zusammenfassung der normativen Überlieferung in der Art eines Gesetzbuchs, des Decretum Gratiani,[4] die Entfaltung einer das ganze lateinische Europa durchdringenden Gesetzgebungs- und Verwaltungstätigkeit unter den sogenannten Juristenpäpsten,[5] zugleich aber auch

---

[1] Cornelia VISMANN, Akten. Medientechnik und Recht, Frankfurt a. M. 2000.

[2] Hans Ulrich SCHMID, Historische deutsche Fachsprachen. Von den Anfängen bis zum Beginn der Neuzeit. Eine Einführung, Berlin 2015, S. 214 ff. zur Rechtssprache.

[3] Sten GAGNÉR, Studien zur Ideengeschichte der Gesetzgebung, Uppsala 1960.

[4] Hans Erich FEINE, Kirchliche Rechtsgeschichte, Weimar ^{2}1954, §§ 25–35; Christoph LINK, Kirchliche Rechtsgeschichte. Kirche, Staat und Recht in der europäischen Geschichte von den Anfängen bis ins 21. Jahrhundert, München ^{2}2010, § 6.

[5] LINK (wie Anm. 4), § 7 m. w. Hinweisen zu Bonifaz VIII. und der Bulle „Unam sanctam" 1302; Wolfgang REINHARD, Die Verwaltung der

als epochales Ereignis das Aufblühen des römischen Rechts an den oberitalienischen Universitäten.[6] Diese Stichworte können hier nicht ausgeführt werden, aber sie können doch deutlich machen, dass sich auf diesen Feldern etwas ereignet, was mit „Verrechtlichung“ oder „Normverdichtung“ samt einer Umstellung auf eine zentralisierte gesetzgebende und administrative Gewalt bezeichnet werden kann. Alles, was die spätere Entwicklung so sehr kennzeichnet, nämlich Schriftlichkeit, Bürokratisierung samt Aktenwesen, Vorrücken der „modernen“ Gesetzgebung, Zusammenfassung der Regulierung in möglichst einer Hand, alles dies wird innerhalb weniger Jahrzehnte des 13. Jahrhunderts sichtbar. Alle Versuche, die Entstehung des modernen Staates zeitlich zu fixieren, müssten deshalb nicht nur im 16. und 17. Jahrhundert ansetzen, sondern im 13. Jahrhundert; denn es ist evident, dass die weltlichen Gewalten später dem kirchlichen Vorbild folgten und die entsprechenden Neuerungsprozesse in ihren Territorien umzusetzen suchten.

Die zweite Hauptphase der Verrechtlichung setzt dann im 15. und 16. Jahrhundert ein. Ihr soll im Folgenden besondere Aufmerksamkeit geschenkt werden. In atemberaubend rascher Folge verdichten sich zum einen die Ereignisse und Neuerungen: Die Entdeckung der Neuen Welt und die Umrundung von Afrika, die „Erfindung der doppelten Buchhaltung“ oder der Frühkapitalismus, die Erfindung des Buchdrucks, die kopernikanische Wende des Weltbildes, die naturwissenschaftliche Revolution, die Bewegung des Humanismus und die Historisierung der Überlieferung, die Freisetzung des politischen Denkens unter der neuen Formel der *ragion di stato*. Die Rechtshistoriker, nur eine kleine Gruppe in der Menge der Forschenden, die sich diesem „Aufbruch in die Moderne“ widmen, sehen ganz bestimmte strukturelle Ver-

---

Kirche, in: Deutsche Verwaltungsgeschichte, hrsg. von Kurt G. A. Jeserich/Hans Pohl/Georg Christoph von Unruh, Bd. 1, Stuttgart 1983, S. 143–176, hier: § 6.

[6] Franz Wieacker, Privatrechtsgeschichte der Neuzeit, Göttingen ^{2}1967, § 3.

änderungen im Bereich der Normativität. Sie beschreiben, in der traditionellen Terminologie, das Phänomen der „Rezeption",[7] die Entstehung des neuen Juristenstands,[8] die Intensivierung des ordnungspolitischen Zugriffs unter dem Stichwort der „guten Policey", die Entstehung von Zentralverwaltungen mit verschiedenen Zweigen (Geheimer Rat, Militär, Finanzen, Innere Ordnung), also die Entstehung des modernen Staates mit Gesetzgebung und Verwaltung in einer Hand. Jedermann weiß, dass man diesem Bild mit seinen groben Strichen manches differenzierend entgegenhalten kann, etwa die genossenschaftlichen und stadtrepublikanischen Elemente, die Kräfte der das „Land" repräsentierenden Stände, den „bäuerlichen Widerstand", die mannigfachen Bindungen des aufsteigenden Absolutismus an das *ius divinum*, das *ius naturale* und die jeweiligen *leges fundamentales* oder Grundgesetze. Aber man sollte vor lauter Differenzierung nicht die beherrschende Tendenz der obrigkeitlichen Verrechtlichung und Zentralisierung aus den Augen verlieren. Sie ist letztlich siegreich und setzt sich im (idealtypisch gedachten) Absolutismus auch faktisch durch. Für dieses Herrschaftsmodell verbreitet sich im 17. Jahrhundert dann das Wort „Staat".[9] Dieser Staat ist ein Gebilde der Frühen Neuzeit. Er erreicht seinen Höhepunkt im nationalen Verfassungsstaat des 19. Jahrhunderts, verliert aber im späten 20. und im 21. Jahrhundert seine gewohnten Konturen. Eine intensive zwischenstaatliche Verflechtung der Hoheitsrechte, die Globalisierung der Kommunikation und der Güterströme, ebenso globale Verantwortlichkeiten für Umwelt und Bevölkerungswachstum, neue Kriegsformen und

[7] Hans KIEFNER, Art. Rezeption, privatrechtlich, in: HRG 4 (1990), Sp. 970–984; Michael STOLLEIS, Art. Rezeption, öffentlichrechtlich, in: HRG 4 (1990), Sp. 984–995.

[8] Michael STOLLEIS, Art. Juristenstand, in: ^{2}HRG 2 (2011), Sp. 1440–1443.

[9] Paul-Ludwig WEINACHT, Staat. Studien zur Bedeutungsgeschichte des Wortes von den Anfängen bis ins 19. Jahrhundert, Berlin 1968. Umfassende Literaturnachweise nun bei Michael GAL, Der Staat in historischer Sicht. Zum Problem der Staatlichkeit in der Frühen Neuzeit, in: Der Staat 54 (2015), S. 241–266.

unregulierte Gewalt zeigen, dass wir uns mitten in einer neuen Orientierungs- und Umbruchphase befinden.

II.

Geht man zurück in das frühe 16. Jahrhundert und fragt sich, wie die zwischen 1517 und 1523 als Volksbewegung rasch um sich greifende „Reformation" auf Recht und Rechtsunterricht langfristig eingewirkt hat, dann sollte man von vornherein die altgläubigen katholischen Regionen ebenso beobachten wie die lutherischen sowie, etwas zeitversetzt, die zwinglianischen und calvinistischen. Nur so können ältere konfessionelle Voreingenommenheiten überwunden und Feststellungen getroffen werden, wie der Faktor „Glaubensspaltung" als treibendes Element bei der Rechtsentwicklung bewertet werden kann.

Die ersten handgreiflichen Notwendigkeiten für rechtliche Regulierung durch die Obrigkeiten in Städten und Territorien, die sich der Reformation öffneten, entstanden dadurch, dass die bischöflichen Leitungsfunktionen, speziell in der Rechtsprechung in Ehesachen, wegfielen.[10] Im Zuge der sogenannten Ersten Säkularisierung wurde geistliches Vermögen umgewidmet, etwa in Schulfonds, es wurden Klostergebäude übernommen, Presbyterien gewählt, Konsistorien eingesetzt, vor allem aber – meist gegen Ende des 16. Jahrhunderts – Kirchenordnungen erlassen.[11] Diese Ordnungen bestimmten die maßgebenden Bekenntnistexte, regelten die Ordnung der Gottesdienste, einschließlich der Sakramente Taufe und Abendmahl, fixierten die geistlichen Amtshandlungen und das Eherecht, verschärften die Kirchenzucht, legten die Bedin-

[10] Umfassend nun Martin HECKEL, Martin Luthers Reformation und das Recht, Tübingen 2016.

[11] In dem von Emil Sehling 1902 begonnenen und jetzt von der Heidelberger Akademie der Wissenschaften betriebenen Editionsprojekt sind zuletzt die Bde. XXI (Nordrhein-Westfalen I), 2015 und VII (Niedersachsen II), 2016 erschienen.

gungen für die Anstellung der Pfarrer und anderer Bediensteter sowie die Aufsicht über sie fest. Sie enthielten weiter Bestimmungen über Kirchenvermögen, Armenpflege und Schulen, kurz über alles, was nun zum innersten geistlichen Bereich, aber auch zu den sogenannten *res mixtae* gehörte. Über diesen Angelegenheiten wachte die geistliche Behörde, das Konsistorium.

Auf der Linie des hier verfolgten Gedankens bedeutete dies teils nur eine Verlagerung älteren normativen Materials auf neue Institutionen, teils aber auch einen erheblichen Zuwachs an Normierung. Die Verlagerung hieß auch, dass diejenigen Teile des *Corpus Iuris Canonici*, die mit dem neuen Glauben vereinbar schienen, beibehalten wurden. Der Zuwachs vollzog sich im Aufbau der neuen Landeskirchen als Organisationsform des landesherrlichen Kirchenregiments.[12] Je mehr sich die neuen Organisationen festigten und im Verlauf der Religionskonflikte zur Orthodoxie verhärteten, desto mehr wurde auch reguliert, Arm in Arm mit der weltlichen Obrigkeit, etwa durch Schwör- und Fluchverbote, Kleider- und Luxusordnungen, Unterdrückung lokaler Feste und Bräuche. Der damit verbundene Kontrollaufwand erforderte seinerseits wieder neue administrative Anstrengungen, Bußkataloge, erneute Einschärfungen und ein örtliches Spitzelwesen. Dies alles ist das Material der – seit Gerhard Oestreich und Norbert Elias so genannten – „Sozialdisziplinierung". Auch wenn um diesen Begriff viel gestritten wurde, so steht doch fest, dass der nun hie und da intensiv eingerichtete „Christenstaat" in der lutherischen und der reformierten Variante mit den Mitteln des Rechts (unter dem Namen „Policey") und der polizeilichen Rechtsdurchsetzung durch weltliche und geistliche Autoritäten in erheblicher Weise regulierend, steuernd und strafend eingegriffen hat.[13]

Nicht prinzipiell anders, aber im Intensitätsgrad nachgiebiger und durch die Beichtpraxis flexibler vollzog sich der Vorgang in

[12] Michael STOLLEIS, Art. Kirchenregiment, landesherrliches, ²HRG 2 (2012), Sp. 1826–1828.

[13] Thomas SIMON, „Gute Policey". Ordnungsleitbilder und Zielvorstellungen politischen Handelns in der Frühen Neuzeit, Frankfurt a. M. 2004.

den katholischen Territorien. Auch dort zeigt sich das Phänomen der Konfessionalisierung,[14] und es wurde im Zuge der Gegenreformation reguliert, vor allem durch die Bischöfe, die teils als Landesherren agierten,[15] teils für den Landesherrn die geistlichen Aufgaben führten. Den Bischöfen standen die geistlichen Orden zur Seite, in Schul- und Universitätsfragen vor allem der Jesuitenorden mit seiner Studienordnung von 1599.[16] Auf diese bis 1773 geltende *Ratio Studiorum* komme ich noch zurück.

Mit anderen Worten: In den freien Städten, in lutherischen, reformierten und katholischen Territorien erzeugte die Entstehung unterschiedlicher Konfessionen einen erheblichen Schub der Verrechtlichung, teils in Anlehnung an den sich nun neu organisierenden „Staat", teils intern durch die von der Reformation ausgelösten Zwänge zum Aufbau neuer Strukturen oder durch die auf die Reformation antwortenden Reformen auf katholischer Seite. Zu letzteren gehören – sub specie der „Verrechtlichung" – die Einrichtung der Inquisition (1542), des *Index librorum prohibitorum* (1549) sowie zahlreiche Dekrete im Verlauf des Konzils von Trient, vor allem aber die amtliche Feststellung des Textes des *Corpus Iuris Canonici* durch die *Correctores Romani* (1582), gewissermaßen ein Symbol des erneuerten römischen Herrschafts- und Ordnungsanspruchs.

---

[14] Heinz SCHILLING (Hrsg.), Die reformierte Konfessionalisierung in Deutschland – Das Problem der „Zweiten Reformation", Gütersloh 1985; Hans-Christoph RUBLACK (Hrsg.), Die lutherische Konfessionalisierung in Deutschland, Gütersloh 1992; Wolfgang REINHARD/Heinz SCHILLING (Hrsg.), Die katholische Konfessionalisierung, Gütersloh 1995; Martin HECKEL, Konfessionalisierung in Koexistenznöten, in: HZ 280 (2005), S. 647–690 (Rezension von K. Repgen).

[15] Beispielhaft Karl HÄRTER, Policey und Strafjustiz in Kurmainz. Gesetzgebung, Normdurchsetzung und Sozialkontrolle im frühneuzeitlichen Territorialstaat, Frankfurt a. M. 2005.

[16] Ratio atque Institutio Studiorum Societatis Jesu, Neapoli 1598, offiziell: 1599. Siehe die Ausgabe von Georg Michael PACHTLER SJ, Ratio Studiorum et Institutiones Scholasticae Societatis Jesu per Germaniam olim vigentes, Berlin 1894, in: Monumenta Germaniae Paedagogica, hrsg. von Karl Kehrbach, Bd. XVI.

Am Ende des 16. Jahrhunderts, als die Hoffnungen auf eine friedliche Zusammenführung der sich mehr und mehr trennenden Konfessionen immer schwächer wurden, hatten die obrigkeitliche (staatliche) und die kirchliche Seite an einer intensiven Verrechtlichung ihrer Sphären gearbeitet. Altes und neues Kirchenrecht liefen nebeneinander her, die kirchlich-staatliche Mischverwaltung verzeichnete große Zuwächse, sowohl in protestantischen wie auch in katholischen Territorien. Die römische Kirche erneuerte sich als Rechtskirche mit einem jetzt amtlichen normativen Grundbestand des Kirchenrechts samt einer fortschreitenden päpstlichen Gesetzgebung. Im Bereich des Schul- und Universitätswesens erreichte der Jesuitenorden ein nahezu flächendeckendes Monopol, auch dies Ausdruck einer einheitlichen normativen Regulierung eines ganzen Sektors der Bildungspolitik.

III.

Im Laufe des ausgehenden 15. und des 16. Jahrhunderts wuchs auch der Normbestand in jenem speziellen und bedeutenden Sektor signifikant an, den man später „Reichsverfassung" nennen sollte. Es handelte sich um Reichsrecht, das weder im römisch-italienischen Komplex des *ius commune* noch in den Territorialrechten zu finden war. Sein wichtigster Ausgangspunkt war die Goldene Bulle von 1356 mit ihren fundamentalen Regeln zur Königswahl (Geleitsrecht, Organisation und Modus der Wahl, Mehrheitswahl, Reichsvikariat, Primogenitur und Bindung von Wahlrecht und Erzamt an ein bestimmtes Fürstentum).[17] 1495 kam eine Gruppe wichtiger Reichsgesetze hinzu (Ewiger Landfriede, Reichskammergerichtsordnung und andere), seit 1519 dann die Wahlkapitulationen, 1530 die „Reichspoliceyordnung", 1532 das

[17] Evelyn Brockhoff/Michael Matthäus (Hrsg.), Unesco-Weltdokumentenerbe Goldene Bulle, Frankfurt a. M. 2015, mit Beiträgen von Bernd-Ulrich Hergemöller, Bernd Schneidmüller, Michael Stolleis, Michael Matthäus.

„Reichsstrafgesetzbuch“, die *Constitutio Criminalis Carolina*, 1555 der Augsburger Religionsfriede, 1648 der Westfälische Friede, 1654 die erneuerte Reichshofratsordnung und der Jüngste Reichsabschied. Nimmt man diese so genannten „Reichsgrundgesetze“ zusammen, dann lag damit schon um die Mitte des 16. Jahrhunderts das Material für die von Juristen zu bearbeitende Reichsverfassung bereit. Das Reich war kein Staat wie etwa England, Frankreich oder das in der Reconquista geeinte Spanien, sondern ein von einem Wahlkaisertum, Kurfürsten, Fürsten und Ständeversammlung überwölbtes Gebilde mit rund 1000 halbautonomen Untereinheiten. Hinzu kamen zwei Reichsgerichte, zehn Reichskreise samt einem von Fall zu Fall zusammengerufenen Reichsheer. Es war ein politisches Gebilde *sui generis*, *monstro simile*, wie der junge Samuel Pufendorf 1667 keck formulierte.

Die Energien, sich diesem komplexen rechtlichen Gebilde publizistisch zu widmen, waren nun unterschiedlich verteilt. Am Ende des 16. Jahrhunderts gab es ein gefährliches Patt zwischen Kaiser und Reich und zwischen den konfessionellen Parteien. Die protestantische Seite, tendenziell auf der Verliererseite, war alarmiert. Sie wandte sich vor allem der Exegese des Ewigen Landfriedens und des Augsburger Religionsfriedens zu. Protestantische Autoren edierten mittelalterliche papstkritische Texte,[18] an den Universitäten Gießen, Jena, Straßburg, Altdorf diskutierte man das Reichsrecht, veröffentlichte Sammelbände und schrieb Lehrbücher. Gemeinsame Überzeugung dieser Autoren war der Satz, dass das Reichsverfassungsrecht aus den heimischen Quellen zu entwickeln sei, während das antike römische Staatsrecht (im Gegensatz zum Zivilrecht) für die Gegenwart nicht brauchbar sei. Noch lebhafter war die Diskussion an den reformierten Universitäten Marburg, Heidelberg, Basel und Herborn. Dabei zeigte sich, wie Christoph Strohm umfassend nachgewiesen hat, eine

[18] Michael Stolleis, Gelehrte und politische Editoren mittelalterlicher Texte um 1600, in: Science politique et droit public dans les facultés de droit européennes (XIIIe–XVIIIe siècle), hrsg. von Jacques Krynen/Michael Stolleis, Frankfurt a. M. 2008, S. 613–623.

besondere westeuropäische Offenheit und die zu rechtlicher Argumentation geneigte Seite des Calvinismus.[19] So blühte das Fach, getragen von lutherischen und reformierten Autoren, zwischen 1600 und 1648 geradezu auf, Lehrstühle für Reichsverfassungsrecht (*Ius publicum imperii R. G.*) und für die neuen Fächer Natur- und Völkerrecht sowie Strafrecht wurden geschaffen, obwohl die äußeren Bedingungen durch Krieg und Pestwellen besonders ungünstig waren. Da die Juristen an protestantischen Universitäten ganz auf den Dienst der jeweiligen Landesherrn konzentriert waren, Gutachten zu erstellen hatten und oft auch als Räte an den Höfen tätig waren, ergab sich eine stimulierende Konkurrenzsituation. Tüchtige Publizisten wurden abgeworben, es gab Aufstiegschancen und Möglichkeiten zu politischer Einflussnahme, etwa durch diplomatische Missionen. Eifriges Publizieren im Dienste der Obrigkeit, Verwendbarkeit im Rat und generell „Weltgewandtheit" waren Voraussetzungen für solche Erfolge.

Inhaltlich lässt sich die rasche Akzeptanz des neuen Fachs erklären: Entscheidend war auf protestantischer Seite der politische Druck, der von den Verfassungsstreitigkeiten am Vorabend des Dreißigjährigen Kriegs ausging. Die harte Gegenreformation in den österreichischen Erblanden, die Lähmung der Reichsjustiz, Gewaltakte wie die Inbesitznahme von Donauwörth durch Bayern (1607), die Sprengung des Reichstags von 1608 und unzählige kleinere Gefährdungen des Religionsfriedens von 1555 erzeugten Angst um die Erhaltung des Status quo. Die evangelische Partei hatte, gerade wegen ihrer inneren Zerrissenheit und Schwäche, allen Grund, die Verrechtlichung voranzutreiben.

Sie war daran interessiert, gegenüber dem Kaisertum die Bindungen an die Fundamentalgesetze des Reichs zu betonen und die Verwendung römischrechtlicher Formeln, die absolutistischer Tendenzen verdächtig waren, abzuwehren (*princeps legibus solu-*

---

[19] Christoph Strohm, Calvinismus und Recht. Weltanschaulich-konfessionelle Aspekte im Werk reformierter Juristen in der Frühen Neuzeit, Tübingen 2008, insbes. S. 315 ff. Siehe nunmehr Heinrich de Wall (Hrsg.), Reformierte Staatslehre in der Frühen Neuzeit, Berlin 2014.

tus). Als Anker der evangelischen Rechte galten insbesondere der Augsburger Religionsfriede und die Friedenspflicht des Ewigen Landfriedens zur Vermeidung aller Gewaltakte, wie sie etwa in der Donauwörthischen Streitigkeit vorgekommen waren. Auch die Unterscheidung zwischen der „Innehabung" und der „Ausübung" der Souveränität sollte Bindung an die Reichsstände bei der Ausübung bewirken. Radikalere Autoren wie Bogislav Philipp von Chemnitz leugneten gar den Charakter des Reichs als Monarchie und qualifizierten es, mit Bodin, als Aristokratie. Dass gleichwohl das konservative Luthertum die Position des Kaisers nicht anzutasten wagte und sich so, dem konfessionellen Dissens zum Trotz, als kaisertreu erwies, gehört zu dessen inneren Widersprüchen. Die Frage des Widerstandsrechts aus Glaubensgründen gegen den Kaiser als legitimes Oberhaupt brannte nur den protestantischen Ständen auf den Nägeln. Nur sie hatten ein existentielles Interesse daran, diesen Legitimitäts- und Loyalitätskonflikt rechtlich zu regulieren. Von hier kommt die eigentliche Energie zur Behandlung der Fragen nach der Herrschaftsform des Reichs, nach der Substanz kaiserlicher Rechte, nach der Geltung des Mehrheitsprinzips, generell nach dem Verhältnis von Reichs- und Territorialgewalt. Philologisch waren Luthertum und Reformierte zu diesen intellektuellen Anstrengungen durch eine an ihren Universitäten von Anfang an geförderte solide philologische, historische und juristische Bildung bestens gerüstet. Methodisch geschult waren die neuen „Publizisten", wie sie bald hießen, durch das römische Recht, das ihnen den rationalen Duktus, die Fachsprache und die spezifische Argumentationsweise lieferte.

Ganz anders war die Lage an katholischen Universitäten, die nun – ausgenommen das von Benediktinern geleitete Salzburg – vom Jesuitenorden bestimmt wurden. Dessen bereits erwähnte Studienordnung von 1599 sah neben den theologischen Fächern, zu denen auch Kirchenrecht gehörte, nur Philosophie, Physik und Mathematik vor. Zu den *studia inferiora* gehörten die klassischen Sprachen, Grammatik, Rhetorik, Geschichte, Geographie und Altertumswissenschaften. Römisches Recht oder gar Reichsverfassungsrecht waren nicht vorgesehen. Dies bewirkte einen nahezu völligen Ausfall der katholischen Universitäten bei der Ausbildung im weltlichen Recht bis in die Mitte des 18. Jahrhunderts. Christian Thomasius erklärte 1717 bündig: „Noch heutigen Tages weiß man auf denen catholischen Universitäten nichts davon“[20], und der hannoversche Vizekanzler David Georg Strube (1694 bis 1775) meinte: „Die Catholici sind selbst persuadiret, daß ihre Publicisten nichts taugen …“[21] Der Mainzer Professor Johann Georg Neureuter schrieb um 1745: „Unter allen catholischen Universitäten ist keine eintzige wegen dem Jure Publico im Ruff, wodurch denn Catholische [sc. Studenten] Protestantische Universitäten dießertwegen zu besuchen und offters irrige und in Glaubens Sachen anstößige Lehrsätze einzusaugen veranlasset werden“[22]. Dieser Befund wurde allgemein geteilt, auch von ausländischen Beobachtern. Johann Stephan Pütter schließlich, der große Kenner der staatsrechtlichen Literatur des 18. Jahrhunderts, sagte 1776: „Noch als eine neue Erscheinung dieser Zeit ist es anzusehen, daß man auch auf catholischen Universitäten angefangen, über das Teutsche Staatsrecht zu lehren und zu schreiben, und daß also die Litteratur desselben einen beträchtlichen Zuwachs von gelehrten Männern bekommen, der seitdem nach und nach sich immer wei-

---

[20] Christian THOMASIUS, D. Melchiors von Osse Testament gegen Hertzog Augusto Churfürsten zu Sachsen, Halle 1717.

[21] Nachweis bei Notker HAMMERSTEIN, Jus und Historie. Ein Beitrag zur Geschichte des historischen Denkens an den deutschen Universitäten im späten 17. und im 18. Jahrhundert, Göttingen 1972, S. 324, Anm. 64; DERS., Aufklärung und katholisches Reich. Untersuchungen zur Universitätsreform und Politik katholischer Territorien des Heiligen Römischen Reichs deutscher Nation im 18. Jahrhundert, Berlin 1977, S. 15, Anm. 8; Karl HENGST, Jesuiten an Universitäten und Jesuitenuniversitäten, Paderborn 1981.

[22] Eckhart PICK, Aufklärung und Erneuerung des juristischen Studiums. Verfassung, Studium und Reform in Dokumenten am Beispiel der Mainzer Fakultät gegen Ende des Ancien Régime, Berlin 1983, S. 46 f.; DERS. Mainzer Reichsstaatsrecht. Inhalt und Methode. Ein Beitrag zum Ius publicum an der Universität Mainz im 18. Jahrhundert, Wiesbaden 1977, S. 183 ff.

ter ausgebreitet hat“[23]. Er datierte den eigentlichen Beginn einer katholischen Pflege des öffentlichen Rechts auf 1731, das Jahr der Übernahme eines Lehrstuhls für öffentliches Recht in Würzburg durch Johann Adam Ickstatt.

Direkt danach beginnt Innsbruck mit Paul Joseph Riegger ab 1733/34 und Wien 1749 mit Karl Anton von Martini, womit übrigens auch die Literatur zum österreichischen, böhmischen und ungarischen Staatsrecht einsetzt.[24] In Mainz beginnt der regelmäßige Unterricht im *ius publicum* ab 1746, in Erfurt, Trier und Bamberg findet sich fast nichts, ebenso in Köln, Breslau, Graz, Linz und Dillingen. In Prag wird der erste Lehrstuhl 1754 eingerichtet, in Freiburg 1767.

Die Reformanstrengungen katholischer Universitäten waren in der Tat notwendig. Das *ius publicum* war, wie Johann Adam von Ickstatt 1752 sagte, „ohnentbehrlich ..., um denen Protestanten bey denen Reichsgerichten, Reichs- und Kreis ... tägen gewachsen zu seyn“[25]. Alle Konflikte innerhalb des Reichs waren auch Rechtskonflikte, die mit Gutachten und Streitschriften ausgetragen wurden, sei es vor den obersten Reichsgerichten, sei es zur Beeinflussung der öffentlichen Meinung. Auch das Themenspektrum der an den Universitäten angefertigten *Dissertationes* – von den etwa 100.000 bis 1806 sind etwa ein Viertel *ex iure publico* – zeigt, dass die Nachwuchskräfte stets an solchen Streitpunkten angesetzt wurden, nicht anders als heute.

So unmittelbar einleuchtend es scheint, den katholischen „Rückstand“ in diesem Fach durch die Dominanz des Studienmodells der Jesuiten (bis zu deren Verbot 1773) zu erklären, so gibt es doch auch tiefere Gründe für die protestantische Hinwendung

---

[23] Johann Stephan Pütter, Litteratur des Teutschen Staatsrechts, Bd. I, Göttingen 1776, §§ 262, 263.

[24] Martin Schennach, Die „österreichische Gesamtstaatsidee“. Das Verhältnis zwischen „Gesamtstaat“ und Ländern als Gegenstand rechtshistorischer Forschung, in: Rechtshistorische Aspekte des österreichischen Föderalismus, hrsg. von dems., Wien 2015, S. 1–29, hier: S. 20 ff.

[25] Hammerstein, Aufklärung (wie Anm. 21), S. 108.

zum Recht und das geringe katholische Interesse hieran. Die protestantische Reformation trennte mit Luthers Zwei-Reiche-Lehre schärfer zwischen Diesseits und Jenseits, geistlichen und weltlichen Aufgaben.[26] Sie verursachte einen Säkularisierungsschub für die „weltlichen Dinge", einschließlich des Eherechts.[27] Wenn sich nun weltliche (wenn auch christlich bleibende) Obrigkeiten dieser Dinge annahmen, entstand Regelungsbedarf. Das war ohne Juristen und ohne Juristenausbildung im weltlichen Recht nicht zu machen. Auch die im Dienst der Fürsten und der Städte tätigen „Politici", also die für Kameral- und Fiskalaufgaben, für innere Verwaltung und Diplomatie ausgebildete Schicht, nutzten nun, soweit es sich nicht um Juristen handelte, den von Melanchthon wesentlich vorangebrachten protestantischen Neo-Aristotelismus als Grundriss weltlicher Herrschaft. Die protestantisch inspirierten „Politiken" bilden eine reich besetzte Gattung, der auf katholischer Seite nur wenige Beispiele gegenüberstehen, etwa Adam Contzen. Und Völkerrecht wurde bis ins 18. Jahrhundert hinein nach dem niederländischen Reformierten Hugo Grotius gelehrt (Heinrich Cocceji, Erich Mauritius, Johann Wolfgang Textor, Samuel Rachel und andere).

Verstärkend kommt hinzu, dass die politische Zersplitterung des Protestantismus und der typische Mangel an einheitlicher geistiger und geistlicher hierarchischer Führung auch stimulierende Wirkungen hatten. Die Vielfalt protestantischer Studienmodelle mit ihren regionalen Ausprägungen führte zur Konkurrenz der Autoren und Verleger. Der deutsche, niederländische und eng-

---

[26] Martin Honecker, Art. Zwei-Reiche-Lehre, in: Evangelisches Staatslexikon, Bd. 2, Stuttgart [3]1987, S. 4112–4124; Christoph Strohm, Reformatorisches Staatsverständnis, Toleranz und Gewissensfreiheit, in: Reformation und Politik. Europäische Wege von der Vormoderne bis heute, hrsg. von Maik Reichel/Hermann O. Solms/Stefan Zowislo, Halle 2015, S. 191–224 (insbes. S. 203 ff.).

[27] Christoph Strohm, Das Verhältnis von Kirche und Welt in konfessionsvergleichender Perspektive, in: Gottes Wort in der Geschichte. Reformation und Reform in der Kirche, hrsg. von Wilhelm Damberg/Ute Gause/Isolde Karle/Thomas Söding, Freiburg i. Br./Basel/Wien 2015, S. 251–265.

lische Buchmarkt war weit weniger von Zensur beeinträchtigt als etwa der italienische oder spanische. Ein kirchliches Imprimatur gab es nicht, wohl aber reichsrechtliche Zensur, ausgeübt durch einen kaiserlichen Bücherkommissar, und landesherrliche Zensurnormen und -praktiken.[28] Und schließlich: Trotz strenger Konfessionalisierung auch im evangelischen Bereich war der Grundgedanke der Reformation von der Selbstverantwortlichkeit des Menschen nicht untergegangen. Dieser Gedanke wirkte nicht nur bei der religiösen Begründung der „Freiheit eines Christenmenschen" weiterhin lockernd, sondern auch bei der Behandlung politischer und juristischer Themen. Die Maxime, zweifelhafte Fragen selbst zu prüfen und zu entscheiden, hat im Protestantismus viel schneller Wurzeln geschlagen und zu jener produktiven Unruhe geführt, der auch die protestantischen Universitäten und speziell das Fach des *ius publicum* ihren Aufschwung verdankten. Das Charakteristikum des Fachs war es ja, die Fragen der Reichs- und Territorialverfassung mit Hilfe neuer, aus dem positiven Reichsverfassungsrecht, aus Erfahrung, Historie und Politik gewonnener allgemeiner Sätze zu lösen und den Ergebnissen eine eigenständige juristische Legitimation zu geben. Die theologischen Begründungen verloren dabei schon im Laufe des 17. Jahrhunderts an Bedeutung. Das protestantische *ius publicum* wurde schneller autark, weil der zentrale theologische Begründungs- und Herrschaftsanspruch sowohl geistig durchbrochen als auch organisatorisch zersplittert war. Der Mangel an einheitlicher geistiger Führung wirkte so – in einer Phase des methodischen Umbruchs aller Wissenschaften – außerordentlich anregend. Das Gleiche gilt für das Fehlen einer einheitlichen und effektiven Zensur. Wer Schwierigkeiten mit dem Landesherrn oder der Landeskirche hatte, konnte das Territorium wechseln.

[28] Ulrich EISENHARDT, Die kaiserliche Aufsicht über Buchdruck, Buchhandel und Presse im Heiligen Römischen Reich deutscher Nation 1496–1806. Ein Beitrag zur Geschichte der Bücher- und Pressezensur, Karlsruhe 1970; Dieter WERKMÜLLER, Art. Zensur, in: HRG 5 (1998), Sp. 1655–1663.

IV.

Der „Einfluss" der Reformation auf die frühmodernen Verrechtlichungsprozesse oder (enger gefasst) auf die Entstehung des neuen *ius publicum* ist ganz sicher kein Vorgang, der geradlinig kausal erklärt werden kann. Er ist ein Begleitphänomen der durch die Reformation ausgelösten Krisen der Reichsverfassung, der Neukonzeption der Studien auf protestantischen Universitäten einerseits, der inhaltlichen Begrenzungen katholischer Universitäten andererseits. Von einem „Einfluss" der Reformation zu sprechen, läuft auf die Trivialität hinaus, dass die gesamte Frühe Neuzeit im Zeichen von Reformation und Kirchenreform stand. Ohne Reformation keine Konfessionsspaltung, keine lutherischen und reformierten Sonderentwicklungen innerhalb des protestantischen Lagers und vermutlich auch kein Entwicklungsrückstand der katholischen Seite.

Gewiss haben die Gründe für die protestantisch-katholische Phasenverschiebung bei der Entwicklung des *ius publicum* sehr unterschiedlich gewirkt und auch nicht zur Bildung von zwei oder drei monolithischen Blöcken der Universitätsausbildung und der intellektuellen Kultur geführt. Trotz aller Differenzen hat ständig ein Austausch stattgefunden. Oft ist bei Juristen, wie wiederum Christoph Strohm gezeigt hat, eine eindeutige konfessionelle Orientierung nicht festzustellen.[29] Und als die katholischen Landesherren im 18. Jahrhundert den Entwicklungsvorsprung etwa der neuen Universität Göttingen einzuholen suchten, haben sie protestantische juristische Autoren als Grundlage des Unterrichts ohne weiteres zugelassen.

Kehren wir zu der eingangs aufgeworfenen Frage der „Verrechtlichung" als Merkmal des frühmodernen Staates noch einmal zurück, dann wird aber deutlich, dass die Entwicklung des Rechtsunterrichts an den lutherischen, reformierten oder katholischen Rechtsfakultäten nur ein Element unter anderen ist, wenn auch

---

[29] Strohm, Calvinismus und Recht (wie Anm. 19).

kein unwichtiges. „Verrechtlichung“ erfasst ein viel breiteres Phänomen, nämlich die mehr oder weniger kontinuierliche Zunahme obrigkeitlicher gesetzlicher Regulierung des sozialen Lebens. Diese Zunahme lässt sich jedoch in allen Territorien beobachten; die Konfession spielt dabei eine ganz untergeordnete Rolle. Seit durch das Frankfurter Projekt der Erfassung der Policeyordnungen der Frühen Neuzeit ein Überblick geschaffen wurde, kann man katholische, lutherische und zwinglianische Territorien und Städte vergleichen.[30] Dabei zeigt sich, dass die rechtliche Verdichtung, aufs Ganze gesehen, einheitlich verläuft. Wenn es Unterschiede gibt, dann eher zwischen mächtigen, politisch aktiven Territorien und solchen, die sozusagen im Windschatten der Großen leben und nur geringe Energien im Übergang zu moderner Staatlichkeit mobilisieren können. So blieben viele kleine Herrschaften, die keine Armee, keine großflächige Verwaltung und kein entsprechendes Finanzwesen organisieren konnten oder wollten, im Prozess der Staatsbildung zurück. Das Gleiche gilt für die geistlichen Kurfürsten, die Reichsabteien und die sonstigen geistlichen Territorien. Es lag in der Konsequenz dieser schwächeren „Verstaatlichung“, dass alle diese Territorien in der großen Flurbereinigung durch den Reichsdeputationshauptschluss von 1803 politisch entmachtet wurden. Sie wichen im Verlauf des späten 18. und des 19. Jahrhunderts auf kulturelle Aktivitäten aus, etwa in Weimar, in Sachsen-Meiningen, Sachsen-Coburg, Darmstadt, Wolfenbüttel, Bückeburg und vielen anderen kleinen Residenzen, auf denen bis heute der deutsche Reichtum an Theatern, Orchestern und Museen beruht.

Abschließend sei nur noch ein gravierender Umstand erwähnt, der die deutsche konfessionelle Befindlichkeit berührt und ebenfalls bis in die Gegenwart spürbar ist. Die Vorstellung von der geistigen Rückständigkeit des Katholizismus – eine Vor-

[30] Karl HÄRTER/Michael STOLLEIS (Hrsg.), Repertorium der Policeyordnungen der Frühen Neuzeit, siehe http://www.rg.mpg.de/publikationen/repertorium_der_policeyordnungen.

stellung, die natürlich besonders bei den Protestanten des 18. und 19. Jahrhunderts gepflegt wurde – hat sich tief in das öffentliche Bewusstsein eingefressen und Schaden angerichtet. Gewiss war diese „Rückständigkeit“ im Rahmen der neuzeitlichen Wissenschaftsentwicklung nicht nur protestantische Ideologie, sondern nach Menge und Bedeutung geistiger Produktivität auch als Faktum messbar. Niemand hat ernsthaft für das 18. und 19. Jahrhundert einen protestantischen Modernisierungsvorsprung und eine Überlegenheit in Natur- und Geisteswissenschaften seit der Aufklärung geleugnet. Aber es war doch auch ein starker Anteil an protestantischer Ideologie dabei, der verhinderte, dass die großen Kulturleistungen des deutschen und europäischen Katholizismus unbefangen gewürdigt wurden. Der besonders im ausgehenden 19. Jahrhundert auffallende geistige Hochmut des Protestantismus hatte seine Wurzeln in der Wissenschaftsentwicklung der Frühen Neuzeit. Es war ein Hochmut, der gelegentlich sogar in Blindheit umschlug, aber deshalb so unausrottbar war, weil er sowohl durch die moderne Wissenschaftsentwicklung selbst als auch durch protestantische Wissenschaftskartelle immer neue Nahrung erhielt. Die Protestanten stellten tatsächlich prozentual mehr Abiturienten und mehr Hochschullehrer, sie besetzten die wissenschaftlichen Schlüsselpositionen und sie gingen weiter davon aus, Katholizismus und Modernität seien Widersprüche. Der päpstliche *Syllabus errorum* von 1864 bestätigte dies gewissermaßen amtlich.[31] Das zähe Nachleben des Kulturkampfs von 1873 bis 1878, die Kulturpolitik des Zentrums, die Aktivität der Görres-Gesellschaft, die bezeichnenderweise kein protestantisches Pendant hat, schließlich die für die Wissenschaften so bedeutsame Emanzipation des Judentums im 19. Jahrhundert sind Komplexe, die hier nur noch angedeutet werden können.[32] Fraglos sind auch sie in einem wei-

---

[31] Ernst Rudolf HUBER/Wolfgang HUBER, Staat und Kirche im 19. und 20. Jahrhundert. Dokumente zur Geschichte des deutschen Staatskirchenrechts, Bd. 2, Berlin 1976, Nr. 182, S. 183.

[32] Notker HAMMERSTEIN, Antisemitismus und deutsche Universitäten 1871–1933, Frankfurt a. M./New York 1995, dort S. 27 ff. zu Katholiken.

teren Sinn Folgen der Reformation, der Verhärtungen durch wechselseitige Orthodoxien und der entsprechend unterschiedlichen Universitätspolitiken der Frühen Neuzeit.

Beiträge ausgewählter Wittenberger Juristen zur europäischen Rechtsentwicklung und zur Herausbildung eines evangelischen Eherechts während des 16. Jahrhunderts

HEINER LÜCK

Vorbemerkungen

Das im Tagungsprogramm ausgewiesene Vortragsthema „Der Beitrag der Wittenberger Juristen zur Rechtsentwicklung" ist vom Veranstalter vorgegeben worden. Es konnte für den mündlichen Teil der Tagung auch so stehen bleiben. Doch macht es angesichts der Komplexität freilich Einschränkungen erforderlich. Schon der Begriff „Rechtsentwicklung"[1] steht für vielschichtige und heterogene Vorgänge. Das Wort „Beitrag" meint wohl alles, was zu bereits Vorhandenem hinzutritt. Und auch von der Berufsgruppe „Juristen" gibt es etliche Genres, orientiert an konkreten Betätigungsfeldern. Rechtsgelehrte, Rechtspraktiker, Gesetzes- und Ordnungsredaktoren, juristisch arbeitende Theologen und juristisch profilierte Artisten konnten einem in der Residenz- und Universitätsstadt Wittenberg über den Weg laufen. Ihre Tätigkeiten gingen ineinander über. So beeinflusste vor allem die Gutachter- und Urteilstätigkeit der Rechtsprofessoren sehr die Gesetzgebung und die akademische Lehre. Es sei hier nur an die

---

[1] Die Pluralform erscheint im Titel von wichtigen rechtsgeschichtlichen Lehrbüchern; vgl. Hans SCHLOSSER, Grundzüge der Neueren Privatrechtsgeschichte. Rechtsentwicklungen im europäischen Kontext, Heidelberg [10]2005; Adolf LAUFS, Rechtsentwicklungen in Deutschland, Berlin/New York [6]2006.

Genesis und Praxisrelevanz des sogenannten Gemeinen Sachsenrechts[2] erinnert, das aufgrund seiner gemeinsamen Wurzeln und der jeweils zeitgenössischen Interpretationen durch juristische Laien, seit dem 16. Jahrhundert durch Juristen, in den Schöffenstühlen und Juristenfakultäten eine über die territorialstaatlichen Grenzen ausgreifende Rechtsordnung bildete sowie reichsweit in das Gemeine Recht hineinwirken sollte.[3] Gut erkennbar ist dieser Zusammenhang etwa an der Wirksamkeit eines Benedikt Carpzov. Letzterer hatte in Wittenberg studiert, dort die akademischen Grade erworben und später in Leipzig sein Lebenswerk entfaltet.[4] Mit Blick auf die Praktiker denke man zum Beispiel an Georg Spalatin[5], den Sekretär und Vertrauten Kurfürst Friedrichs des Weisen (reg. 1486–1525), oder an den Kanzler Gregor Brück[6] sowie an weitere landesherrliche Räte.[7] Diese waren zu einem großen Teil

---

[2] Vgl. dazu Heiner Lück, Gemeines Sachsenrecht, in: Handwörterbuch zur deutschen Rechtsgeschichte, hrsg. von Albrecht Cordes u. a., 2. Aufl. (im Folgenden: ²HRG), Bd. 2, Berlin 2012, Sp. 77–84.

[3] Zu den wissenschaftlichen Aspekten des Gemeinen Sachsenrechts (Ius commune Saxonum) und zu seinem Charakter als „Mischrecht" vgl. Alfred Söllner, Die Literatur zum gemeinen und partikularen Recht in Deutschland, Österreich, den Niederlanden und der Schweiz, in: Handbuch der Quellen und Literatur zur neueren europäischen Privatrechtsgeschichte, Bd. II.: Neuere Zeit (1500–1800). Das Zeitalter des gemeinen Rechts, 1. Teilbd.: Wissenschaft, hrsg. von Helmut Coing, München 1977, S. 501–614, hier: S. 516–518. 556; Jochen Otto/Hans Erich Troje, Cognitio et usus juris Romano-Saxonici. Studium, Lehre und Praxis des Rechts im protestantischen Sachsen im 16. und 17. Jahrhundert, in: Estratto da „Studi Senesi" CVII (III Serie, XLIV) 1995, Fasc. 3, Siena 1996, S. 369–452.

[4] Vgl. dazu Heiner Lück, Benedict Carpzov (1595–1666) und das „römisch-sächsische Recht". Zu seinem 350. Todestag am 31. August 2016, in: Zeitschrift für europäisches Privatrecht 24 (2016), S. 888–927.

[5] Vgl. Armin Kohnle/Christina Meckelnborg/Uwe Schirmer (Hrsg.), Georg Spalatin. Steuermann der Reformation, Halle 2014.

[6] Zu ihm vgl. Ulrich von Brück, Im Dienste der Reformation. Ein Lebensbild des kursächsischen Kanzlers Gregor Brück, Berlin 1985.

[7] Vgl. etwa die Juristen im „Personenverzeichnis" bei Uwe Schirmer, Untersuchungen zur Herrschaftspraxis der Kurfürsten und Herzöge von Sachsen. Institutionen und Funktionseliten (1485–1513), in: Hochadelige

akademisch ausgebildete Juristen und haben Erhebliches für die lutherische Reformation getan. Daher können alle hier genannten Juristen gut mit dem Begriff „Reformationsjuristen" erfasst werden. Ihn hat zum ersten Mal Theodor Muther in einem Vortrag an der Universität Königsberg 1858 gebraucht.[8] Dabei hatte er freilich die Rechtsprofessoren an den Juristischen Fakultäten im Auge.

Trotz aller Gemengelagen könnte man etwa vier Felder juristischen Tuns betrachten: 1) die Rechtswissenschaft[9] (Interpretation des geltenden Rechts, Erforschung seiner Wurzeln und Systematik, Publikationen); 2) die Rechtssetzung (Gesetzgebung – zum Beispiel Kursächsische Konstitutionen 1572)[10]; 3) die Rechtspraxis (Gutachter- und Urteilstätigkeit,[11] die Beisitzertätigkeit in wichtigen Gerichten, Beratungs- und Entscheidungstätigkeit als Räte,

---

Herrschaft im mitteldeutschen Raum (1200 bis 1600). Formen – Legitimation – Repräsentation (Quellen und Forschungen zur sächsischen Geschichte 23), hrsg. von Jörg Rogge/Uwe Schirmer, Leipzig/Stuttgart 2003, S. 305–378, hier: S. 349–378; sowie Johannes HERRMANN, Die albertinischen Kurfürsten und ihre Räte im 16. Jahrhundert, in: Die sächsischen Kurfürsten während des Religionsfriedens von 1555 bis 1618 (Quellen und Forschungen zur sächsischen Geschichte 31), hrsg. von Helmar Junghans, Leipzig/Stuttgart 2007, S. 239–262; Rolf LIEBERWIRTH, Juristen im Dienste der sächsischen Landesherren bis zur Mitte des 16. Jahrhunderts, in: Blätter für deutsche Landesgeschichte 131 (1995), S. 135–143. Für das 17. Jh. vgl. Christian HEINKER, Die Bürde des Amtes – die Würde des Titels. Der kursächsische Geheime Rat im 17. Jahrhundert (Schriften zur sächsischen Geschichte und Volkskunde 48), Leipzig 2015.

[8] Theodor MUTHER, Der Reformationsjurist Doktor Hieronymus Schürpf. Ein Vortrag gehalten im April 1858 zu Königsberg i. Pr., Erlangen 1858.

[9] Vgl. dazu den komprimierten Überblick von Hans THIEME, Rechtswissenschaft, in: Handwörterbuch zur deutschen Rechtsgeschichte (im Folgenden: HRG), Bd. 4, hrsg. von Adalbert Erler/Ekkehard Kaufmann unter philologischer Mitarbeit von Ruth Schmidt-Wiegand, Berlin 1990, Sp. 419–423.

[10] Vgl. Gerhard BUCHDA/Heiner LÜCK, Kursächsische Konstitutionen, in: ^{2}HRG 3 (2016), Sp. 354–361.

[11] Vgl. Heinrich GEHRKE, Konsilien, Konsiliensammlungen, in: ^{2}HRG 3 (2016), Sp. 117–121.

Kanzler, Syndici und ähnliches); 4) die juristische Lehre (mit den dazu gehörigen Methoden) und so weiter.[12]

Auch eine zeitliche Eingrenzung ist geboten, ansonsten müsste der derzeitige Oberbürgermeister der Lutherstadt Wittenberg auch einbezogen werden. Die Intention und der Kontext unserer Tagung („Reformation und Recht") ermutigen etwa zu folgenden Beschränkungen: *personell*: die Rechtslehrer an der Wittenberger Juristenfakultät der „Leucorea"; *zeitlich*: das 16. Jahrhundert; *sachlich im Allgemeinen*: Spuren der Wittenberger Rechtslehrer in der europäischen Rechtswissenschaft; *sachlich im Besonderen*: Wirkungen auf Rechtsgebieten, die von der Reformation unmittelbar und früh betroffen waren. Damit ist auch eine Entscheidung darüber herbeigeführt, dass die mit dem Komplex „Reformation und Recht" verbundene Quellengattung der Kirchenordnungen[13] hier nicht berücksichtigt werden muss. Die Kirchenordnungen sind nicht das Verdienst und das Werk der Wittenberger Rechtsprofessoren. Vielmehr sind sie von Theologen, und keineswegs nur von Theologieprofessoren, geschaffen worden. Als Ausnahme könnte Justus Jonas d. Ä. gelten, welcher sowohl an der Theologischen als auch an der Juristischen Fakultät der Leucorea wirkte und einen maßgeblichen Anteil an der Ausarbeitung der Ordnung für das Wittenberger Konsistorium[14] hatte.[15] Insofern ist die hier gewählte Überschrift für die verschriftlichte Fassung des

---

[12] Vgl. dazu insbesondere Jan SCHRÖDER, Recht als Wissenschaft. Geschichte der juristischen Methodenlehre in der Neuzeit (1500–1933), München ^{2}2012.

[13] Vgl. dazu Heiner LÜCK, Kirchenordnung, in: ^{2}HRG 2 (2012), Sp. 1805–1812.

[14] Vgl. dazu Ralf FRASSEK, Konsistorium, in: ^{2}HRG 3 (2016), Sp. 121–126.

[15] Heiner LÜCK, Justus Jonas als Jurist und Mitbegründer des Wittenberger Konsistoriums, in: Justus Jonas (1493–1555) und seine Bedeutung für die Wittenberger Reformation (Leucorea-Studien zur Geschichte der Reformation und der Lutherischen Orthodoxie 11), hrsg. von Irene Dingel, Leipzig 2009, S. 145–162.

Tagungsbeitrages gewiss besser geeignet, um Inhalt und Grenzen der folgenden Ausführungen vorzuzeichnen.

Der Ruhm, der den Wittenberger Theologen des 16. Jahrhunderts zu Recht zukommt, verdeckt traditionell etwas den Blick auf die übrigen drei Fakultäten der Leucorea, an denen ebenfalls hervorragende Gelehrte wirkten. Das betrifft selbstverständlich auch die Juristenfakultät. Es waren keineswegs nur „Suppenfresser" und „Beutelschneider", wie sie Luther bisweilen rhetorisch kraftvoll karikierte.[16] Die Wittenberger Rechtsprofessoren leisteten auf ihrem Fachgebiet Maßgebliches, um die Reformation in Jurisprudenz und Judikatur umzusetzen. Am augenfälligsten geschah das auf den Gebieten des evangelischen Eherechts[17] und Kirchenrechts.[18] Bei anderen Rechtsmaterien ist dieser Einfluss nicht so drastisch erkennbar, oder wir wissen darüber noch zu wenig. Ein Ausschnitt aus dem rechtswissenschaftlichen Wirken von Mitgliedern der Wittenberger Juristenfakultät im 16. Jahrhundert ist hier zu

---

[16] Rolf LIEBERWIRTH, Martin Luthers Kritik am Recht und an den Juristen, in: Martin Luther und seine Universität. Vorträge anläßlich des 450. Todestages des Reformators, hrsg. von Heiner Lück, Köln/Weimar/Wien 1998, S. 53–72, hier: S. 70; Heiner LÜCK, Juristen, in: Das Luther-Lexikon, hrsg. von Volker Leppin/Gury Schneider-Ludorff. Unter Mitarbeit von Ingo Klitzsch, Regensburg 2014, S. 329–331, hier: S. 331.

[17] Vgl. dazu Ralf FRASSEK, Eherecht und Ehegerichtsbarkeit in der Reformationszeit. Der Aufbau neuer Rechtsstrukturen im sächsischen Raum unter besonderer Berücksichtigung der Wirkungsgeschichte des Wittenberger Konsistoriums (Jus Ecclesiasticum 78), Tübingen 2004; DERS., „Diese Meinung ist recht" – Die Konstituierung eines evangelischen Eherechts in Kursachsen, in: Konfessionalität und Jurisprudenz in der frühen Neuzeit (Historische Forschungen 89), hrsg. von Christoph Strohm/Heinrich de Wall, Berlin 2009, S. 47–67; Heiner LÜCK, Zur Grundlegung des evangelischen Eherechts in Wittenberg, in: Katharina von Bora. Die Lutherin. Aufsätze anläßlich ihres 500. Geburtstages, hrsg. von Martin Treu, Wittenberg 1999, S. 161–177.

[18] Vgl. dazu Christoph LINK, Luther und die Juristen. Die Herausbildung eines evangelischen Kirchenrechts im Gefolge der Wittenberger Reformation, in: Wittenberg. Ein Zentrum europäischer Rechtsgeschichte und Rechtskultur, hrsg. von Heiner Lück/Heinrich de Wall, Köln/Weimar/Wien 2006, S. 63–82.

skizzieren. Dabei soll in drei Schritten vorgegangen werden. In einem ersten Schritt ist kurz etwas zur Verfassung der Wittenberger Juristenfakultät auszuführen. In einem zweiten Schritt soll eine Auswahl von Professoren der Wittenberger Juristenfakultät mit einigen biographischen Daten sowie mit ihren Hauptwerken vorgestellt werden. In einem dritten Schritt soll schließlich auf ein unmittelbar mit der Reformation zusammenhängendes Rechtsgebiet, das Eherecht, und seine Umgestaltung durch die zuvor vorgestellten Wittenberger Juristen eingegangen werden. Am Schluss soll eine kleine Zusammenfassung stehen.

I. Zur Verfassung der Wittenberger Juristenfakultät im 16. Jahrhundert

Das Gefäß, in dem sich die Beiträge der Wittenberger Rechtslehrer zur Rechtsentwicklung formten, war die Juristenfakultät der Leucorea. Insofern ist es nicht müßig, die Verfassung dieser nicht unwesentlichen Institution gleich zu Beginn in den Blick zu nehmen.

Die Verfassung der Wittenberger Juristenfakultät entsprach äußerlich der Verfassung anderer Juristenfakultäten im Alten Reich und darüber hinaus in Kontinentaleuropa, zumal sich die Universität in ihrer Gründungs- und Konsolidierungsphase an den Statuten der 1477 gegründeten Universität Tübingen orientierte. Zudem lassen die ersten Wittenberger Statuten von 1504 (erhalten haben sich nur jene der Artistenfakultät)[19] – ganz konform mit dem königlichen Gründungsprivileg vom 6. Juli 1502[20] – das große

---

[19] Abgedruckt von Theodor MUTHER, Die ersten Statuten der Wittenberger Artistenfakultät v. Jahre 1504, in: Neue Mitteilungen aus dem Gebiet historisch-antiquarischer Forschungen 13 (1874), S. 178–208.

[20] Walter FRIEDENSBURG (Bearb.), Urkundenbuch der Universität Wittenberg, Teil 1 (1502–1611) (Geschichtsquellen der Provinz Sachsen und des Freistaates Anhalt, Neue Reihe, Bd. 3), Magdeburg 1926 (im Folgenden: UBW I), Nr. 1, S. 1–3, hier: S. 3.

Vorbild Bologna erkennen. Wenig später, im Jahr 1508, erhielten die Universität und alle vier Fakultäten neue Statuten,[21] welche der aus Nürnberg stammende und vorübergehend intensiv in Wittenberg wirkende humanistisch orientierte Jurist Christoph Scheurl[22] verfasst hatte.[23] Erst diese lassen die Verfassung der Wittenberger Juristenfakultät näher erkennen. Während das ebenfalls von Scheurl erstellte Dozentenverzeichnis der Universität Wittenberg vom 1. Mai 1507[24] sieben (ordentliche) juristische Lehrer für das kanonische und drei (ordentliche) Lehrer für das römische Recht sowie einen (außerordentlichen) Lehrer für das Lehnrecht ausweist, wurde in den Statuten von 1508 festgelegt, dass die Juristenfakultät aus fünf Professuren bestehen sollte: zwei für das Kirchenrecht und drei für das römische Recht.[25] Einer der beiden Kanonisten war gleichzeitig Propst des Allerheiligenstifts und damit der ranghöchste Professor der Fakultät. Zur Fakultät (Senat) gehörten auch alle juristischen Doktoren, die in Wittenberg Vorlesungen hielten oder dort wohnten.[26]

---

[21] UBW I, Nr. 22–26, S. 18–58.

[22] * 11.11.1481 Nürnberg; † 14.06.1542 Nürnberg; seit 1498 Studien in Bologna; 1506 Dr. iur. utr.; danach Rechtslehrer in Wittenberg; 1507 Rektor, 1511 Rückkehr nach Nürnberg (Roderich von Stintzing, Geschichte der Deutschen Rechtswissenschaft. Erste Abtheilung, München/Leipzig 1880, S. 262–263; Franz Fuchs, Christoph Scheurl [II.], in: Deutscher Humanismus 1480–1520. Verfasserlexikon, hrsg. von Franz Josef Worstbrock, Berlin/New York 2013, S. 840–877).

[23] Isabelle DEFLERS, *Lex* und *ordo*. Eine rechtshistorische Untersuchung der Rechtsauffassung Melanchthons (Schriften zur Rechtsgeschichte 121), Berlin 2005, S. 126.

[24] UBW I, Nr. 17, S. 14–17.

[25] Zum juristischen Lehrbetrieb in Wittenberg während des 16. Jh. vgl. Heiner LÜCK, Zwischen *modus legendi* und *modus vivendi*. Ein Beitrag zur Geschichte des Rechtsunterrichts an der Universität Wittenberg im Reformationsjahrhundert, in: Festschrift für Jan Schröder zum 70. Geburtstag am 28. Mai 2013, hrsg. von Arnd Kiehnle/Bernd Mertens/Gottfried Schiemann, Tübingen 2013, S. 443–467.

[26] Theodor MUTHER, Aus dem Universitäts- und Gelehrtenleben im Zeitalter der Reformation. Vorträge, Erlangen 1866, S. 31 f.

Im Zuge der Reformation wurde die Universität teilweise auf neue Grundlagen gestellt. Das dafür entscheidende Dokument ist die sogenannte Fundation, eine kurfürstliche Festlegung der Struktur und Ausstattung der Universität, vom 5. Mai 1536.[27] Die Juristenfakultät sollte fortan aus vier, vom Kurfürsten fest besoldeten „legenten" bestehen.

Drei der „legenten" mussten zwingend Doktoren sein, während der vierte zumindest die Lizentiatenwürde aufweisen musste. Der in der Urkunde zuerst angesprochene Professor hatte Vorlesungen zu den Digesten (Pandekten) zu halten. Erst der darauffolgend genannte Professor war für Vorlesungen über Kirchenrecht, und zwar über das von den Reformatoren überwiegend abgelehnte kanonische Recht,[28] zuständig (was für eine spannungsgeladene Dichotomie!). Der dritte Professor hielt Vorlesungen über den Codex und der vierte über die Institutionen.[29]

In den folgenden Jahren kam eine weitere ordentliche Professur hinzu. Sie war ebenfalls für den stoffreichen und quantitativ sehr umfänglichen Bereich der Digesten vorgesehen. Fortan las der eine Digestenprofessor über das sogenannte *Digestum vetus* (Buch 1 bis Buch 24 / Titel 2 der Digesten) und der andere über das *Digestum novum et infortiatum* (Buch 24 / Titel 3 bis Buch 50 der Digesten). Diesen Bestand von fünf ordentlichen Professuren schrieben die Statuten der Juristischen Fakultät von 1560 für die folgenden zwei Jahrhunderte fest.[30]

---

[27] UBW I, Nr. 193, S. 172–184.

[28] Vgl. dazu auch SÖLLNER, Literatur (wie Anm. 3), S. 504–506.

[29] Es handelt sich um die Bestandteile des Corpus Iuris Civilis: Codex, Digesten (auch Pandekten), Institutionen. Dazu gehörten auch die Novellen, die aber in der Bezeichnung der Professuren nicht gesondert auftauchen. Vgl. dazu Ulrich MANTHE, Corpus Iuris Civilis, in: ^{2}HRG 1 (2008), Sp. 901–907.

[30] UBW I, Nr. 310, S. 311–320.

Die Leitung der Fakultät lag in den Händen des Dekans, der halbjährlich aus dem Kreis der Baccalaurei, Lizentiaten und Doktoren der Rechte[31] der Fakultät gewählt wurde.

Beim Freiwerden einer Professur war es üblich, dass die verbleibenden Professoren in die jeweils höher dotierte Professur aufrückten. Im Lauf der ersten Hälfte des 16. Jahrhunderts hatte sich eine Rangfolge herausgebildet: 1) Kirchenrecht (Ordinarius), 2) *Digestum vetus*, 3) Codex, 4) *Digestum novum et infortiatum*, 5) Institutionen.

Für die Wittenberger Juristenfakultät war typisch, dass ihre Mitglieder prinzipiell Beisitzer in landesherrlichen Rechtsprechungskollegien beziehungsweise Gerichten waren. So fungierten die vier beziehungsweise fünf ordentlichen Professoren als Assessoren des kurfürstlichen Hofgerichts und des Schöffenstuhls. Seit 1539 saßen auch zwei von ihnen als Beisitzer im neu gegründeten Konsistorium.[32] Ferner war das Landgericht der Niederlausitz zu Lübben anteilig mit Wittenberger Rechtsprofessoren besetzt.[33] Schließlich bildeten die vier beziehungsweise fünf Professoren zuzüglich zweier weiterer Doktoren das Spruchkollegium der Juristenfakultät, welches eine über die Grenzen des Alten Reichs hinaus wirkende

---

[31] Zu den akademischen Graden vgl. Laetitia BOEHM, Akademische Grade, in: ^{2}HRG 1 (2008), Sp. 111–126.

[32] Vgl. Heiner LÜCK, Wittenberg als Zentrum kursächsischer Rechtspflege. Hofgericht – Juristenfakultät – Schöffenstuhl – Konsistorium, in: 700 Jahre Wittenberg. Stadt Universität Reformation, hrsg. von Stefan Oehmig, Weimar 1995, S. 231–248. Zur Kritik an dieser Personalunion vgl. auch DERS., Melchior von Osses und Christian Thomasius' Kritik am Gerichtswesen des frühmodernen Staates, in: Europa in der Frühen Neuzeit. Festschrift für Günter Mühlpfordt, Bd. 5: Aufklärung in Europa, hrsg. von Erich Donnert, Köln/Weimar/Wien 1997, S. 187–198.

[33] Zum Landgericht Lübben im 16. Jh. vgl. ausführlich Ellen FRANKE, Wie es gehalten werden soll. Recht und Rechtspflege in Lübben und in der Niederlausitz vom 16. Jahrhundert bis zur Gegenwart (Studien zur brandenburgischen und vergleichenden Landesgeschichte 14), Berlin 2014, S. 21–33.

intensive Spruchtätigkeit betrieb (im 18. Jahrhundert die zahlenmäßig stärkste, die überhaupt im Alten Reich nachweisbar ist).[34]

II. Ausgewählte Fakultätsmitglieder und deren Beiträge zur europäischen Rechtswissenschaft

Bereits in ihren frühesten Jahren verfügte die Wittenberger Juristenfakultät über hervorragende Rechtslehrer. Zu ihnen gehörten Johann Apel,[35] Christian Beyer d. Ä.,[36] Kilian Goldstein d. Ä.,[37]

[34] Vgl. dazu ausführlich Heiner Lück, Die Spruchtätigkeit der Wittenberger Juristenfakultät. Organisation – Verfahren – Ausstrahlung, Köln/Weimar/Wien 1998.

[35] * 1486 Nürnberg; † 27.04.1536; Prof. in Wittenberg; 1530 Kanzler Herzog Albrechts von Preußen; 1534 Rechtskonsulent in Nürnberg (Theodor Muther, D. Johann Apel, in: ders., Aus dem Universitäts- und Gelehrtenleben [wie Anm. 26], S. 230–328; Gerd Kleinheyer/Jan Schröder [Hrsg.], Deutsche und Europäische Juristen aus neun Jahrhunderten. Eine biographische Einführung in die Geschichte der Rechtswissenschaft, Heidelberg [5]2008, S. 482).

[36] * um 1482 Klein-Langheim (Franken); † 21.10.1535 Weimar; 1507 Lehrkraft an der Artist. Fak. der Univ. Wittenberg, wahrsch. 1510 Dr. iur. utr., 1511 Mitgl. der Juristenfakultät in Wittenberg; 1516 Prof. d. Digesten; 1513 kurfürstlicher Rat; 1528 kurfürstlicher Kanzler, 1529 Umzug nach Weimar (Walter Friedensburg, Geschichte der Universität Wittenberg, Halle 1917, S. 140; UBW I, Nr. 57, S. 77; UBW I, Nr. 175, S. 159; DBE I, S. 505; Ilse Guenther, Christian Beyer, in: Contemporaries of Erasmus. A biographical Register of Renaissance and Reformation. Vol. I, hrsg. von Pieter Bietenholt/Thomas Brian Deutscher, Toronto/Buffalo/London 1985, S. 144; Natalie Krentz, Ritualwandel und Deutungshoheit. Die frühe Reformation in der Residenzstadt Wittenberg (1500–1533) [Spätmittelalter, Humanismus, Reformation 74], Tübingen 2014, S. 47).

[37] * 25.03.1499 Kitzingen; † 25.01.1568 Halle; seit 1521 Studien in Wittenberg; 1533 Prokurator am dortigen Hofgericht; Beisitzer des Spruchkollegiums der Juristenfakultät u. des Schöffenstuhls, um 1538 Dr. iur., Vorlesungen in Wittenberg; seit 1539 Beisitzer des Wittenberger Konsistoriums; 1541 Syndicus der Stadt Halle (von Stintzing, Geschichte [wie Anm. 22], S. 562–564; Hans Volz, Goldstein, Kilian d. Ä., in: NDB 6, 1964, S. 622 f.).

Henning Göde,[38] Christoph Scheurl, Hieronymus Schurff[39] und Wolfgang Stähelin.[40] Sie stehen für die humanistische Jurisprudenz[41] in Wittenberg und den sich auch an der Leucorea ausbildenden zeitgemäßen und praxisbezogenen Umgang mit dem römischen und kanonischen Recht – dem *usus modernus pandectarum*[42] –, der einer ganzen Epoche europäischer Rechtswissenschaft und Rechtspraxis[43] den Namen gegeben hat.[44] Franz

---

[38] *um 1450 Werben bei Havelberg; †21.01.1521 Wittenberg; 1464 Student in Erfurt; 1489 Dr. iur. utr. Erfurt; Prof. f. Kirchenrecht in Erfurt; 1510 Prof. f. Kirchenrecht in Wittenberg u. Propst des Allerheiligenstifts Wittenberg (von Stintzing, Geschichte [wie Anm. 22], S. 263–265; Josef Pilvousek, Die Prälaten des Kollegiatstifts St. Marien in Erfurt von 1440–1555 [Erfurter Theologische Studien 55], Leipzig 1988, S. 208–220).

[39] Über ihn siehe unten S. 84–87.

[40] * 1488 Ergenzingen, aus Rothenburg o. d. T., Rechtslehrer in Tübingen; 1502–1521 Prof. in Wittenberg (Ordinarius); 1521 Kanzler Herzog Heinrichs von Sachsen (vgl. Rolf Lieberwirth, Das Römische Recht in den Anfängen der Universität Wittenberg, [Neudruck] in: Rolf Lieberwirth. Rechtshistorische Schriften, hrsg. von Heiner Lück, Köln/Weimar/Wien 1997, S. 183–190, hier: S. 185; von Stintzing, Geschichte [wie Anm. 22], S. 262).

[41] Zur Einordnung in die Geschichte der europäischen Rechtswissenschaft vgl. Hans Schlosser, Neuere Europäische Rechtsgeschichte. Privat- und Strafrecht vom Mittelalter bis zur Moderne, München ²2014, S. 108–127; Hans Erich Troje, Die Literatur des gemeinen Rechts unter dem Einfluss des Humanismus, in: Handbuch der Quellen und Literatur (wie Anm. 3), S. 615–795; Paolo Grossi, Das Recht in der europäischen Geschichte, München 2010, S. 92–97. Vgl. auch die älteren Bewertungen bei von Stintzing, Geschichte (wie Anm. 22), Kapitel „Humanismus und Reformation“ (S. 88–101) und Kapitel „Beginn der synthetischen Richtung und Principienkämpfe bis um die Mitte des 16. Jahrhunderts“ (S. 241–310). In dem letzteren werden auch die Wittenberger Philipp Melanchthon, Johann Apel, Konrad Lagus, Melchior Kling und Johann Schneidewin vorgestellt und gewürdigt.

[42] Vgl. dazu auch Klaus Luig, Usus modernus, in: HRG 5 (1998), Sp. 628–636.

[43] Schlosser, Neuere Europäische Rechtsgeschichte (wie Anm. 41), S. 128–137.

[44] Diese Bezeichnung geht im Übrigen auf das berühmte Werk von

Wieacker hat diese besonders profilierte und wirksame Gruppe von Wittenberger Rechtslehrern in den Anfangsjahrzehnten der Leucorea als „Wittenberger Humanistenkreis“ bezeichnet.[45] Die Reformation beeinträchtigte grundsätzlich nicht den *usus modernus pandectarum*. Immerhin stammten die beiden Universalrechte, das römische Recht und das kanonische Recht, aus Rom. Auch an den protestantischen Universitäten wurde diese neue Stilrichtung der europäischen Rechtswissenschaft fruchtbar gepflegt.[46] Melanchthon trat sogar ausdrücklich für die praktische Anwendung des römischen Rechts ein.[47]

Von den herausragenden Wittenberger Juristen der ersten Generation verdient Hieronymus Schurff (auch Schürff, Schurpff, Schürpff, Schurpf, Schürpf) eine besondere Würdigung.[48] Er stammte aus Sankt Gallen, wo er am 12. April 1481 geboren worden war. Seine juristische Ausbildung erhielt er seit 1494 in Basel. An der dortigen Universität hörte er vor allem bei Ulrich Krafft. Von Basel wechselte er 1501 nach Tübingen. Hier wandte er sich insbesondere Konrad Plucklin (Ebinger) und Johann Lupfdich zu.

Samuel STRYK (1690–1692 Professor in Wittenberg) *Specimen usus moderni pandectarum* zurück, welches 1690/92 in Wittenberg erschienen ist.

[45] Franz WIEACKER, Privatrechtsgeschichte der Neuzeit unter besonderer Berücksichtigung der deutschen Entwicklung, Göttingen ²1967, S. 163; vgl. auch DERS., Gründer und Bewahrer. Rechtslehrer der neueren deutschen Privatrechtsgeschichte, Göttingen 1959, S. 44–104.

[46] SÖLLNER, Literatur (wie Anm. 3), S. 504 f.

[47] Ebd., S. 505.

[48] Wiebke SCHAICH-KLOSE, D. Hieronymus Schürpf. Leben und Werk des Wittenberger Reformationsjuristen 1481–1554, jur. Diss. Tübingen 1966, Trogen (Schweiz) 1967; FRIEDENSBURG, Geschichte (wie Anm. 36), S. 200 f.; Heiner LÜCK, Die Wittenberger Juristenfakultät im Sterbejahr Martin Luthers, in: Martin Luther und seine Universität. Vorträge anläßlich des 450. Todestages des Reformators, hrsg. von Heiner Lück, Köln/Weimar/Wien 1998, S. 73–93, hier: S. 80 f.; DERS., „… vnd viel feiner gesellen, die fleißiglichen studieren …“. Hieronymus Schurff (1481–1554) – Mit dem Recht für das Leben, in: Wittenberger Lebensläufe im Umbruch der Reformation. Wittenberger Sonntagsvorlesungen 2005, hrsg. vom Evangelischen Predigerseminar, Wittenberg 2005, S. 52–74.

Hinzu kam die Teilnahme an theologischen Kollegien des Konrad Summenhart. Schurff war bereits bei den Feierlichkeiten zur Eröffnung der Leucorea am 18. Oktober 1502 in der Wittenberger Stadtpfarrkirche Sankt Marien anwesend. Nur wenige Jahre später (1504) wurde er zum Rektor gewählt.[49] Spätestens seit 1507 hatte er die Professur für den Codex inne. Mit der Übertragung des Lehramts wird Schurff auch zum kurfürstlichen Rat bestellt worden sein. 1516 wird er als Professor des Codex mit einem Einkommen von hundert Florins genannt. Damit war auch das Assessorat in Hofgericht und Schöffenstuhl verbunden.

Um 1512 heiratete er eine Frau namens Susanna, mit welcher er bis zu deren Tod 1552 zusammengelebt haben soll.[50] Über ihre soziale und familiäre Herkunft ist nichts bekannt. Das Paar hatte mehrere Kinder. Eine Tochter namens Katharina heiratete um 1535 den Wittenberger Rechtsprofessor Laurentius Zoch.[51] Ihre zweite Ehe schloss sie mit einem akademischen Schüler ihres Vaters, Johann von Borcken aus Bremen.[52] Von nicht minderer Bedeutung für die Geschichte der Leucorea ist Hieronymus Schurffs Bruder Augustin Schurff. Er wirkte als Professor an der Medizinischen

---

[49] Vgl. auch Helmar JUNGHANS, Verzeichnis der Rektoren, Prorektoren, Dekane, Professoren und Schloßkirchenprediger der Leucorea. Vom Sommersemester 1536 bis zum Wintersemester 1574/75, in: Georg Major (1502–1574). Ein Theologe der Reformation (Leucorea-Studien zur Geschichte der Reformation und der Lutherischen Orthodoxie 7), hrsg. von Irene Dingel/Günther Wartenberg, Leipzig 2005, S. 235–270, hier: S. 256.

[50] SCHAICH-KLOSE, Schürpf (wie Anm. 48), S. 35.

[51] *09.08.1477 Halle; †27.02.1547 Wittenberg; Studium in Leipzig, Kanzler des Kardinals Albrecht, Erzbischofs von Mainz und Magdeburg, in Halle, immatr. Wittenberg 1529, 1541 Dr. iur. utr. Wittenberg, 1539–1547 Prof. f. Codex, Sommersemester 1543 Rektor (FRIEDENSBURG, Geschichte [wie Anm. 36], S. 204; JUNGHANS, Verzeichnis [wie Anm. 49], S. 259; Michael SCHOLZ, Residenz, Hof und Verwaltung der Erzbischöfe von Magdeburg in Halle in der ersten Hälfte des 16. Jahrhunderts [Residenzforschung 7], Sigmaringen 1998, S. 58 f. 62 f. 91. 105 f. 109 u. passim).

[52] Vgl. auch Michael HÖHLE, Universität und Reformation. Die Universität Frankfurt (Oder) von 1506 bis 1550 (Bonner Beiträge zur Kirchengeschichte 25), Köln/Weimar/Wien 2002, S. 544.

Fakultät der Universität Wittenberg und war seit 1529 Leibarzt am kurfürstlichen Hof. Die zweite Ehefrau Augustin Schurffs war die Melanchthon-Nichte Anna Krapp. Die Tochter Magdalena heiratete den Maler Lucas Cranach d.J., womit die Verklammerung der Schurffs mit der Elite des Wittenberger Patriziats endgültig hergestellt wurde.[53]

Als Luther 1511 nach Wittenberg kam, fand er in dem gebildeten und mittlerweile angesehenen Juristen einen Freund und Vertrauten. Das gute Verhältnis trübte sich, nachdem Luther die kirchlichen Gesetzbücher mit der gegen ihn gerichteten Bannandrohungsbulle am 10. Dezember 1520 verbrannt hatte.[54] Schon im April 1520 hatte Georg Spalatin Schurff beauftragt, ein Gutachten zu der Frage anzufertigen, welche Auswirkungen ein aus Rom erwartetes Interdikt für Kurfürst, Stadt und Universität Wittenberg hätte.[55]

Schurff begleitete Luther 1521 zum Wormser Reichstag und gewährte ihm den notwendigen juristischen Beistand. So sorgte er unter anderem dafür, dass die Titel von Luthers Schriften, deren Inhalte Luther widerrufen sollte, einzeln verlesen wurden.[56]

Nachdem Schurff im Jahr 1536 in die Digestenprofessur aufgerückt war, verließ er wohl im Zusammenhang mit dem Schmalkaldischen Krieg spätestens im Frühherbst des Jahres 1547 Wittenberg. Er ging an die kurbrandenburgische Universität Frankfurt

---

[53] Es ist daher nicht unwahrscheinlich, dass es sich bei der Figur links neben Luther auf dem Mittelbild des sog. Reformationsaltars in der Wittenberger Stadtpfarrkirche (1547/48) um Hieronymus Schurff handelt (so SCHAICH-KLOSE, Schürpf [wie Anm. 48], S. 39).

[54] Vgl. dazu ausführlich KRENTZ, Ritualwandel (wie Anm. 36), S. 128–139; ferner auch DEFLERS, *Lex* und *ordo* (wie Anm. 23), S. 133–137; Heinz SCHILLING, Martin Luther. Rebell in einer Zeit des Umbruchs, München [2]2013, S. 200f. Auch die „Summa Angelica“, eine Anleitung für Beichtväter und Kleriker zur Abnahme der Ohrenbeichte aus dem 15. Jh., übergab Luther den Flammen; vgl. dazu GROSSI, Recht (wie Anm. 41), S. 90f.

[55] Vgl. dazu LÜCK, Hieronymus Schurff (wie Anm. 48), S. 64f.; KRENTZ, Ritualwandel (wie Anm. 36), S. 126f.

[56] SCHILLING, Martin Luther (wie Anm. 54), S. 219.

an der Oder (Viadrina), wo er bis zu seinem Lebensende als Rechtslehrer wirkte.[57] Das Interesse des Kurfürsten Joachim II. von Brandenburg, das dieser schon einmal 1536 an Schurff herangetragen hatte, scheint noch aktuell gewesen zu sein. Melanchthon würdigte den langjährigen Weggefährten anlässlich des Fortgangs aus Wittenberg unter anderem mit den Worten:

„Denn neben anderen grossen Elend, darinn wir sind, ist unß dises auch hertzlich bekummerlich, das dise Universitet also zertrennt ist und das E. A. [= Eure Achtbarkeit – H. L.], der die furnemest zier diser vorsamlung gewesen, dabey man in wichtigen sachen heilsamen radt und weisung, herz und gewissen unterricht gefunden hat und den wir billich alß den vatter zehlen, nu von unß khommet […]“[58].

Am 6. Juni 1554 starb Hieronymus Schurff im Alter von 73 Jahren. In der Kirche der Frankfurter Oberstadt (Sankt Marien) fand er seine letzte Ruhestätte. Auf seinem Grabstein standen Verse, die kein geringerer als Philipp Melanchthon gedichtet hatte.

In Wittenberg verlas der Rechtsprofessor und Schurff-Schüler Michael Teuber[59] die Trauerrede aus der Feder Melanchthons anlässlich einer Doktorpromotion am 7. August 1554. Melanchthon hat Schurff außerordentlich hoch geschätzt. Er selbst hatte nach seiner Ankunft in Wittenberg 1518 in Schurffs juristischen Vorlesungen gesessen.[60]

---

[57] Vgl. Höhle, Universität (wie Anm. 52), S. 540–545.

[58] Robert Stupperich, Zwölf bisher unveröffentlichte Briefe Melanchthons an verschiedene Empfänger (Georg Helt, Ant. Musa, A. Birckmann, H. Schurff, W. und B. Furmann, J. von Berg und C. Peucer), in: Archiv für Reformationsgeschichte 55 (1964), S. 55–66, hier: S. 60.

[59] * 15.08.1524 Eisleben; † 15.09.1586 Wittenberg; Studium in Wittenberg u. Ingolstadt, 1550 Dr. iur. utr. Wittenberg, spätestens seit 1555 Prof. d. Institutionen (nach Junghans, Verzeichnis [wie Anm. 49], S. 257, d. Codex), später Kanzler des Bischofs von Cammin und Syndicus der Stadt Stettin, 1565–1586 Professorentätigkeit in Wittenberg, 1576 u. 1583 Rektor (Junghans, Verzeichnis [wie Anm. 49], S. 257; von Stintzing, Geschichte [wie Anm. 22], S. 552). Teuber hatte einen maßgeblichen Anteil an der inhaltlichen Gestaltung der Kursächsischen Konstitutionen (Buchda/Lück, Konstitutionen [wie Anm. 10], Sp. 355).

[60] Deflers, *Lex* und *ordo* (wie Anm. 23), S. 130 f.

Theoretische Schriften hat Schurff nicht hinterlassen. Er ist durch seine Rechtsgutachten weithin berühmt geworden, die noch zu seinen Lebzeiten in drei Teilen zu je hundert Gutachten („Zenturien") veröffentlicht und bis 1612 nachgedruckt wurden.[61]

Zu Schurffs Fakultätskollegen gehörten unter anderen Melchior Kling, Sebaldus Münsterer,[62] Benedikt Pauli,[63] Laurentius Zoch, Konrad Mauser, Bleikard Sindringer[64] und Ulrich Mordeisen.[65] Von diesen seien hier Melchior Kling und Konrad Mauser etwas ausführlicher vorgestellt.[66]

Melchior Kling[67] wurde am 1. Dezember 1504 in Steinau an der Straße (Hessen) geboren. Nach der Schulbildung in Halle ließ er

---

[61] *Consiliorum seu responsum iuris dn. Hieronymi Schiurpff de Sancto Gallo viri et iurisconsulti doctissimi, florentiss. Vitebergensis academiae ordinarii L. L. professoris, centuria prima in gratiam et utilitatem studiosorum edita. Addita singulis consiliis themata et summaria. Cum indice tam rerum quam verborum copioso, quo studiosus lector quamvis matariam sine negotio obviam habeat … Francoforti …*, 1545, 1553; *centuria I et II*, 1558; … *centuria I-III*, 1564; weitere Aufl. Frankfurt a. M. 1575, 1590, 1594, 1612. Vollständige Titel der Ausgaben bei MUTHER, Universitäts- und Gelehrtenleben (wie Anm. 26), S. 178–229. Vgl. auch Heinrich GEHRKE, Rechtsprechungs- und Konsiliensammlungen Deutsches Reich, in: Handbuch der Quellen und Literatur (wie Anm. 3). 2. Teilbd.: Gesetzgebung und Rechtsprechung, hrsg. von Helmut Coing, München 1976, S. 1343–1392, hier: S. 1385.

[62] Zu ihm vgl. JUNGHANS, Verzeichnis (wie Anm. 49), hier: S. 250.

[63] * 1489 od. 1490 Wittenberg; †03.04.1552 Wittenberg; 1502 immatr. in Wittenberg, 1505 bacc. art., 1515 bacc. iur. utr., 1521 lic. iur., 1523 Prof. d. Institutionen, 1525/26 u. 1548/49 Rektor, 1548 Dr. iur. utr., 1527–1529 maßgeblich an der Reorganisation des Wittenberger Hofgerichts beteiligt, seit 1529 mehrfach Bürgermeister der Stadt Wittenberg (JUNGHANS, Verzeichnis [wie Anm. 49], S. 252; Heiner LÜCK, Die kursächsische Gerichtsverfassung 1423–1550 [Forschungen zur deutschen Rechtsgeschichte 17], Köln/Weimar/Wien 1997, 128 ff.).

[64] Vgl. JUNGHANS, Verzeichnis (wie Anm. 49), S. 256.

[65] Vgl. ebd., S. 250.

[66] Bernhard PAHLMANN, Melchior Kling, in: KLEINHEYER/SCHRÖDER, Juristen (wie Anm. 35), S. 241–244.

[67] FRIEDENSBURG, Geschichte (wie Anm. 36), S. 201–203; Rolf LIEBERWIRTH, Melchior Kling (1504–1571), Reformations- und Reformjurist, in:

sich 1527 in Wittenberg immatrikulieren und studierte insbesondere bei Hieronymus Schurff und Johann Apel. Seine Promotion zum Doktor beider Rechte folgte 1533. Ein Jahr darauf lässt er sich als Legent des Kirchenrechts nachweisen. Wenig später trat er erstmals als Rat des Kurfürsten Johann Friedrich (reg. 1532–1547/54) in Erscheinung. Schließlich erfolgte 1536 seine Bestellung zum Kirchenrechtsprofessor in Wittenberg. Er war Beisitzer des Spruchkollegiums der Fakultät, des Schöffenstuhls und des Hofgerichts. Das Amt des Rektors bekleidete er 1539.[68] Im Dienst des Kurfürsten nahm er 1541 am Reichstag in Regensburg und 1543/44 an der Visitation des Reichskammergerichts in Speyer teil. Die Niederlage seines Dienstherrn in der Schlacht bei Mühlberg am 24. April 1547 führte zum Verlust der Wittenberger Professur. Kling ging nach Halle und wurde dort zum Beisitzer des (ernestinisch-)sächsischen Hofgerichts zu Jena ernannt. Er starb am 21. Februar 1571 in Halle.

Als Hauptwerk, das ihm im Gebiet des gemeinen sächsischen Rechts[69] bleibenden Ruhm bescherte, darf seine systematische Sachsenspiegelbearbeitung gelten. Sie ist im Verlag von Ernst Vögelin[70] zu Leipzig 1571 erstmals erschienen.[71] Weitere Auflagen folgten 1577 und 1600.[72] Kling gilt damit als ein Vertreter der sys-

---

LÜCK/DE WALL, Wittenberg (wie Anm. 18), S. 35–62; LÜCK, Die Wittenberger Juristenfakultät (wie Anm. 48), S. 81 f.

[68] JUNGHANS, Verzeichnis (wie Anm. 49), S. 246.

[69] Vgl. auch LÜCK, Gemeines Sachsenrecht (wie Anm. 2).

[70] Vgl. zu ihm H. BUSKE, Vögelin, Ernst, in: Lexikon des gesamten Buchwesens, 2. Aufl. (im Folgenden: ²LGB), Bd. VIII, hrsg. von Severin Corsten u. a., Stuttgart 2014, S. 134.

[71] Das Gantze Sechsisch Landrecht mit Text und Gloss, in eine richtige Ordnung gebracht Durch Doctor Melchior Klingen von Steinaw an der Strassen, itzo zu Halle. Doch mit dieser Erklerunge, das er den Stenden, die das Sechsisch Recht gebrauchen, nicht genugsam, Sondern der Alte Sachßenspiegel, sonderlich Doctor Christoff Zobels, welcher wol erklert, dabey sein mus Wie in Epistola dedicatoria erhebliche vnd gnugsame Vrsachen angezeiget werden sollen, Leipzig 1571. Vgl. auch SÖLLNER, Literatur (wie Anm. 3), S. 556, 562.

[72] Ebd., S. 562.

tematisierenden Methode in der Rechtswissenschaft des 16. Jahrhunderts.[73] Anregungen dazu fand er bei seinem Lehrer Johann Apel und wohl auch bei Philipp Melanchthon.[74]

Aus seinen Vorlesungen ist ein Lehrbuch hervorgegangen, in welchem die Institutionentitel systematisch erklärt werden.[75] Die Anlehnung an die Methode Melanchthons ist dabei unverkennbar. Das Werk erlebte in mehreren Auflagen bei namhaften Verlegern eine europäische Verbreitung.[76]

Konrad Mauser[77] wurde 1505 (wahrscheinlich) in Nürnberg[78] geboren und kam 1524 nach Wittenberg. Dort schloss er 1529 die Ehe mit einer Ratsherrentochter. 1530 erlangte er die *licentia iuris utriusque* als Voraussetzung für das akademische Lehramt, das er dann als Substitut für die Institutionen seit 1531 auch ausübte. Im Jahr 1536 wird er als Professor der Institutionen, wohl an Stelle des permanent abwesenden Pauli, genannt.[79] Er war Mitglied des Spruchkollegiums der Juristenfakultät, des Schöffenstuhls und des Hofgerichts. Schließlich wurde er 1544 auch Beisitzer des mit Juristen und Theologen paritätisch besetzten Konsistori-

[73] Schröder, Recht als Wissenschaft (wie Anm. 12), S. 11 f. 14. 16. 22. 93.

[74] Vgl. dazu auch Deflers, *Lex* und *ordo* (wie Anm. 23), S. 119–124.

[75] *In quatuor Institutionum iuris principis Iustiniani libros enarrationes* …, Frankfurt a. M. 1542, 1543, 1545, 1554, 1556; Leiden 1548, 1550, 1566; Löwen 1566, 1572, 1583.

[76] Söllner, Literatur (wie Anm. 3), S. 526.

[77] Friedensburg, Geschichte (wie Anm. 36), S. 205.

[78] Nach dem Epitaphium von Philipp Melanchthon zum Todestag Mausers in: Processus iuris una cum utilissima explicatione tituli instit. de exception. ante annos XXIX conscriptus & publice dictatus à ciariß. & doctißimo lureconsulto Cunrado Mausero Noribergensi, u. i. Licentiato & Professore in Academia Witebergensi …, Wittenberg 1569, nach dem Index (nicht paginiert), sowie nach dem Matrikeleintrag „Conradus Mausser ex Nurnberga“ (zit. bei Junghans, Verzeichnis [wie Anm. 49], S. 249).

[79] Friedensburg, Geschichte (wie Anm. 36), S. 205; Lück, Die Wittenberger Juristenfakultät (wie Anm. 48), S. 85; Junghans, Verzeichnis (wie Anm. 49), S. 249.

ums.[80] Vier Jahre später, am 23. Oktober 1548, starb er in Wittenberg. Von Mausers Werken haben seine Kommentierungen zu verschiedenen Institutionentiteln Bedeutung. Dazu gehören unter anderen eine wichtige Arbeit über die Eheschließung[81] und eine Schrift zum Prozessrecht.[82] Die letztere erfuhr bis in das 17. Jahrhundert hinein mehrere bearbeitete Auflagen.

Zu den frühen, europaweit bedeutsamen Gelehrtenpersönlichkeiten im Untersuchungszeitraum zählt der gebürtige Hesse Konrad Lagus[83] – in gewisser Weise ein Exot unter den Wittenberger Rechtslehrern: Er gehörte zu keinem Zeitpunkt der Juristischen Fakultät an. Um 1500 ist er in Kreuzburg geboren worden. 1519 ließ er sich in Wittenberg immatrikulieren. Spätestens seit 1522 las er in Melanchthons *schola privata*.[84] Mit dem Eintritt in die Artistenfakultät, deren Dekan er 1531/32 und 1538 war,[85] näherte sich der Autodidakt der Jurisprudenz institutionell (nunmehr als Mitglied der Universität) den Universitätsjuristen. Im Jahr 1538 wird er als Notar der Universität genannt, was auf seine umfassenden juristischen Kenntnisse und das in sie gesetzte Vertrauen hindeutet. Ein weiterer Beleg für seine hohe Akzeptanz als Kenner des Rechts und der Rechtswissenschaft ist seine maßgebliche Beteiligung an der Zwickauer Stadtrechtsreformation von 1539/1569. Wenig später ging er nach langem Zögern und hartnäckigen Verhandlungen als Syndicus nach Danzig. Kurz zuvor (vor dem 2. Mai

---

[80] Vgl. dazu Lück, Die kursächsische Gerichtsverfassung (wie Anm. 63), S. 142–149.

[81] *Explicatio erudita et utilis X. tituli Instit. de nuptiis*, Witebergae 1569, Jenae 1682 (Söllner, Literatur [wie Anm. 3], S. 588).

[82] *Processus iuris, una cum utilissima explicatione tituli Inst. de exceptionibus*, Witebergae 1569 (Söllner, Literatur [wie Anm. 3], S. 608).

[83] Friedensburg, Geschichte (wie Anm. 36), S. 208 f.; Lück, Die Wittenberger Juristenfakultät (wie Anm. 48), S. 87 f.; Hans Erich Troje, Konrad Lagus (um 1500–1546) und die europäische Rechtswissenschaft, in: Lück/de Wall, Wittenberg (wie Anm. 18), S. 151–173; Schröder, Recht als Wissenschaft (wie Anm. 12), S. 56. 60. 65. 68. 70. 73. 79. 86.

[84] Junghans, Verzeichnis (wie Anm. 49), S. 247.

[85] Ebd., S. 246.

1540) war er in Wittenberg zum Dr. iur. utr. promoviert worden. Sein neues Amt in Danzig war mit vielen anstrengenden Reisen, insbesondere zum polnischen Königshof nach Krakau, verbunden. Durch einen Reiseunfall zog sich Lagus eine Lungenverletzung zu, an deren Folgen er am 7. November 1546 in Danzig starb.

Auf dem Gebiet der Rechtswissenschaft ist Lagus vor allem durch ein Lehrbuch bekannt geworden, das in methodischer Hinsicht erheblich von den herkömmlichen Leitbildern dieser Literaturgattung abwich.[86] Von vornherein war es deshalb ausschließlich für den internen Unterrichtsgebrauch bestimmt. Als es trotzdem 1543 bei Christian Egenolph[87] in Frankfurt am Main gegen den Willen des Autors gedruckt worden war, reagierte Lagus mit scharfem Protest. In diesem Werk verbindet er das geltende Recht als historische Erscheinung mit der Rechtsphilosophie. Offenbar war diese Sicht auf das Recht dem humanistischen Bildungsanliegen, das Lagus mit seinen Zöglingen verfolgte, sehr entgegenkommend. Die sprachlich und philosophisch gebildeten Schüler konnten somit bereits an einen Gegenstand herangeführt werden, der bislang den Studenten der Rechte an einer Universität vorbehalten war. Das Buch des Lagus erfreute sich wohl auch deshalb einer großen Beliebtheit, sodass es mehrmals nachgedruckt worden ist, zuerst 1546 bei Sebastian Gryphius[88] in Leiden. Weitere Ausgaben folgten in Leiden (1562, 1566, 1592), Löwen (1550, 1565), Basel (1553, 1581), Paris (1545) und Frankfurt am Main (1552).[89]

---

[86] Konrad LAGUS, Juris utriusque traditio methodica, omnem omnium titulorum, tam pontificii quam Caesarei juris materiam & genus, Glossarum item et Interpretum abstrusiora vocabula scienter & summatim explicata postremo & Iudiciarii ordinis modum, ad Practicam forensem accommodatam complectens, Frankfurt a. M. 1543; vgl. auch SÖLLNER, Literatur (wie Anm. 3), S. 553. 588.

[87] Zu ihm vgl. E. GECK, Egenolf (Egenolff, Egenolph), Christian, in: ^{2}LGB II (1989), S. 418–419.

[88] Zu ihm vgl. A. LABARRE, Gryphius (Gryphe), Sebastian, in: ^{2}LGB III (1991), S. 296.

[89] TROJE, Die Literatur (wie Anm. 41), S. 752.

Zu den bedeutenden Wittenberger Rechtslehrern des 16. Jahrhunderts gehörte auch Johannes Schneidewin.[90] Er wurde am 4. Dezember 1519 als fünfzehntes Kind seiner Eltern in Stolberg/Harz geboren. Der Vater war Direktor der gräflich-stolbergischen Bergwerke. Möglicherweise hat die soziale Herkunft Schneidewins aus dem Bergbaumilieu zu einer frühen Hinwendung der Familie zu Luther und zur Entscheidung für Wittenberg als Studienort beigetragen. Es wird berichtet, dass Schneidewin von seinem Vater als Elfjähriger nach Wittenberg in das Haus Luthers gebracht wurde, um dort unter Aufsicht des aus Nürnberg stammenden Theologen Veit Dietrich, welcher zu Luthers Vertrauten und Hausgenossen zählte, seine Studien zu betreiben.[91] 1544 schloss er in Wittenberg seine Studien mit dem Grad eines Lizentiaten der Rechte ab und wurde Kanzler des Grafen Günther XL. von Schwarzburg-Blankenburg. Im Jahr 1551 wurde er zum Dr. iur. utr. promoviert. Die Neufundation der Universität vom Jahr 1555[92] weist ihn als Institutionenprofessor aus. Als solcher wirkte er von 1549 bis 1568. Damit war er zugleich Armenprokurator am Hofgericht sowie Mitglied des Spruchkollegiums der Juristenfakultät und des Schöffenstuhls. Im Wintersemester 1561/62 übte er das Amt des Rektors der Leucorea aus.[93] Verheiratet war Schneidewin seit 1539 mit Anna, einer Tochter des Wittenberger Goldschmieds und Ver-

[90] Friedensburg, Geschichte (wie Anm. 36), S. 269; Lück, Die Wittenberger Juristenfakultät (wie Anm. 48), S. 89f.; Schröder, Recht als Wissenschaft (wie Anm. 12), S. 11, 22; Junghans, Verzeichnis (wie Anm. 49), S. 255f.

[91] Von Stintzing, Literatur (wie Anm. 22), S. 309; Friedensburg, Geschichte (wie Anm. 36), S. 269.

[92] Abgedruckt bei Friedrich Israël, Das Wittenberger Universitätsarchiv, seine Geschichte und seine Bestände. Nebst den Regesten der Urkunden des Allerheiligenstiftes und den Fundationsurkunden der Universität Wittenberg (Forschungen zur thüringisch-sächsischen Geschichte 4), Halle 1913, S. 122–127.

[93] Junghans, Verzeichnis (wie Anm. 49), S. 255f.

legers Christian Döring.[94] Luther soll bei der Anbahnung dieser Eheschließung beteiligt gewesen sein. Aus der Ehe sind 16 Kinder hervorgegangen. Schneidewin starb 1568 während einer Reise nach Zerbst im Alter von 49 Jahren. Sein Hauptwerk, einen Kommentar zu den Institutionen,[95] konnte Schneidewin nicht selbst vollenden. Dennoch ist er damit in die Geschichte der europäischen Rechtswissenschaft eingegangen, da das Werk wenige Jahre nach seinem Tod von dem bedeutenden Matthäus Wesenbeck[96] herausgegeben wurde (1571).[97] Es erlebte nicht weniger als achtzig (!) Auflagen. Diese sind außer in Frankfurt am Main (1677) in Leiden (1681), Straßburg (1597, 1677), Turin (1606) und Venedig (1720) erschienen. Ferner hat er eine Arbeit über das Lehnrecht unter dem Titel *Epitome in usus feudorum* verfasst, die in Jena (1585), Magdeburg (1594, 1604) und Hannover (1595) verlegt worden ist.[98]

Von Matthäus Wesenbeck[99] war schon die Rede. Er war einer der wirkungsmächtigsten Rechtslehrer an der Wittenberger Uni-

---

[94] Karl Rudolf von Jacobi, Schneidewein, Heinrich und Johannes, in: ADB 32 (1891), S. 144–149, hier: S. 146 (https://de.wikisource.org/w/index.php?title=ADB:Schneidewein._Heinrich&oldid=2506529 – Zugriff: 08.08.2016). Zu Döring vgl. auch I. Bezzel, Döring, Christian, in: ^{2}LGB II (1989), S. 330; sowie Martin Treu, Lucas Cranach und Christian Döring als Wittenberger Verleger. Beobachtungen anhand der Sammlung C. G. Holtzhausen, in: Buchdruck und Buchkultur im Wittenberg der Reformationszeit (Schriften der Stiftung Luthergedenkstätten in Sachsen-Anhalt 21), hrsg. von Stefan Oehmig, Leipzig 2015, S. 101–114; Uwe Schirmer, Buchdruck und Buchhandel im Wittenberg des 16. Jahrhunderts. Die Unternehmer Christian Döring, Hans Lufft und Samuel Selfisch, ebd., S. 169–189.

[95] In Institutionum imperialium titulum X, de nuptiis libri primi commentarii, Argentorati 1571 (vgl. Söllner, Literatur [wie Anm. 3], S. 588).

[96] Über ihn siehe hier S. 94–96.

[97] Söllner, Literatur (wie Anm. 3), S. 533, 588.

[98] Ebd., S. 550.

[99] Das Folgende nach Robert Feenstra, Matthäus Wesenbeck (1531–1586) und das römisch-holländische Recht (mit einer Bibliographie seiner juristischen Schriften), in: Lück/de Wall, Wittenberg (wie Anm. 18), S. 175–243.

versität überhaupt. Am 25. Oktober 1531 wurde er als eines von 16 Geschwistern in der flämischen Handelsmetropole Antwerpen geboren. An der Universität Löwen begann der 14-Jährige seine juristischen Studien, vor allem bei dem berühmten Gabriel Mudaeus, den Wesenbeck zeit seines Lebens als Lehrer hoch verehrte. 1550 erwarb er den Grad eines *licentiatus iuris*. Es folgte eine *peregrinatio academica* nach Frankreich, Italien und Spanien.

Vieles spricht dafür, dass Wesenbeck aus religiösen Gründen seiner Heimat den Rücken kehrte. Nach einigen Jahren in Jena, wo er 1557 einen Lehrauftrag hatte und 1558 zum Dr. iur. utr. promoviert worden war, folgte er 1569 einem Ruf an die kursächsische Landesuniversität Wittenberg, wo er die Nachfolge des ein Jahr zuvor verstorbenen Johannes Schneidewin antrat. Einen Ruf nach Heidelberg lehnte er 1572 ab. Der Niederländer genoss schon zu Lebzeiten den Ruf eines angesehenen Juristen über Deutschlands Grenzen hinaus. 1579 berichteten Vertreter der Universität auf dem Landtag zu Torgau, dass er „von den auslendischen wegen seiner schriften, die in den truck ausgangen, vor einen gelarten juristen geachtet“[100] werde. Seine große Bedeutung für die Rechtswissenschaft liegt vor allem in der Originalität zweier seiner Werke, in die auch Impulse aus den Niederlanden eingegangen waren.[101] Es sind dies die *Consilia* und die *Paratitla*. Die Konsilien erschienen erstmals 1576 in Basel. Nach Wesenbecks Tod wurden den ursprünglich zwei Bänden weitere Rechtsgutachten hinzugefügt, sodass das Werk bis 1624 auf acht Volumina anwuchs.[102] Für die Rechtspraxis stellten die Wesenbeckschen *Consilia* eine viel benutzte Fundgrube dar. Nachweislich wurden sie beispielsweise bei der Revision des württembergischen Landrechts[103] 1610

---

[100] UBW I, Nr. 393 (S. 467–474, hier: S. 471).

[101] Vgl. Söllner, Literatur (wie Anm. 3), S. 517.

[102] Gehrke, Rechtsprechungs- und Konsiliensammlungen (wie Anm. 61), S. 1385.

[103] Vgl. Hans-Wolf Thümmel, Württembergisches Landrecht, in: HRG 5 (1998), Sp. 1573–1580.

verwendet.[104] Das zweite einflussreiche Werk ist ein Kommentar zu den Digesten, der unter der Bezeichnung *Paratitla* bekannt geworden ist und den akademischen Unterricht nachhaltig beeinflusste. Darin stellt Wesenbeck die einzelnen Rechtsinstitute in zusammenhängender Form, gestützt auf den glossierten und kommentierten Digestentext, in einer übersichtlichen Systematik dar. Es handelt sich um einen Kommentar mit einem besonderen Darstellungsschema. Letzteres folgt nicht der ansonsten üblichen legistischen Reihenfolge, das heißt den fortlaufenden Titeln der Digesten.[105] Die Kommentare des Matthäus Wesenbeck zählen zu den „Standardwerken des Usus modernus"[106].

Die *Paratitla*-Ausgabe von 1582 ist um einen Codexkommentar erweitert worden. In dieser Gestalt wurde das Werk in zahlreichen Ausgaben nachgedruckt und war Gegenstand wissenschaftlicher Erörterungen vieler Juristen bis weit in das 17. Jahrhundert hinein.[107] Die Erscheinungsorte Leiden, Frankfurt am Main, Köln, Stettin und Antwerpen sprechen für sich. Schließlich sei noch auf Wesenbecks *Traktat zum Lehnrecht* (*Tractatus de feudis*, Wittenberg, Köln, Löwen, Amsterdam, Venedig und Brüssel 1583 bis 1700) verwiesen.[108] Wesenbecks Kommentare waren den südafrikanischen höchsten Gerichten noch im 20. Jahrhundert bekannt und wurden von diesen gelegentlich sogar zitiert.[109] Hintergrund ist die bis heute anhaltende Geltung des römisch-gemeinen Rechts holländischer Prägung („römisch-holländisches Recht") in der Republik Südafrika. Hier reicht gewissermaßen die Wirkung der *Iurisprudentia Vitebergensis*, vermittelt über das römisch-hollän-

---

[104] Vgl. Johann August Ritter von Eisenhart, Wesenbeck, Matthäus, in: ADB 42 (1897), S. 135–138, hier: S. 137.

[105] Vgl. Söllner, Literatur (wie Anm. 3), S. 530 f.

[106] Troje, Die Literatur (wie Anm. 41), S. 634. Zu den Drucken der Werke Wesenbecks im Einzelnen sowie zur Bibliographie vgl. jetzt detailliert: Feenstra, Matthäus Wesenbeck (wie Anm. 99).

[107] Söllner, Literatur (wie Anm. 3), S. 537; Troje, Die Literatur (wie Anm. 41), S. 779.

[108] Vgl. Söllner, Literatur (wie Anm. 3), S. 550.

[109] Feenstra, Matthäus Wesenbeck (wie Anm. 99), S. 178 f.

dische Recht, weit über den europäischen Rahmen hinaus und in das 20. Jahrhundert hinein.

Zu guter Letzt soll noch Joachim von Beust genannt sein. Er gehörte zu jenen Juristen, die erst nach dem Schmalkaldischen Krieg nach Wittenberg kamen. Er wurde am 19. April 1522 auf dem väterlichen Rittergut in Möckern bei Leipzig geboren.[110] Seine juristischen Studien betrieb er seit 1539 an der Universität Leipzig, wo er vor allem bei Joachim Camerarius (1500–1574), Modestin Pistoris (1516–1565) und Johannes Rivius (1500–1553) hörte. 1544 setzte er sein Studium in Bologna fort. In Siena wurde er 1548 zum Dr. iur. utr. promoviert. Zwei Jahre später (1550) trat er eine Digestenprofessur in Wittenberg an. Gleichzeitig wurde er Beisitzer des Schöffenstuhls und kurfürstlicher Rat. Spätestens seit 1565 wirkte er auch als Mitglied des Wittenberger Konsistoriums. 1578 war er Rektor der Leucorea.[111] Der Kurfürst setzte ihn in vielen zu verhandelnden Angelegenheiten ein. Mit der Verlegung des Meißner Konsistoriums[112] nach Dresden musste von Beust als dessen neuer Präsident seinen Wohnsitz nach Dresden verlegen. Am 4. Februar 1597 starb er nach langer Krankheit auf seinem 1580 erworbenen Rittergut Planitz bei Zwickau, wo er auch bestattet wurde. Neben zwei wichtigen eherechtlichen Werken[113] hat er eine Arbeit über den Eid im Prozess[114] und Reden über die Würde

---

[110] Karl von Weber, Dr. Joachim von Beust, in: Archiv für sächsische Geschichte 6, 4 (1868), S. 337–381; Friedensburg, Geschichte (wie Anm. 36), S. 267 f.; Lück, Die Wittenberger Juristenfakultät (wie Anm. 48), S. 89; von Stintzing, Geschichte (wie Anm. 22), S. 553 f.

[111] Junghans, Verzeichnis (wie Anm. 49), S. 240.

[112] Vgl. dazu Lück, Die kursächsische Gerichtsverfassung (wie Anm. 63), S. 144 f. 147 f. 150 ff. 275.

[113] Joachim von Beust, Tractatus de sponsalibus et matrimoniis ad praxin forensem accomodatus, Witebergae 1586; ders., Tractatus de iure connubiorum et dotium ad praxin forensem accommodatus, Francofurti ad Moenum 1591; vgl. dazu auch Söllner, Literatur (wie Anm. 3), S. 587 f.

[114] Joachim von Beust, Lectura in titulum Digesti veteris de iureiurando, Witebergae 1576.

der Gesetze und Juristen[115] und über das Leben des Modestin Pistoris und des Johannes Schneidewin[116] hinterlassen.

Auf das Ganze gesehen genoss die Wittenberger Juristenfakultät im 16. Jahrhundert einen guten Ruf. Das dürfte weniger auf das reformatorische Geschehen und dessen Aufnahme in den rechtswissenschaftlichen Diskurs als vielmehr auf die normale, gediegene Juristenausbildung im römischen und kanonischen Recht zurückzuführen sein. Hinzu kam die im Wesentlichen von Philipp Melanchthon konzipierte Universitätsreform der 1520er-Jahre, die der Leucorea einen Spitzenplatz unter den Universitäten des Alten Reichs[117] bescherte.[118] Melchior Kling, Johannes Schneidewin und Matthäus Wesenbeck gelten in der modernen Forschung zur europäischen Rechtsgeschichte als „namhafte Vertreter des Usus modernus“[119]. Die sächsische Rechtswissenschaft des späten 16. Jahrhunderts, die neben den Wittenbergern freilich auch die Professoren an den Juristenfakultäten Leipzig und Jena ansehnlich

---

[115] DERS., De legum et JCtor. dignitate, Witebergae 1543.

[116] Vita M. Pistoris et Schneidewini, Witebergae 1585. Zu den Juristenbiographien als Literaturgattung des Ius Commune im 16. Jh. vgl. TROJE, Die Literatur (wie Anm. 41), S. 716–718.

[117] Immatrikulationen: 1502: 416; 1520: 579; 1520–1540: durchschnittlich 221 pro Jahr; 1544: 814 (höchste Zahl während des 16. Jh.); 1535–1545: insgesamt ca. 4.700 (Rekord im Vergleich mit den anderen deutschen Universitäten) – Zahlen nach Franz EULENBURG, Die Frequenz der deutschen Universitäten von ihrer Gründung bis zur Gegenwart. Nachdruck der Ausgabe von 1904, Berlin 1994; vgl. auch Heiner LÜCK, Wittenberg, Universität, in: TRE 36 (2004), S. 232–243, hier: S. 234.

[118] Zu deren Auswirkung auf die Universität insgesamt und die einzelnen Fakultäten vgl. Matthias ASCHE/Heiner LÜCK/Manfred RUDERSDORF/Markus WRIEDT (Hrsg.), Die Leucorea zur Zeit des späten Melanchthon. Institutionen und Formen gelehrter Bildung um 1550. Beiträge zur Tagung der Stiftung Leucorea Wittenberg anlässlich des 450. Todestages Philipp Melanchthons vom 13. bis 16. Oktober 2010 (Leucorea-Studien zur Geschichte der Reformation und der Lutherischen Orthodoxie 26), Leipzig 2015.

[119] SÖLLNER, Literatur (wie Anm. 3), S. 517.

repräsentierten, befand sich „auf der vollen Höhe der internationalen Romanistik“[120].

III. Beiträge zur Herausbildung des evangelischen Eherechts

Es überrascht nicht, dass von Wittenberg als Zentrum der Reformation maßgebliche Impulse für die Entwicklung des Rechts, insbesondere des Eherechts, unter dem Einfluss der neuen reformatorischen Lehren ausgegangen sind.[121]

Antriebskräfte für die juristischen Lösungen waren weniger die theologischen Konzeptionen als vielmehr die tatsächlichen praktischen Fragen, die sich in kürzester Zeit massenhaft stellten. Seit dem Ausbruch der Reformation brachen immer mehr Geistliche den Zölibat[122] und gingen „eheliche“ Verbindungen mit dem anderen Geschlecht ein. Martin Luther selbst hat diesen Schritt bekanntlich noch eine gewisse Zeit hinausgeschoben.[123] In seinen grundlegenden Schriften über die Ehe[124] führte er die dogmatische Auseinandersetzung mit dem überkommenen Ehekonzept der alten Kirche.[125] Vor allem ging es ihm darum, die Ehe aus der Reihe der Sakramente herauszubrechen. Im Ergebnis gelangte Luther zu der Überzeugung: „Es kan ia niemand leucken, das

---

[120] Ebd.

[121] Das Folgende weitgehend nach Lück, Grundlegung (wie Anm. 17).

[122] Vgl. auch Hans-Jürgen Becker, Zölibat, in: HRG 5 (1998), Sp. 1750–1753.

[123] Zu den Einzelheiten von Luthers Eheschließung am 15. Juni 1525 vgl. Volkmar Joestel, Martin Luther. Rebell und Reformator. Eine biographische Skizze, o. O. (Wittenberg) ^{2}1995, S. 46; Martin Treu, Katharina von Bora, o. O. [Wittenberg] ^{2}1996, S. 28–30; Schilling, Martin Luther (wie Anm. 54), S. 324–329.

[124] Martin Luther, Ein Sermon von dem ehelichen Stand, 1519, in: WA 2, S. 166–171; ders., De captivitate Babylonica ecclesiae, 1520, in: WA 6, S. 497–573; ders., Vom ehelichen Leben, 1522, in: WA 10 II, S. 275–304; ders., Von Ehesachen, 1530, in: WA 30 III, S. 205–248.

[125] Vgl. dazu grundsätzlich Stephan Buchholz, Ehe, in: ^{2}HRG 1 (2008), Sp. 1192–1213, hier Sp. 1192–1203.

die ehe ein eusserlich weltlich ding ist wie kleider und speise, haus und hoff, weltlicher oberkeit unterworffen, wie das beweisen so viel keiserliche rechte daruber gestellet."[126] Mit der Verbrennung der Bücher des kanonischen Rechts (*Corpus Iuris Canonici*)[127] am 10. Dezember 1520 vor dem Wittenberger Elstertor vollzog er mit deutlicher und öffentlichkeitswirksamer Symbolik die Abkehr vom kirchlichen Recht, das er wegen dessen päpstlicher Herkunft als teuflisch und unakzeptabel für wahre Christen ansah.[128] Damit war vor allem eine Ablehnung der überkommenen kirchlichen Gerichtsbarkeit[129] verbunden. Dem Bischof wurde seine traditionelle Kompetenz der kirchlichen Gerichtsbarkeit abgesprochen. Schon bald stellte sich jedoch die Frage, was an die Stelle des über Jahrhunderte gewachsenen und hoch entwickelten kanonischen Rechts und der kirchlichen Gerichtsverfassung mit dem Bischof als Verkörperung der *iurisdictio ecclesiastica* treten sollte. Den Pfarrern und Betroffenen blieb nichts anderes übrig, als die Reformatoren in Alltagsfragen um Rat zu bitten, welche ihrerseits eine umfängliche Gutachtertätigkeit entwickelten. Im weiteren Verlauf der Reformation wurden die grundsätzlichen Probleme von der landesherrlichen Gesetzgebung in Gestalt der Landes- und Kirchenordnungen[130] aufgegriffen. Bei der Neugestaltung des Eherechts kam man jedoch nicht „ohne Rückgriffe" auf das kanonische Recht aus.[131] Luther wird nachgesagt, dass er dem kanonischen Eherecht

---

[126] Martin LUTHER, Von Ehesachen, 1530, WA 30 III, S. 205.

[127] Vgl. Andreas THIER, Corpus Iuris Canonici, in: ^{2}HRG 1 (2008), Sp. 894–901.

[128] Vgl. dazu auch SCHILLING, Martin Luther (wie Anm. 54), S. 200 f.

[129] Vgl. Lotte KÉRY, Geistliche Gerichtsbarkeit, in: ^{2}HRG 2 (2012), Sp. 1–8.

[130] Vgl. Heiner LÜCK, Kirchenordnung, in: HRG^2 2 (2012), Sp. 1805–1812; sowie die ausführliche Untersuchung von Karla SICHELSCHMIDT, Recht aus christlicher Liebe oder obrigkeitlicher Gesetzesbefehl? Juristische Untersuchungen zu den evangelischen Kirchenordnungen des 16. Jahrhunderts (Jus Ecclesiasticum 49), Tübingen 1995.

[131] SÖLLNER, Literatur (wie Anm. 3), S. 505 f.

sogar „erstaunlich positiv" gegenüberstand.[132] Die Kontrolle über die Kirchenzucht und eine christliche Eheführung nach der neuen Lehre wurde Visitationskommissionen und Superintendenten übertragen.[133] Schließlich entstand 1539 in Wittenberg mit dem Konsistorium eine neue Behörde, die fortan für die Rechtsprechung in kirchlichen Sachen, darunter in Ehesachen, zuständig sein sollte. Seine Rechtsprechung hat wesentlich zur Herausbildung neuer eherechtlicher Normen und Auslegungsregeln im Einklang mit der reformatorischen Auffassung von der Ehe beigetragen.[134] Die in ihm tätigen Juristen und Theologen verarbeiteten ihre praktischen Erfahrungen zudem in gelehrten Schriften, welche am Beginn einer evangelischen Eherechtswissenschaft stehen.[135]

Die ersten systematischen Darstellungen des neuen Eherechts[136] brachten die Juristen der zweiten und dritten Generation an der Universität Wittenberg hervor. Dazu gehörten vor allem Melchior Kling, Matthäus Wesenbeck, Johannes Schneidewin, Joachim von Beust, Sebaldus Münsterer, Benedikt Pauli, Laurentius Zoch, Konrad Mauser, Bleikard Sindringer und Ulrich Mordeisen. Unter diesem spezifischen inhaltlichen Gesichtspunkt sollen einige Hauptaussagen und Argumente aus den Werken der oben unter II. vorgestellten Rechtslehrer[137] etwas genauer betrachtet werden:

---

[132] Ebd., S. 506.

[133] Näheres bei SICHELSCHMIDT, Recht (wie Anm. 130), S. 1–10. 156–163.

[134] Grundlegend FRASSEK, Eherecht und Ehegerichtsbarkeit (wie Anm. 17).

[135] Vgl. ebd., S. 256–264 (Exkurs: Juristische Eherechtsliteratur), sowie Elisabeth KOCH, Die Rechtsstellung der Frau in der Wittenberger Jurisprudenz des 16. Jahrhunderts, in: LÜCK/DE WALL, Wittenberg (wie Anm. 18), S. 95–113.

[136] Vgl. dazu auch FRASSEK, Eherecht und Ehegerichtsbarkeit (wie Anm. 17), S. 23–45 (Das evangelische Eherecht im Kontext des frühneuzeitlichen Staates).

[137] Hier mit Ausnahme von Hieronymus Schurff, dessen Konsilien für die Erforschung des evangelischen Eherechts inhaltlich noch nicht voll umfänglich ausgewertet werden konnten. FRASSEK, Eherecht und Ehegerichtsbarkeit (wie Anm. 17), S. 260, stellt wohl nicht unzutreffend fest:

Melchior Kling

Aus Klings Vorlesungen ist das schon erwähnte Lehrbuch *In quatuor Institutionum Iuris civilis Iustiniani libros enarrationes* hervorgegangen.[138] Im Abschnitt *De nuptiis* stellt er ein detailliertes Kompendium des Eherechts zusammen.[139] Als Inhaber der Kirchenrechtsprofessur kam Kling nicht umhin, im Streit um das Schicksal der von Luther verbrannten Bücher des kanonischen Rechts Stellung zu nehmen. Das geschah vor allem im *Tractatus causarum matrimonialium*,[140] einer zuerst 1553 bei Christian Egenolph in Frankfurt am Main erschienenen Abhandlung zum Eherecht. Weitere Auflagen folgten 1559, 1577, 1581, 1592 und 1617.[141] Darin bekannte sich Kling klar zu Luthers Auffassungen von der Ehe, die bislang eine klassische Regelungsmaterie des kanonischen Rechts bildete. Als geschulter Kanonist zweifelte er aber auch nicht an der aktuellen Autorität des alten Kirchenrechts.[142] In Ehesachen wollte er es jedoch nur insoweit zulassen, als dass das Neue Testament zu den streitigen Problemen schwieg.[143] Klings Traktat be-

---

„Der Natur des Werkes entsprechend, lassen sich hier keine konkreten theoretischen Positionen Schürpfs in der Auseinandersetzung mit Fragen des entstehenden evangelischen Eherechts gewinnen."

[138] Vgl. dazu auch Franz WIEACKER, Ratschläge für das Studium der Rechte aus dem Wittenberger Humanistenkreise, in: ders., Gründer (wie Anm. 45), S. 92–104; SÖLLNER, Literatur (wie Anm. 3), S. 526.

[139] Otto MEJER, Zur Geschichte des ältesten protestantischen Eherechts, insbesondere der Ehescheidungsfrage, in: ders., Zum Kirchenrechte des Reformationsjahrhunderts. Drei Abhandlungen, hrsg. von Otto Mejer, Hannover 1891, S. 145–210, hier: S. 155.

[140] Melchior KLING, Matrimonialium causarum tractatus, methodico ordine scriptus, per D. Melchiorem Kling … cum praefatione eiusdem, de origine & auctoritate Juris Canonici, quoad cognitionem & decisionem causarum Matrimonialium …, Frankfurt a. M. 1553.

[141] SÖLLNER, Literatur (wie Anm. 3), S. 588.

[142] Vgl. dazu auch SCHAICH-KLOSE, Schürpf (wie Anm. 48), S. 53–60.

[143] Zu den Auffassungen evangelischer Juristen zur Weitergeltung kanonischer Normen im evangelischen Kirchenrecht vgl. Udo WOLTER, Die Fortgeltung des kanonischen Rechts und die Haltung der protestantischen Juristen zum kanonischen Recht in Deutschland bis in die Mitte des

ginnt mit Erörterungen darüber, wie die aktuellen Eherechtsfälle zu behandeln und zu entscheiden seien. Es folgen Ausführungen zur Verwandtschaftsberechnung, zur Verlobung, zum Ehebegriff, zu den unrechtmäßigen und rechtmäßigen Eheschließungen sowie zur Ehescheidung. Als zulässig anzuwendende Normen nennt er das vormosaische Gewohnheitsrecht, das mosaische Recht, das römische Recht, die Vorschriften des Neuen Testaments und das kanonische Recht. Dabei würde aber das Neue Testament stets vor dem kanonischen Recht anzuwenden sein. Bezogen auf einzelne Fragen äußert sich Kling zum Verhältnis dieser verschiedenen Rechtsmaterien. In Bezug auf die Priesterehe meint er, dass das kanonische Recht hier im offenen Widerspruch zum evangelischen Eherecht stehe. Hinsichtlich der verbotenen Verwandtschaftsgrade ließe sich im Neuen Testament nichts finden. Deshalb gelte hierfür das kanonische Recht uneingeschränkt weiter.

Konrad Mauser

Zu Konrad Mausers Werken gehört eine wichtige Arbeit über die Eheschließung, welche 1569 von Mausers gleichnamigem Sohn in Wittenberg herausgegeben wurde.[144] Die auffällig ausführliche Behandlung des Titels *De nuptiis* begründet er mit dem Hinweis auf die außerordentlich große praktische Bedeutung der Materie. Als typische Gegenstände werden behandelt: Verlöbnis, Ehebegriff, persönliches Eherecht, eheliches Vermögensrecht. Auf die Rechtsquellen geht Mauser im Unterschied zu Kling nicht explizit

18. Jahrhunderts, in: Canon Law in Protestant Lands, hrsg. von Richard H. Helmholz, Berlin 1992, S. 13–47; Anneliese Sprengler-Ruppenthal, Das kanonische Recht in Kirchenordnungen des 16. Jahrhunderts, ebd., S. 49–122; Mathias Schmoeckel, Das Recht der Reformation. Die epistemologische Revolution der Wissenschaft und die Spaltung der Rechtsordnung in der Frühen Neuzeit, Tübingen 2014, S. 67–80.

[144] Konrad Mauser, Explicatio erudita et utilis X. Tituli Instit. de nuptiis, dictata olim publice a clariß. & doctiß. Iurisconsulto L. Cunrado Mausero, Noribergensi Professore LL. in Academia Witebergensis & nunc primum edita, Wittenberg 1569.

ein. Jedoch zweifelt er nicht daran, dass das kaiserliche, das heißt das römische Recht, anwendbar sei, was nur eine direkte Folge der lutherischen Auffassung von der Ehe als ein „weltlich Ding" sein könne. Bei Widersprüchen zwischen römischem und kanonischem Recht würde dem kanonischen Recht der Vorrang gebühren. Heimliche Verlöbnisse seien keineswegs ungültig, soweit sie nur nicht schriftwidrig sind. Ehen, die ohne elterliche Einwilligung geschlossen wurden, seien dagegen sehr wohl unbeständig. Nachträgliche Einwilligung, sogar die stillschweigende, könne den Mangel aber heilen. Für Mauser ist auch die geistliche Verwandtschaft ein Ehehindernis, das auch niemals dispensiert werden könne. Dispense für andere Ehehindernisse seien Sache der Obrigkeit. Er setzt sich auch mit der Frage auseinander, ob ein Irrtum über die Jungfräulichkeit der Braut den Konsens vernichten könne. Er bejaht diese Frage in Anlehnung an die römisch-rechtliche Irrtumslehre beim Kauf und an Deuteronomium 22, wo der täuschenden Braut die Todesstrafe angedroht wird. Die Ehescheidung mit dem Recht der Wiederverheiratung für den unschuldigen Teil, was erstmals 1538 in den Schmalkaldischen Artikeln[145] als bibelkonform artikuliert worden war, bejahte Mauser im Anschluss an Kling selbstverständlich. Am Scheidungsgrund des Ehebruchs[146] hatten Kling und Mauser ganz im Sinne Luthers keinen Zweifel, zumal dieser schon im kanonischen Recht verankert war. Hinzu kam der Scheidungsgrund der böswilligen Verlassung (durch den Mann), der von den Reformationsjuristen aber immer in einem engen Zusammenhang mit dem Ehebruch gesehen worden ist – so auch von Kling und Mauser. Der Mann, der die Gattin böswillig verlassen hatte, sollte durch diese per Dekret zur Rückkehr aufgefordert werden. Unterblieb die Rückkehr, sollte ihr das Recht der Wiederverheiratung zukommen. Einem durch Strafurteil des Landes verwiesenen Ehemann musste die Gattin nicht folgen. Obwohl das

---

[145] Vgl. dazu Klaus Breuer, Schmalkaldische Artikel, in: Leppin/Schneider-Ludorff, Luther-Lexikon (wie Anm. 16), S. 620 f.

[146] Vgl. auch Andreas Roth, Ehebruch, in: ²HRG 1 (2008), Sp. 1213–1215.

gelegentlich vorgekommen sein muss, handele es sich dabei um eine individuelle Gewohnheit, nicht aber um eine Rechtspflicht. Als weitere Scheidungsgründe wurden von der sächsischen Praxis Impotenz vor der Eheschließung und Unglauben anerkannt.

Johannes Schneidewin

Johannes Schneidewins Hauptwerk, ein Kommentar zu den Institutionen (*Commentarius in Institutiones*, Wittenberg 1579), ist schon genannt worden.

1585 folgte eine Separatausgabe des eherechtlichen Teils unter dem Titel *Joannis Schneidewin Institutionum Imperialium titulorum […] de nuptiis […] commentarii […]*. Darin ordnet der Verfasser die eherechtlichen Materien nach dem Vorbild Klings: 1. Von den Verlöbnissen, 2. Von den erlaubten Eheversprechen, 3. Von den nicht erlaubten Eheversprechen, 4. Von der Ehescheidung, 5. Von der Wiederverheiratung. Er spricht sich für die Fortgeltung des kanonischen Rechts hinsichtlich der Verwandtschaftsgrade aus. Nur die geistige Verwandtschaft hindere eine Ehe nicht. Er verweist auf die entsprechende Spruchpraxis der Konsistorien Wittenberg, Leipzig und Meißen.

Matthäus Wesenbeck

In seinen *Paratitla* präsentiert Wesenbeck die einzelnen Rechtsinstitutionen in zusammenhängender Form, gestützt auf den glossierten und kommentierten Digestentext, in einer übersichtlichen Systematik. Einbezogen ist auch eine Darstellung des evangelischen Eherechts, gegliedert in die Titel: Von den Verlöbnissen, Vom Ritus der Eheschließung und Von Ehescheidungen und Verstoßung. Das Verlöbnis interpretiert er als formalen Vertrag. Für die Eheschließung fordert er den elterlichen Konsens. Die geistliche Verwandtschaft ist für ihn kein Ehehindernis. Anderenfalls könnten Christen – so Wesenbeck – überhaupt nicht untereinander heiraten, da sie doch alle irgendwie geistlich miteinander verbunden seien. Das Recht der Wiederverheiratung nach der Ehescheidung will er auch dem schuldig geschiedenen Ehegatten zusprechen. Ferner differenziert er stärker als seine Vorgänger Ehescheidung und Annullierung.

Joachim von Beust

Als einer der Väter des sächsischen evangelischen Eherechts gilt Joachim von Beust. Grundlage dafür bildet sein 1586 in Wittenberg erschienener *Tractatus de sponsalibus et matrimoniis ad praxin forensem accomodatus.*[147] Darin verarbeitet er nahezu die gesamte bis dahin erschienene Literatur, vor allem auch die theologische, zum evangelischen Eherecht. Da das Werk zeitlich nach der großen kursächsischen Kirchenordnung von 1580[148] entstand und diese gebührend berücksichtigt, kann es als ein gewisser Abschluss der Etablierung evangelischen Eherechts in Rechtslehre und Rechtspraxis angesehen werden. Auch von Beust spricht sich nachdrücklich für die Fortgeltung des kanonischen Rechts aus, das im Konkurrenzfall das römische Recht verdrängte. Der Priesterehe wird kaum noch gedacht, da sie offenbar als Rechtsproblem in den 1580er-Jahren keine Rolle mehr spielte. Der Fortschritt der Entwicklung wird unter anderem dadurch sichtbar, dass sich die Anschauungen der evangelischen Juristen und Theologen sowie der landesherrlichen Gesetzgebung nahezu einig darüber sind, wie mit dem anzuwendenden Recht, mit der Priesterehe und mit der Eheschließung mit elterlichem Konsens umzugehen sei. Heftig wird dagegen noch die Ehescheidung diskutiert. Da war zunächst die Frage, ob Lebensnachstellungen und Misshandlungen unter

---

[147] Zur Literaturgattung des Eherechtstraktats und zur Bedeutung des genannten Werkes von Beusts vgl. SÖLLNER, Literatur (wie Anm. 3), S. 574.

[148] Zu dieser wichtigen Rechtsgrundlage der sächsischen Kirchen-, Universitäts- und Schulverfassung vgl. Helmar JUNGHANS, Die kursächsische Kirchen- und Schulordnung von 1580: Instrument der „lutherischen“ Konfessionalisierung?, in: Die sächsischen Kurfürsten (wie Anm. 7), hrsg. von dems., S. 209–238.

Eheleuten eine Scheidung dem Bande nach rechtfertigten. Der Frau billigt von Beust zu, ihren Mann in solchen Fällen zu verlassen. Sie könne dann von diesem Alimente verlangen. Wolle er die Frau zurück, könne er eine Kaution leisten, die ihn zum normalen Umgang mit seiner Frau animieren soll. Funktioniere das nicht, so solle die Ehe getrennt werden. Von Beust appelliert jedoch an die landesherrliche Gesetzgebung, hierfür ausdrückliche Regelungen zu schaffen.

Ferner beschäftigt sich von Beust mit der Frage, was geschehen soll, wenn ein Ehegatte wegen geistiger oder körperlicher Gebrechen, die nach der Eheschließung auftreten, das geschlechtliche Zusammenleben nicht gewährleisten könne, der andere aber gerade dieses nicht entbehren wolle. Von Beust verweist hier auf die streitige Meinungslage bei den Juristen und Theologen. Er fordert auch zu diesem Problem eine Klarstellung durch landesherrliche Gesetzgebung. Das Vorhandensein der Gebrechen vor Eheschließung würde nach seiner Ansicht die Annullierung der Ehe ermöglichen. Ausführlich nimmt von Beust zur Frage der Wiederverheiratung Stellung. Er konstatiert den inzwischen erreichten Stand der Diskussion, wonach die kanonische Lehre überwunden ist. Die Wiederverheiratung sei für den unschuldig Geschiedenen immer möglich, für den schuldig Geschiedenen nur unter gewissen Bedingungen. Des Weiteren bespricht von Beust die Frage der böswilligen Verlassung. Seine Lösung ist einfach: Verlässt der Mann böswillig die Frau, habe diese ein Recht darauf, vom Bande geschieden zu werden. Schließlich hält er die Annullierung der Eheschließung wegen Irrtums in Bezug auf die Jungfräulichkeit der Braut für rechtens.

IV. Schluss

Als Fazit könnte man Folgendes festhalten:

Der Beitrag der Wittenberger Juristen zur Rechtsentwicklung setzt sich aus dem Wirken lehrender, theoretisierender und praktizierender Vertreter dieses Berufsstandes zusammen. Außer den Rechtslehrern an der Wittenberger Juristenfakultät haben die ebenfalls in Wittenberg tätigen Kanzler, Räte und Bürgermeister mit juristischen Abschlüssen auf die Rechtsentwicklung während und nach der Reformation eingewirkt. Die Wittenberger Rechtsprofessoren waren auf den für den *usus modernus pandectarum* üblichen Feldern akademischen und praktischen Tuns aktiv: Lehre, Forschung, Richter-, Spruch- und Beratertätigkeit. Sie nahmen an der Ausformung des Rechts auf europäischer Ebene teil – strukturiert nach den üblichen Rechtsquellengattungen (Kirchenrecht beziehungsweise Dekretalen, Digesten, Codex, Institutionen, Lehnrecht). Zwei durch die Reformation direkt geprägte Segmente ihrer Beiträge zur Rechts- und Rechtswissenschaftsentwicklung bestehen vordergründig in der Grundlegung eines evangelischen Kirchenrechts und eines damit korrelierenden evangelischen Eherechts. Hierbei hat die Institutionalisierung der darauf bezogenen Rechtsprechung in Gestalt des Wittenberger Konsistoriums seit 1539 eine intensive und modellhafte Rolle gespielt. Materiell-rechtlich dürfte die juristische Untermauerung der von den Reformatoren vertretenen Ehescheidung dem Bande nach mit dem Recht der Wiederheirat bei den Verdiensten der Wittenberger „Reformationsjuristen" an erster Stelle stehen. Hierbei handelt es sich um nichts Geringeres als um ein noch heute geltendes Rechtsprinzip, das mit entsprechenden Normen in den großen privatrechtlichen Kodifikationen der Gegenwart ausdifferenziert ist.

Zu den Juristen, welche maßgeblich das evangelische Eherecht zum Gegenstand ihrer weit ausstrahlenden wissenschaftlichen Werke machten, gehörten Melchior Kling, Konrad Mauser, Johannes Schneidewin, Matthäus Wesenbeck und Joachim von Beust. Deren Bücher legen nicht nur von der theoretischen Diskussion, sondern auch von der Wittenberger Praxis ein eindrucksvolles Zeugnis ab. Allerdings bleiben für die moderne Forschung noch zahlreiche, in Zukunft zu bestellende Untersuchungsfelder, etwa die systematische Erhebung und Auswertung von tausenden

Spruchkonzepten der Wittenberger Juristenfakultät. Das hier in den Vordergrund gerückte Eherecht bedeutet natürlich nicht, dass die Wittenberger Juristen nicht auch die anderen Rechtsgebiete, etwa das Strafrecht[149] und das Öffentliche Recht,[150] bereichert hätten.[151] Doch ist bislang eine Verifizierung des reformatorischen Einflusses von Wittenberg aus auf die anderen Gebiete des Rechts nicht vorgenommen worden. Analoges gilt für eine moderne Edition und Auswertung der Wittenberger Universitätsmatrikel, um den Multiplikatoren reformatorischen Gedankenguts aus Wittenberg, das heißt den Absolventen der Leucorea, darunter eben auch den Juristen, auf die Spur zu kommen. Es bleibt zu wünschen, dass eines Tages eine ähnliche Monographie über Juristen lutherisch-wittenbergischer Prägung entstehen möge, wie sie Christoph Strohm für die reformierten Juristen als mustergültiges Vorbild 2008 vorgelegt hat.[152]

---

[149] Ansätze bei Michael ROCKMANN, Zur inhaltlichen Ausstrahlung der Wittenberger Rechtspraxis im 16. Jahrhundert, in: ASCHE/LÜCK/RUDERSDORF/WRIEDT, Leucorea (wie Anm. 118), S. 379–395. Vgl. auch Günter JEROUSCHEK, Luthers Hexenglaube und die Hexenverfolgung, in: LÜCK/DE WALL, Wittenberg (wie Anm. 18), S. 137–149; Manfred WILDE, Die Zauberei- und Hexenprozesse in Kursachsen, Köln/Weimar/Wien 2003, passim; SCHMOECKEL, Recht (wie Anm. 143), S. 207–246.

[150] Vgl. dazu die gehaltvolle Studie von Dieter WYDUCKEL, Wittenberger Vertreter des ius publicum, in: LÜCK/DE WALL, Wittenberg (wie Anm. 18), S. 291–359.

[151] Vgl. die auf das (gesamte?) „Recht der Reformation" bezogene Monographie von SCHMOECKEL, Recht (wie Anm. 143).

[152] Christoph STROHM, Calvinismus und Recht. Weltanschaulich-konfessionelle Aspekte im Werk reformierter Juristen in der Frühen Neuzeit (Spätmittelalter, Humanismus, Reformation 42), Tübingen 2008.

Einblicke in den katholischen Beitrag zur Rechtsentwicklung in der Frühen Neuzeit

WIM DECOCK*

1. Einführende Bemerkungen

Dieser Aufsatz will dazu beitragen, in der Diskussion über die kulturelle Wirkung der Reformation einen differenzierten Ansatz zu bieten, indem der Blick auf jene andere Reformation gelenkt wird, die in der Frühen Neuzeit stattgefunden hat. Diese oft lediglich mit der „Schule von Salamanca" in Verbindung gebrachte, im deutschsprachigen Raum jedoch genauso tiefgreifende Reformation oder „Erneuerung"[1] der katholischen Theologie hat ebenso eine erhebliche Auswirkung auf die Rechtsentwicklung in der Frühen Neuzeit gehabt. Dabei kann es in diesem Beitrag jedoch nur darum gehen, exemplarisch einige Eindrücke hinsichtlich der Verflechtung von Recht und katholischer Moraltheologie im 16. und 17. Jahrhundert zu vermitteln. Für tiefgreifendere Analysen wird auf die in den Fußnoten erwähnten Einzelstudien, die dieser allgemeinen

---

* Forschungsprofessur für Rechtsgeschichte, Fakultät für Rechtswissenschaften, KU Leuven (University of Leuven), Belgien.

[1] Juan BELDA PLANS, La escuela de Salamanca y la renovación de la teología en el siglo XVI., Madrid 2000. Für die Erneuerung im deutschen Sprachgebiet siehe etwa die außerordentlichen Leistungen von Conrad Summenhart auf dem Gebiet der Moraltheologie und des Rechts an der Universität Tübingen: Knut Wolfgang NÖRR, „Ein Muster damaliger Gelehrsamkeit". Kanonistische Bemerkungen zu zwei Abhandlungen Konrad Summenharts zum Thema der Simonie, in: Tübingen in Lehre und Forschung um 1500. Zur Geschichte der Eberhard Karls Universität Tübingen, Ostfildern 2008, S. 207–221.

Darstellung zugrunde liegen, verwiesen.[2] Zunächst werden einige allgemeine Merkmale der engen Verknüpfung von Rechtswissenschaft und Moraltheologie auf katholischer Seite erläutert. Sodann möchte dieser Artikel die Lebensnähe und das Reflexionspotential der katholischen Rechtswissenschaft der Frühen Neuzeit anhand von zwei Beispielen, die die Stellungnahme katholischer Theologen zur Migrations- und Schuldenkrise im Spanien des 16. und frühen 17. Jahrhunderts betreffen, demonstrieren.

2. Die Verflechtung von Recht und Moral in der katholischen Theologie der Frühen Neuzeit[3]

Recht und Gerechtigkeit juristisch-theologisch behandelt (*Jus et justitia juridico-theologice tractata*) lautet der Titel eines 1697 vom deutschen Augustinerchorherrn und Rechtsgelehrten Augustinus Michel (1661 bis 1751) verfassten Bandes. Auf 750 Seiten will dieses Traktat in die Grundlagen des Rechts einführen, und zwar zur Erläuterung sowohl praktischer Rechtsstreitigkeiten als auch der römisch-rechtlichen Fundamente des kanonischen Rechts. Es gibt in der Frühen Neuzeit unzählige Werke wie jenes von Michel, welcher Professor am oberbayerischen Stift Ünderstorff war. Sie tragen Titel wie *Kontroverse über Gerechtigkeit und Recht, Verträge und Handel, Disputationen über Gesetze, Sünde und die Vorschriften des Dekalogs* oder *Goldene Lösungen von Gewissens-*

[2] Dieser Beitrag entspricht einer nur an wenigen Stellen geänderten, schriftlichen Version des Referats, das anlässlich der feierlichen Veranstaltung zum Thema „Reformation und Recht. Zur Kontroverse um die Kulturwirkungen der Reformation" am 26. Februar 2016 an der Theologischen Fakultät der Humboldt-Universität in Berlin gehalten wurde. Für die sprachliche Durchsicht des Textes bedankt sich der Autor bei Drs. Sebastian Krafzik.

[3] Dieser Abschnitt übernimmt Passagen aus dem Vorwort (S. vii–viii) und dem 1. Teil (S. 3–32) von Wim Decock/Christiane Birr, Recht und Moral in der Scholastik der Frühen Neuzeit 1500–1750, Berlin/Boston 2016.

fällen. Manchmal bleiben ihre juristischen Inhalte aber auch hinter allgemeinen Titeln wie *Universelle Moraltheologie*, *Kommentar zur Secunda Secundae des Thomas Aquinas* oder *Traktat über die menschlichen Handlungen nach Duns Scotus* versteckt. Diese Abhandlungen wenden sich mehr oder weniger explizit an Anwälte, Fürsten, Geschäftsleute, Kirchenmänner, Rechtsgelehrte, Richter, Seelsorger, Theologen und andere Eliten, die sich aufgrund ihres christlich-katholischen Glaubens mit der Versöhnung von weltlichem mit göttlichem Recht sowie Naturrecht in Theorie und Praxis beschäftigt haben. Sie bieten einen einzigartigen Einblick in die enge Verknüpfung von Recht und Moral in der katholischen, scholastischen Wissenschaftskultur, die in der Normativitätsforschung der letzten Jahrzehnte zunehmend auf großes Interesse stößt; nicht nur bei Juristen, insbesondere den Rechtshistorikern, sondern auch bei Philosophen, Theologen und Wirtschaftswissenschaftlern.

Doch wer sich in diese Literatur an der Schnittstelle von Recht, Theologie und Moral einlesen möchte, verzweifelt oft schon an der reinen Fülle des Quellenmaterials, wie bereits vor zwei Jahrhunderten der evangelisch-lutherische Theologe Karl Friedrich Stäudlin (1761 bis 1826) in seiner *Geschichte der christlichen Moral* zu Recht bemerkte.[4] Hinzu kommt, dass diese Literatur als „scholastisch“ bezeichnet wird, was schnell zu negativen Assoziationen, mit denen dieser Begriff in der Vergangenheit oft beladen wurde, führt. Gewiss hat dabei eine interne Schwäche des Faches, die vor allem in den Epochen nach den Blütezeiten des 13. bzw. des 16. Jahrhunderts bisweilen zu konstatieren ist, eine Rolle gespielt. Folgenreicher allerdings sind die Angriffe von Seiten der Humanisten, Reformatoren und Aufklärer gewesen.[5] Im Jahr 1517 veröffentlichte Martin Luther (1483 bis 1546) eine Streitschrift gegen die scholastische Theologie, personifiziert durch den

---

[4] Karl Friedrich STÄUDLIN, Geschichte der christlichen Moral seit dem Wiederaufleben der Wissenschaften, Göttingen 1808, S. 441.

[5] Ulrich G. LEINSLE, Einführung in die scholastische Theologie, Paderborn 1995.

Tübinger Theologen Gabriel Biel (ca. 1420 bis 1495). In dieser Streitschrift lehnte Martin Luther den Aristotelesfetischismus der Scholastiker zugunsten einer Rückkehr zu den biblischen Quellen der christlichen Ethik ab. Außerdem fielen der von Philipp Melanchthon (1497 bis 1560) organisierten Bücherverbrennung am 10. Dezember 1520 nicht nur die Bücher des kanonischen Rechts, sondern auch die weit verbreitete *Summa de casibus conscientiae* vom Franziskanertheologen Angelo Carletti de Chivasso (ca. 1414 bis 1495) zum Opfer. Diese Beichtsumme, die zu zwei Dritteln aus Allegationen des römischen und kanonischen Rechts bestand, war für die Reformatoren das Symbol der Verrechtlichung der christlichen Moral in der römisch-katholischen Tradition.

Wie so oft in der Geschichte war gerade dieser Angriff von Seiten der Reformatoren Anlass und Anreiz für die Katholiken, die Verflechtung von Recht und Moral zu verstärken. Während Luther versuchte, die christliche Ethik von scholastischer und juristischer Terminologie zu befreien, reagierte die römisch-katholische Kirche auf diese Kritik, indem sie die Moral noch stärker in die Richtung einer „Beichtstuhljurisprudenz" entwickelte.[6] Es ist kein Zufall, dass die ersten großen Vertreter der sogenannten „Spanischen Spätscholastik" aktiv an der Bekämpfung Luthers beteiligt waren. Domingo de Soto (1495 bis 1560), der 1553 das erste Traktat *Über Gerechtigkeit und Recht* (*De iustitia et iure*) veröffentlichte,[7] hatte in seinem Kommentar zum Römerbrief die Luthersche Rechtfertigungslehre abgelehnt. Nicht nur das Evangelium und der Glaube seien unerlässlich für das Seelenheil, sondern auch die Beachtung

[6] Mathias Schmoeckel, Art. Beichtstuhljurisprudenz, in: Handwörterbuch zur deutschen Rechtsgeschichte, 2. Aufl. (im Folgenden ^{2}HRG), Bd. 1, Berlin 2005, S. 505–508.

[7] Wim Decock, Domingo de Soto: De iustitia et iure (1553–1554), in: The Formation and Transmission of Western Legal Culture. 150 Books that Made the Law in the Age of Printing, hrsg. von Serge Dauchy, Georges Martyn, Anthony Musson, Heikki Pihlajamäki, Alain Wijffels, Heidelberg/New York 2016, S. 84–86.

der Tradition und der gerechten Gesetze.[8] Aber man muss nicht erst nach Spanien schauen, um die verstärkte Verrechtlichung der christlichen Moral wahrzunehmen. Einer der härtesten Bekämpfer Luthers in Deutschland war der Dominikanermönch Johann Eck (1486 bis 1543), der aufgrund seiner juristischen Auseinandersetzungen mit dem Investitions- und Gesellschaftsrecht berühmt geworden ist.[9] Erst im Verlauf des 20. Jahrhunderts hat sich dann die römisch-katholische Kirche allmählich von diesem herkömmlichen Modell der Verbindung von scholastischem Wissen, juristischer Begrifflichkeit und evangelischer Weisheit verabschiedet. Endgültig setzte sich die antischolastische, antikasuistische und antijuristische Auffassung der Moraltheologie in der katholischen Kirche nach dem Zweiten Vatikanischen Konzil (1962 bis 1965) durch.[10] Das lässt sich etwa an der Kritik des Jesuiten Henri de Lubac (1896 bis 1991), einer der wichtigsten katholischen Theologen des 20. Jahrhunderts, gegenüber der herkömmlichen katholischen Theologie beobachten.[11] Auch wenn er später die nachkonziliarische Traditionsvergessenheit bedauert hat, meinte Lubac ausdrücklich, die katholische Theologie sei zu sehr der aristotelischen Philosophie und dem römischen Recht verhaftet gewesen.

Da wird die Verbindungslinie zwischen de Lubac und seinen Ordensgenossen aus dem 16. und 17. Jahrhundert, Jesuitentheologen wie Luis de Molina, Francisco Suárez, Paul Laymann, Juan de Lugo und Joseph Gibalin, geradezu unerkennbar. In der Frühen Neuzeit war die Verknüpfung von Recht und Moral in den Schriften der Jesuiten noch dermaßen ausgeprägt gewesen,

---

[8] Wim Decock, Law and the Bible in Spanish Neo-Scholasticism, in: The Oxford Encyclopedia of the Bible and Law, Bd. 2, hrsg. von Brent Strawn, Oxford/New York 2015, S. 325–331.

[9] Italo Birocchi, Tra elaborazioni nuove e dottrine tradizionali. Il contratto trino e la natura contractus, in: Quaderni fiorentini per la storia del pensiero giuridico moderno 19 (1990), S. 243–322.

[10] Charles Donahue Jr., A Crisis of Law? Reflections on the Church and the Law over the Centuries, in: The Jurist 65 (2005), S. 22–23.

[11] Wim Decock, From Law to Paradise. Confessional Catholicism and Legal Scholarship, in: Rechtsgeschichte – Legal History 18 (2011), S. 33.

dass der Begriff „Jesuitenscholastik“ manchmal pars pro toto für die gesamte katholische Scholastik der Frühen Neuzeit verwendet wurde, was aufgrund der hegemonialen Stellung der Jesuiten im globalen Wissenschafts- und Bildungswesen vor allem seit Beginn des 17. Jahrhunderts nicht völlig unberechtigt ist.[12] Bereits Johann Franz Buddeus (1667 bis 1729), ein evangelisch-lutherischer Theologe, erkannte in seiner grundlegenden historischen Einführung in die Theologie (*Isagoge historico-theologica ad theologiam universam*, 1727) den außerordentlichen Stellenwert der Jesuitenscholastiker an.[13] Buddeus benutzte nicht nur den Terminus „Loyoliten“ (*loiolitae*), sondern auch „Neuscholastiker“ (*neo-scholastici*) zur Benennung der Jesuitentheologen.[14]

Auf diese Weise kommen wir zur schwierigen Frage nach der richtigen Bezeichnung dieser Fülle an Literatur an der Schnittstelle von Recht und Moral in der katholischen Tradition der Frühen Neuzeit. In der deutschsprachigen Literatur sind die Wendungen „spanische Spätscholastiker“ und „Schule von Salamanca“ geläufig.[15] Allerdings sind diese Formulierungen nicht ungefährlich, da sie schnell zu dem Fehlschluss führen können, dass die Scholastik der Frühen Neuzeit ein rein spanisches Phänomen gewesen sei. Der Begriff „Spätscholastik“ mag darüber hinaus auch deshalb unglücklich wirken, weil er die Vermutung nahelegt, die Scholastiker der Frühen Neuzeit kämen nach der Blütezeit des 13. Jahrhunderts

[12] Sven K. Knebel, Suarezismus. Erkenntnistheoretisches aus dem Nachlass des Jesuitengenerals Tirso González de Santalla (1624–1705), Amsterdam/Philadelphia 2001, S. 230–231.

[13] Johann Franz Buddeus, Isagoge historico-theologica ad theologiam universam, Leipzig 1727, lib. 2, cap. 4, S. 634–635.

[14] Riccardo Quinto, Scholastica. Storia di un concetto, Padua 2001, S. 237.

[15] Einflussreiche Werke, die diese Begriffe verwenden, sind: Ernst Reibstein, Johannes Althusius als Fortsetzer der Schule von Salamanca. Untersuchungen zur Ideengeschichte des Rechtsstaates und zur altprotestantischen Naturrechtslehre, Karlsruhe 1955, und Frank Grunert/Kurt Seelmann (Hrsg.), Die Ordnung der Praxis. Neue Studien zur Spanischen Spätscholastik, Tübingen 2001.

irgendwie zu spät. Von manchem Mediävisten wird „Spätscholastik“ außerdem als ein Verweis auf die Scholastik des 14. und 15. Jahrhunderts ausgelegt. Genau derselben Verwirrung unterliegt der aus dem Italienischen stammende Begriff „zweite Scholastik“ (*seconda scolastica*).[16] Da das Naturrecht den normativen Horizont der scholastischen Disputationen bildete, erscheint der Begriff „frühneuzeitliches (katholisches) Naturrecht“ treffender.[17] Zugleich darf damit gerechnet werden, dass die frühneuzeitliche Anwendung des Naturrechts praktischer und flexibler war, als es die eher spekulativen Naturrechtsdebatten aus den zwei Jahrhunderten zuvor nahelegen.[18]

Berücksichtigt man die Selbstbeschreibungen der frühneuzeitlichen Theologen, so fällt auf, dass sie in den Vorworten ihrer juristisch-theologischen Traktate ihre Vorgehensweise höchstens als „nach scholastischem Stil“ (*stylo scholastico*) oder „nach scholastischer Methode“ (*more scholastico/methodo scholastica*) bezeichnen. Indem sie sich explizit als „scholastisch“ ausgaben, mögen die frühneuzeitlichen Scholastiker die Kontinuität ihrer Vorgehensweise mit der aus den spätmittelalterlichen Universitäten stammenden Wissenschaftskultur bewusst hervorgehoben haben (den Einwänden der Humanisten und Reformatoren zum

---

[16] Nach Carlo Giacon, La Seconda Scolastica, Mailand 1944–1947, 2 Bde. und Paolo Grossi (Hrsg.), La Seconda Scolastica nella formazione del diritto privato moderno, Mailand 1973. Der Begriff bleibt in der italienisch geprägten Forschungsliteratur beliebt, vgl. z.B. Luisa Brunori, Societas quid sit. La société commerciale dans l'élaboration de la seconde scolastique, Paris 2015.

[17] Annabel S. Brett, Changes of State. Nature and the Limits of the City in Early Modern Natural Law, Princeton 2011; Nils Jansen, Verwicklungen und Entflechtungen. Zur Verbindung und Differenzierung von Recht und Religion, Gesetz und rechtlicher Vernunft im frühneuzeitlichen Naturrechtsdiskurs, in: Zeitschrift der Savigny-Stiftung für Rechtsgeschichte, Germanistische Abteilung 132 (2015), S. 29–81.

[18] Vgl. Richard H. Helmholz, Natural Law in Court. A History of Legal Theory in Practice, Cambridge Mass. 2015; Sören Koch, Holbergs naturrett sett fra et funskjonelt perspektiv, in: Ludvig Holbergs naturrett, hrsg. von Jörgen Magnus Sejerstad und Eiliv Vinje, Oslo 2012, S. 78–95.

Trotz). Conrad Summenhart (ca. 1455 bis 1502) etwa empfiehlt seinen Lesern im Vorwort seines um 1500 in Tübingen erschienenen, wirkungsmächtigen Traktats über die Verträge (*Opus de contractibus septipertitum*), sich nicht darüber zu ärgern, dass die Behandlung des Vertragsrechts nach scholastischem Stil erfolge. Es sei ihm angesichts der Bedeutung der Materie viel wichtiger gewesen, die Thesen, Schlussfolgerungen und Beweisführungen solide und präzise aufzustellen, als eine wohlklingend-elegante Sprache zu verwenden. Seine Absicht sei es nicht, so Summenhart, durch schöne Rhetorik dem Publikum zu gefallen, sondern ihm durch glasklare Sprache den Verstand zu erhellen. Der bayerische Theologe und Kanonist Eusebius Amort (1692 bis 1775) wurde in der Einführung zum ersten Band seiner 1752 veröffentlichten *Theologia eclectica moralis et scholastica* ein wenig deutlicher, indem er erklärte, die von ihm verwendete scholastische Methode beinhalte den Gebrauch technischer Begriffe (*termini technici*) sowie einen ordentlichen Denkvorgang mit Definitionen, Unterscheidungen, Hypothesen, Beweisführungen, Schlussfolgerungen, Einwänden und Antworten.

Der polemische Ton Luthers den „Scholastikern" gegenüber darf nicht darüber hinwegtäuschen, dass durchaus Verbindungslinien zwischen der spätmittelalterlichen scholastischen Wissenschaftskultur und dem Lehr- und Forschungsbetrieb frühneuzeitlicher Theologen protestantischer Signatur bestanden, insbesondere an holländischen und deutschen Universitäten.[19] In Bezug auf den Wittenberger Theologen Abraham Calov (1612 bis 1686), den so-

---

[19] Karl ESCHWEILER, Die Philosophie der spanischen Spätscholastik auf den deutschen Universitäten des 17. Jahrhunderts, in: Spanische Forschungen der Görresgesellschaft 1 (1928), S. 251–325; Wilhelm SCHMIDT-BIGGEMANN, Die Schulphilosophie in den reformierten Territorien, in: Grundriss der Geschichte der Philosophie. Begründet von Friedrich Ueberweg. Völlig neu bearbeitete Ausgabe, Die Philosophie des 17. Jahrhunderts, hrsg. von Helmut Holzhey, Bd. 4.1, Basel 2001, S. 392–474; Walter SPARN, Die Schulphilosophie in den lutherischen Territorien, in: Grundriss (wie Anm. 19), S. 475–588.

genannten „lutherischen Papst“, wurde von einer „Rescholastisierung lutherischer Theologie“ gesprochen.[20] Dieses Phänomen einer „protestantischen Scholastik“ findet in der Sekundärliteratur zunehmend Beachtung.[21] In den letzten zwanzig Jahren hat sich vor allem in der reformiert-historisch-theologischen Forschung die Tendenz durchgesetzt, die Erscheinungsform protestantischer Scholastik in der Frühen Neuzeit ernst zu nehmen.[22] Durch Überwindung negativer Vorurteile und die Konzentration auf die methodischen Gemeinsamkeiten scholastischer Denkformen wurden über die konfessionellen Grenzen hinweg neue Wege der Forschung geöffnet.

Paradebeispiele reformierter Scholastik bieten die *Theologia scholastica* von Johann Heinrich Alsted (1588 bis 1638), die *Selectae disputationes* des Gisbert Voetius (1589 bis 1676) oder der *Tractatus theologico-juridicus* von Johannes Andreas Van der Meulen (1635 bis 1702).[23] Die vielfältige Bezugnahme reformierter Scholastiker auf katholische Theologen und Kanonisten des 16. und 17. Jahrhunderts ist offenkundig, bedarf aber der weiteren Erforschung. Dabei müssten sowohl Kontinuitäten als auch Diskontinuitäten zwischen herkömmlicher und protestantischer Scholastik näher untersucht werden, etwa bezüglich des Verhält-

---

[20] LEINSLE, Einführung (wie Anm. 5), S. 293.

[21] Carl R. TRUEMAN/Robert SCOTT CLARK (Hrsg.), Protestant Scholasticism. Essays in Reassessment, Carlisle 1999.

[22] Willem J. VAN ASSELT/Eef DEKKER (Hrsg.), Reformation and Scholasticism. An Ecumenical Enterprise, Grand Rapids 2001; Richard A. MULLER, Post-Reformation Reformed Dogmatics. The Rise and Development of Reformed Orthodoxy, ca. 1520–1725, Bd. 1: Prolegomena to Theology, Grand Rapids 2003; Willem J. VAN ASSELT/Theo J. PLEIZIER/Pieter L. ROUWENDAL/Maarten WISSE (Hrsg.), Introduction to Reformed Scholasticism, Grand Rapids 2011.

[23] Wim DECOCK, Das Gewissensrecht in der reformierten Tradition: Johannes A. Van der Meulen (1635–1702) und sein Tractatus theologico-juridicus, in: Recht, Konfession und Verfassung im 17. Jahrhundert, hrsg. von Robert von Friedeburg und Mathias Schmoeckel, Berlin 2015, S. 29–52.

nisses protestantischer Scholastiker zum frühneuzeitlichen Aristotelismus.[24] Darüber hinaus soll nicht aus den Augen verloren werden, dass die feindlichen Auseinandersetzungen zwischen den Protestanten und den nunmehr von ihnen auch als „Papistae" oder „Loiolitae" (nach Ignatius von Loyola, dem Gründer des Jesuitenordens) bezeichneten katholischen Scholastikern ungestört weitergingen. Auch innerprotestantisch gab es nicht nur Befürworter, sondern ebenso Feinde der Wiederbenutzung der scholastischen Methode. Ein Symptom dieses Streits ist die wohlfeile Kritik sowohl an der katholischen als auch an der protestantischen Scholastik im Buch über die scholastischen Hochschullehrer und ihre korrupte Wissenschaft des evangelischen Theologen Adam Tribbechow (1641 bis 1687). In Anlehnung an einen Topos aus einem Brief von Desiderius Erasmus (1469 bis 1536) an den Löwener Theologen Martin Dorpius (1485 bis 1525) meinte Tribbechow, dass bestimmte Theologen mit achtzig Jahren zwar eindrucksvolle Kenntnisse über von Menschen erlassene Gesetze und scholastische Philosophie vorweisen konnten, die Bibel aber immer noch nicht richtig studiert hätten.[25]

Die Begegnung mit den Quellen frühneuzeitlicher Literatur über Recht und Moral ist eine Begegnung nicht nur mit zahllosen, niemals in moderne Sprachen übersetzten Texten, sondern auch mit einer ideologisch fremden Welt, die sich nicht leicht in unsere Vorstellungen von Recht, Religion, Staat oder Gewissen übersetzen lässt. Eine positivistische Auffassung des Rechts, die juridische Normen auf staatlich erzeugte bzw. erzwungene Normen eingrenzt, kommt mit der Verbindung juristisch-theologischer Normativität, jedenfalls in den katholischen Quellen, nicht zurecht. Genauso

---

[24] Vgl. Christoph Strohm, Ethik im frühen Calvinismus, Berlin/New York 1996, S. 91–159; Aza Goudriaan, Theology and Philosophy, in: A Companion to Reformed Orthodoxy, hrsg. von Herman J. Selderhuis, Boston/Leiden 2013, S. 27–63.

[25] Adam Tribbechow, De doctoribus scholasticis et corrupta per eos divinarum humanarumque rerum scientia liber singularis, Jena 1719, cap. 4, S. 176.

wenig hilft die Vorstellung, die Moral sei ein von legalistischen Zwängen befreites, individuelles Streben nach den höchsten sittlichen Idealen. In dem katholischen Universum der Frühen Neuzeit behauptet der Theologe, seine Kompetenz reiche so weit, dass „kein Stoff, keine Erörterung, kein Gebiet seinem Fach und seiner Absicht fremd sei"[26]. Evangelium und Recht werden nicht als Gegenpole betrachtet, sondern vielmehr als besondere Entfaltungen einer in ihrer Gesamtheit von Gott geschaffenen Gesetzeswelt. Die katholischen Theologen beanspruchten eine regulatorische Rolle, die ihnen allmählich vom Staat und dessen professionellen Dienern, den Juristen, aberkannt wurde.[27] Tatsächlich ist die explosionsartige Entfaltung religiös geprägter Normativität in der Frühen Neuzeit im Nachhinein wie eine Art Schwanengesang zu betrachten. Die Forderung von Alberico Gentili (1552–1608), die Theologen sollten wie Schuster bei ihren Leisten bleiben und auf dem Gebiet des Rechts, das exklusiv zum Kompetenzbereich der Juristen gehöre, schweigen (*silete theologi in munere alieno*), wurde immer lauter, aber in katholischen Ländern setzte sich diese Auffassung später als in protestantischen Gebieten durch.[28]

Ein Exponent dieser gewaltigen Regulierungsaufgabe, die die katholischen Theologen für sich beanspruchten, ist Francisco Suárez' berühmtes Werk von 1612 über die Gesetze und Gott als Gesetzgeber (*De legibus ac Deo legislatore*). Der Grund, weshalb Theologen nicht nur die Naturgesetze, sondern auch die von Gott sowie die von weltlichen und geistlichen Obrigkeiten erlassenen Gesetze, also das gesetzte Recht (*ius positivum*), überblicken müssten, hängt nach Suárez damit zusammen, dass das gerechte positive Recht Gott als erster Ursache und finalem Gesetzgeber

---

[26] Tilman REPGEN, Der Summenkommentar des Francisco de Vitoria, in: Kommentare in Recht und Religion, hrsg. von David Kästle/Nils Jansen, Tübingen 2014, S. 249–276, hier: S. 270.

[27] Michael STOLLEIS, Art. Juristenstand, in: ^{2}HRG 2 (2011), S. 1440–1443.

[28] Marta FERRONATO/Lucia BIANCHIN (Hrsg.), Silete theologi in munere alieno. Alberico Gentili e la Seconda Scolastica, Padua 2011.

untersteht. Folgerichtig untersuchte Suárez in seinem Werk auf umfassende Weise nacheinander das ewige Gesetz, die Gesetze des Naturrechts, das Völkerrecht, das kanonische Recht, das Zivilrecht, die Strafgesetze, das Gewohnheitsrecht, die Sonderrechte oder Privilegien, das göttlich gesetzte Recht des Alten Testaments und das neue göttlich gesetzte Recht des Neuen Testaments (*lex nova*). Tatsächlich wurde das Evangelium von Suárez ausdrücklich als ein Gesetz und Christus als ein echter Gesetzgeber (*verus et proprius legislator*) bezeichnet.[29] Nach zeitgenössischem Verständnis, jedenfalls auf katholischer Seite, sind die im Evangelium enthaltenen sittlichen Normen also eine Form von Recht.

Mit der „Verrechtlichung der katholischen Moraltheologie“[30] ging in der Frühen Neuzeit zur Vermittlung von abstrakten Gesetzesprinzipien und konkreter Wirklichkeit eine dezidiert kasuistische Herangehensweise einher.[31] Durch ihre praktische Tätigkeit als Berater von Fürsten, Kaufleuten und Richtern hatten die Theologen ein Gespür für die Singularität der Umstände eines jeden Falles.[32] Sie glaubten nicht an ein a-historisches Naturrecht,

---

[29] Wim DECOCK, Theologians and Contract Law. The Moral Transformation of the Ius Commune (ca. 1500–1650), Leiden/Boston 2013, S. 82 Anm. 303.

[30] Johann THEINER, Die Entwicklung der Moraltheologie zur eigenständigen Disziplin, Regensburg 1970, S. 298; Karl-Heinz KLEBER, Historia docet. Zur Geschichte der Moraltheologie, Münster 2005, S. 84.

[31] Albert R. JONSEN/Stephen E. TOULMIN, The Abuse of Casuistry. A History of Moral Reasoning, Berkeley/Los Angeles 1988, S. 89–176; Philipp SCHMITZ, Kasuistik. Ein wiederentdecktes Kapitel der Jesuitenmoral, in: Theologie und Philosophie 67 (1992), S. 29–59; Sven K. KNEBEL, Casuistry and the Early Modern Paradigm Shift in the Notion of Charity, in: Moral Philosophy on the Threshold of Modernity, hrsg. von Jill Kraye/Risto Saarinen, Dordrecht 2005, S. 115–139.

[32] Merio SCATTOLA, Gewissen und Gerechtigkeit in den Beichtbüchern der Frühen Neuzeit, in: Journal of Early Modern Christianity 2 (2015), S. 117–158; Nicole REINHARDT, Der Beichtvater in der Frühen Neuzeit als Berater, Richter und Prophet, in: Machtfaktor Religion. Formen religiöser Einflussnahme auf Politik und Gesellschaft, hrsg. von Bernd Oberdorfer/Peter Waldmann, Köln/Weimar/Wien 2012, S. 59–90.

das ohne Berücksichtigung der faktischen Fallkonstellation seine normative Bedeutung für den Einzelfall enthüllt.

3. Beispiele

3.1. Die Debatte über Migration und Armenfürsorge[33]

So befremdend der historisch-theologische Hintergrund der frühneuzeitlichen, katholischen Beichtstuhljurisprudenz wirken mag, so aktuell erscheinen die eigentlichen Probleme, mit denen sie sich auseinandergesetzt hat. Es ist etwa kein Zufall, dass jüngst bei Dalloz in Paris eine französische Übersetzung mit Textausgabe des Traktats von Domingo de Soto über die Armenfürsorge (*Deliberatio in causa pauperum*) erschienen ist.[34] In diesem Traktat von 1545 überprüft Soto die von weltlichen Obrigkeiten gegen Vagabunden, Wanderer und Flüchtlinge erlassenen Gesetze auf ihre Übereinstimmung mit dem göttlichen Gesetz und dem Naturrecht. In der Tat wurden spanische Städte, insbesondere in der Nähe von Pilgerwegen, wie Valladolid oder Salamanca, in den ersten Jahrzehnten des 16. Jahrhunderts zunehmend von Landstreichern und Bettlern überflutet. Gegen diese demographischen Bewegungen und die damit einhergehende Verarmung gingen die Obrigkeiten relativ repressiv vor. Aufgrund einer Anordnung Kaiser Karls V. war es den Städten erlaubt, Ausländern zu verbieten, Pilgerwege zu verlassen und in den Städten zu betteln. Außerdem wurde Armutsemigration untersagt: Die Armen sollten sich in ihren eigenen Ländern und Städten versorgen lassen. Städte wie Zamora, Valladolid und Salamanca setzen diese

---

[33] Dieser Abschnitt basiert auf Wim DECOCK, Solving the Socio-Economic Crisis in Early Modern Spain: Defending Ius against Lex, Vortrag im Rahmen der 33. International School of Ius Commune, Erice, 5.–11. Oktober 2013, in Vorbereitung für die Rivista Internazionale di Diritto Comune.

[34] Domingo de SOTO, La cause des pauvres, übers. von Edouard FERNANDEZ-BOLLO, Paris 2013.

Gesetzgebung seit den 1540er-Jahren durch. Zugleich versuchten sie, die Organisation der Armenfürsorge von der Kirche in die Hände der weltlichen Obrigkeit zu verlagern. Die Entwicklung hin zur staatlichen Armenfürsorge in deutschen und flämischen Städten diente den Spaniern dabei als Beispiel.[35] Die Lösung von nördlichen Städten, wie Köln oder Ieper, in Spanien nachzuahmen, sei laut Domingo de Soto allerdings keine gute Idee. Man solle nämlich die kulturellen Unterschiede zwischen Norden und Süden nicht vernachlässigen: Die Spanier lassen sich nicht von kalten Gesetzen und geschriebenen Anordnungen verpflichten. Sie reagieren nur auf das, was ihnen ans Herz geht. Damit die Spanier bereit seien, Armen zu helfen, müssen sie persönlich durch die Armen angesprochen werden. Aus gefühltem Mitleid und individueller Barmherzigkeit lasse sich ein Spanier zur Armenfürsorge bewegen, nicht durch Behörden. Darüber hinaus, laut Soto, haben die Einwohner flämischer und deutscher Städte ein größeres Gespür für das Gemeinwohl: Sie seien „politischer". Schließlich können sich ihre Obrigkeiten auch viel mehr leisten als die spanischen Behörden: Die Staatskassen im Norden sind voll, in Spanien sind sie leer.

Dass Domingo de Soto, Dominikanermönch und Vertreter der Machtinteressen der Kirche, der wachsenden Einflussnahme weltlicher Obrigkeiten in Sachen Armenfürsorge skeptisch gegenüberstand, wird nicht erstaunen. Interessanter jedoch ist seine Kritik an der ausländerfeindlichen Ausprägung der Armengesetze. Das Migrationsverbot für Arme war seiner Meinung nach eine

[35] Elise van Nederveen Meerkerk/Griet Vermeesch, Reforming Outdoor Relief. Changes in Urban Provisions for the Poor in the Northern and Southern Low Countries (c. 1500–1800), in: Serving the Urban Community. The Rise of Public Facilities in the Low Countries, hrsg. von Manon van der Heijden/Elise van Nederveen Meerkerk/Griet Vermeesch/Martijn van der Burg, Amsterdam 2009, S. 135–154; Hannes Ludyga, Obrigkeitliche Armenfürsorge im deutschen Reich vom Beginn der Frühen Neuzeit bis zum Ende des Dreißigjährigen Krieges (1495–1648) (Schriften zur Rechtsgeschichte 147), Berlin 2010.

Verletzung des göttlichen Rechts und des Naturrechts.[36] Er erinnerte die Gesetzgeber daran, dass die richtige Unterscheidung nicht diejenige zwischen eigenen und fremden, sondern diejenige zwischen wahren und falschen Armen sei. Grundsätzlich erkannte Soto wahrhaft armen Menschen einen naturrechtlichen Anspruch auf Migration zu, da seiner Auffassung nach[37] in einer Notlage ein naturrechtlicher Anspruch, um Almosen zu bitten, bestehe, wobei wohlhabende Bürger allerdings nicht von der Obrigkeit dazu gezwungen werden dürfen, Almosen zu geben. Dementsprechend stehe dem Armen ein Recht auf Migration zu, damit dieser anderswo das suchen kann, was ihm in seiner eigenen Heimat verweigert wird. Seine naturrechtliche Argumentation unterstützt Soto mit Verweisen auf die Bibel, die das göttliche Recht offenbart. Selbstverständlich spielt dabei die paulinische Theologie von der Verbundenheit aller Glaubenden in dem einen „corpus mysticum" eine bedeutsame Rolle (Röm 12,5). Auch der Aufruf zur Gastfreundschaft in Römer 12,13 wird von Soto angeführt. Folgerichtig, so Soto, verletzen die städtischen „Ordenamientos de los pobres" und die Anordnung Kaiser Karls über das Migrationsverbot die Grundprinzipien des göttlichen Rechts und des Naturrechts.

3.2. Überschuldung und Vertragstreue

Ein nicht geringer Teil der Bettler und Vagabunden im frühneuzeitlichen Spanien wurde aus ihren Heimatländern vertrieben, weil sie den Forderungen ihrer Gläubiger nicht nachkommen konnten. In der Tat wird die Notlage mittelloser Personen am

---

[36] Für eine eingehende Studie siehe Abelardo Del Vigo Gutiérrez, Economía y ética en el siglo XVI. Estudio comparativo entre los Padres de la Reforma y la Teología española, Madrid 2006, S. 721–880.

[37] Brett, Changes of State (wie Anm. 17), S. 11–36 und Dies., Il territorio e lo ius peregrinandi. La In causa pauperum deliberatio di Domingo de Soto, in: Silete theologi in munere alieno (wie Anm. 28), S. 293–310.

Rande der Gesellschaft heute und in früheren Zeiten in nicht unerheblichem Maße durch den Umstand verursacht, dass sie ihre Schulden nicht zurückzahlen können. Besonders im frühneuzeitlichen Spanien gerieten immer mehr Menschen in die Schuldenfalle. Auch der spanische Adel litt zunehmend unter einer erheblichen Schuldenlast, und die Angst vor einer Verschlechterung der sozialen Stellung wurde häufig bittere Realität. Die Schuldenkrise betraf sogar, oder sollte man besser sagen hauptsächlich, den Staat. Allein während der Regierungszeit von König Philipp II. in der zweiten Hälfte des 16. Jahrhunderts meldete Spanien vier Mal Insolvenz an. Schon damals wurden deutsche Gläubiger tief getroffen. Die Existenz des Bankhauses Fugger wurde 1557 durch die erste Staatspleite Spaniens ernsthaft bedroht.[38] Dieselbe Erfahrung machte das Augsburger Bankhaus Welser 1614, als Spanien seine Kredite erneut nicht zurückzahlen konnte.

Angesichts dieser historischen Lage ist die Frage legitim, wie sich die katholischen Naturrechtler im 16. und 17. Jahrhundert mit der Problematik von Schuldeneintreibung bzw. -erleichterung befasst haben. Gibt es denn eine christliche Art und Weise, mit Schuld, nicht nur im moralischen, sondern vor allem im wirtschaftlichen Sinn umzugehen? Die Frage ist auch deshalb angebracht, weil die frühneuzeitlichen Scholastiker dafür bekannt sind, die grundlegenden Prinzipien des modernen Vertragsrechts, wie die Einklagbarkeit bloßer Vereinbarungen (*pacta quantumcumque nuda sunt servanda*), systematisch durchdacht zu haben:[39] Sie hoben die naturrechtlichen Grundlagen der vertraglichen Bindung hervor; beschränkten sich nicht auf theologische Argumente im Sinne der Sündhaftigkeit der Nichteinhaltung eines Versprechens und trennten die Vertragstreue (*fides contractuum*) von der Treue des

---

[38] Michael NORTH, Kleine Geschichte des Geldes. Vom Mittelalter bis heute, München 2009, S. 84–85.

[39] James GORDLEY, The Philosophical Origins of Modern Contract Doctrine, Oxford 1991.

katholischen Glaubens (*fides catholica*).[40] Folgerichtig wurden katholische Schuldner aufgefordert, ihre Vereinbarungen auch mit Lutheranern oder Reformierten einzuhalten, den religiösen Spaltungen zum Trotz. Man könnte die Frage der Konfessionsgebundenheit des Vertragsrechts ausweiten, indem man auch das hochinteressante Büchlein von Martin Becanus (1563 bis 1624) über die Einhaltung der Vertragstreue den Häretikern gegenüber (*De fide haereticis servanda*) in die Diskussion einbezieht.[41] In diesem Zusammenhang gilt es zu betonen, wie wichtig den katholischen Theologen die Vertragstreue war. Daraus entsteht, zumindest theoretisch, die Möglichkeit einer Spannung zwischen Vertragsrecht und biblischen Prinzipien wie etwa dem Gedanken des periodischen Schuldenerlasses.

Die komplexe Debatte über Schuldenerleichterung in der katholischen Naturrechtstradition der Frühen Neuzeit kann hier nur ansatzweise zusammengefasst werden.[42] Jedenfalls lassen sich aus dieser Debatte keine einfachen Antworten ableiten. Wie Richter wägten die Kirchenrechtler und Theologen die konkurrierenden Rechte von Gläubigern und Schuldnern sorgfältig ab und vermieden es, sich rückhaltlos für eine Partei zu entscheiden. Sie ließen sich zwar von allgemeinen Grundsätzen wie „alle Verträge sind einzuhalten" oder „im Fall von gleichem Schaden wiegt das Recht des Gläubigers stärker" leiten. Sie waren jedoch nicht davon

---

[40] Siehe hierzu Wim Decock, „Fides haereticis non servanda? Crimes against Faith (*Fides*) and Contractual Confidence (*fides*) (16–17th century)", Vortrag im Rahmen der 35. International School of Ius Commune, Erice, 4.–8. November 2015, in Vorbereitung für die Rivista Internazionale di Diritto Comune.

[41] Martin Becanus, Disputatio theologica an haereticis servanda sit fides?, in: Opuscula theologica, vol. 2, Mainz 1614.

[42] Ausführlicher dazu Wim Decock, „Abgrund der Verzweiflung. Schuldenerleichterung und Naturrecht in der frühneuzeitlichen Scholastik", Vortragstext angeboten für den Tagungsband zu der von Susanne Lepsius und Friedrich Vollhardt organisierten Konferenz über „Natur im Rechtsdenken des Spätmittelalters und der Frühen Neuzeit", München, 21.–23. Oktober 2015.

überzeugt, dass einfache Regeln ausreichten, um eine geeignete Lösung für praktische Probleme zu finden. Die Kirchenrechtler erkannten darüber hinaus, dass das geltende Recht (*ius positivum*) und Entscheidungen von weltlichen Gerichten aus guten Gründen nicht immer den Erfordernissen der natürlichen Billigkeit und des Gewissens entsprachen.

Eine Schlussfolgerung kann mit Sicherheit gezogen werden: Anstatt einen Schuldenerlass im Sinne einer Schuldenaufhebung zu befürworten, drängten die frühneuzeitlichen katholischen Naturrechtler die Parteien dazu, eine Übereinkunft durch Verlängerung der Zahlungsfristen zu erreichen. Allgemein gesprochen räumten sie Schuldnern ein Recht auf Schuldenerleichterung im Sinne einer Verzögerung der Zahlung (*dilatio debiti*) bei 1) äußerster Not (zum Beispiel durch Gefährdung des Lebens des Schuldners) und bei 2) großer Gefahr eines Schadens für seelische Güter, das Familieneigentum oder die soziale Stellung ein. Zur Gefahr seelischer Güter gehörten unter anderem Fälle, in denen der Schuldner der Verzweiflung (*desperatio*) anheimfiel oder seine Kinder zu Diebstahl und Prostitution zwingen musste. Viele Autoren erkannten das Recht auf Zahlungsaufschub auch bei schwerer Not an (zum Beispiel wenn die Gesundheit des Schuldners gefährdet war).

Schuldenerlass im engen Sinne, das heißt einen Schuldenschnitt, unterstützten frühneuzeitliche Theologen und Kirchenrechtler nicht. Zugegeben, sie erkannten an, dass ein Gläubiger entscheiden konnte, seinem Schuldner die Schulden ganz oder teilweise zu erlassen. Die Realität hinderte sie jedoch daran, dies als normale Vorgehensweise zu betrachten, denn Schenkungen sind in Vertragsverhältnissen nicht als gegeben vorauszusetzen. Die Kirchenrechtler beharrten darauf, dass Schuldenaufhebung, sofern eine solche vorgenommen wurde, das Ergebnis einer rein freiwilligen Entscheidung des Gläubigers sein sollte. Die Vortäuschung von Armut, um einen Schuldenerlass zu erreichen, kam demnach Betrug gleich. Der Missbrauch einer dominierenden Stellung konnte ebenfalls nicht zu einer gültigen Form des Schuldenerlasses führen (zum Beispiel wenn souveräne Staaten Händler zur Aufhebung ihrer Schulden nötigen).

Der Ausgleich konkurrierender Interessen war notwendig. Aufgrund des Einflusses des franziskanischen Theologen Duns Scotus (ca. 1265 bis 1308) gab es auch eine starke Strömung unter den frühneuzeitlichen katholischen Naturrechtlern, die Gläubiger zu drängen, die Rechte, in deren Genuss sie aufgrund des Gesetzes im strengen Wortsinn kamen, aus Respekt vor höheren Grundsätzen wie rechte Vernunft (*recta ratio*), Nächstenliebe (*charitas*) und eine Art von „naturrechtlicher Billigkeit" (*aequitas iuris naturalis*) abzutreten. Moderne Juristen werden einen Appell gegen „Rechtsmissbrauch" in dem moralischen Aufruf vieler Autoren zu einer menschlicheren Behandlung von mittellosen Schuldnern erkennen. Frühneuzeitliche katholische Naturrechtler gaben zwar unumwunden zu, dass Gerichte Grund genug hätten, das Recht streng anzuwenden, nicht zuletzt um eine moralische Gefahr (*moral hazard*) abzuwenden. Sie drängten christliche Gläubiger aufgrund der „naturrechtlichen Billigkeit" jedoch dazu, sich zu bemühen, dass arme und mittellose Personen nicht in den „Abgrund der Verzweiflung" (*baratrum desperationis*) fallen – unabhängig von der moralischen Schlechtigkeit des Schuldners.

4. Schlussbetrachtung

In Anbetracht dieser Beispiele kann kaum bezweifelt werden, dass sich die katholischen Theologen der Frühen Neuzeit auf die nuancierte Art und Weise eines Richters mit den großen sozialen, ökonomischen und politischen Fragen der Zeit auseinandergesetzt haben. Der eingehend weltlich-juristische Charakter katholischer Theologie war für Luther gerade Stein des Anstoßes und Anlass zu einer umfassenden Reformbewegung gewesen. Umgekehrt reagierten die Kirchenrechtler auf die Herausforderung Luthers, indem sie die Moraltheologie noch mehr als vorher in einen rechtlichen Rahmen pressten. In seiner *Isagoge historico-theologica* erkannte Buddeus den Einfluss dieses katholisch-kasuistischen Denkens, besonders auf das protestantische Naturrecht, durchaus an.[43] Er meinte sogar, dass die von katholischen Theologen wie Vitoria, Soto, Molina, Lessius und Busembaum hervorgebrachte Literatur nicht als Moraltheologie, sondern als Jurisprudenz betrachtet werden soll.[44] Im Gegensatz zur katholischen Beichtstuhljurisprudenz strebte Buddeus allerdings eine Erneuerung des inneren Lebens an, die, nach dem Wort des evangelisch-lutherischen Kasuisten Friedrich Balduin (1575 bis 1627), nicht aus dem römisch-kanonischen Recht, sondern aus „den glashellen Quellen Israels" schöpfen solle.[45] Somit muss die moderne Trennung von Recht und Moral sowie die Vorstellung, die christliche Moral orientiere sich an der Bibel, als ein Produkt der protestantischen Reformation gewertet werden. In der protestantischen Tradition wurde nicht der Theologe, sondern der Jurist der Erbe der katholischen Moraltheologen. Zugleich bedeutet dies, dass die Regulierungsaufgabe in protestantischen Ländern bald nur noch von Juristen als professionellen Dienern des Staates betrieben, in katholischen Regionen weiterhin parallel von Theologen wahrgenommen wurde.[46] Dementsprechend hat die katholische Theologie zur Rechtsentwicklung in der Frühen Neuzeit einen enormen Beitrag geleistet.

---

[43] BUDDEUS, Isagoge historico-theologica (wie Anm. 13), lib. 2, cap. 4, S. 628–637.

[44] Vgl. ebd., S. 598.

[45] DECOCK, Theologians and Contract Law (wie Anm. 29), S. 47.

[46] Michael STOLLEIS, Öffentliches Recht in Deutschland. Eine Einführung in seine Geschichte, München 2014, S. 27; Paolo PRODI, Eine Geschichte der Gerechtigkeit. Vom Recht Gottes zum modernen Rechtsstaat, München 2003.

Die produktive Kraft konfessioneller Konkurrenz für die Rechtsentwicklung

Christoph Strohm

Kurz nach dem Ende des Eisernen Vorhangs in Europa versuchte der Moskauer Schriftsteller Alexander Jakimowitsch, einem westlichen, rationalistischen Missverständnis seiner Heimat zu begegnen.[1] Der Kommunismus sei nicht ein rationales System aus Planung und Kontrolle gewesen, sondern er habe durch das Mysterium der Unbegreiflichkeit geherrscht. Jakimowitsch erläutert das in dem 1992 veröffentlichten Text mit dem Hinweis auf geistesgeschichtliche bzw. konfessionelle Prägungen. „Die Entwicklung der Geistesgeschichte des Ostens hat sich aus zwei offensichtlich divergierenden Quellen genährt: zum einen aus der neuplatonischen Spätantike, mit ihrem verfeinerten pantheistischen Mystizismus; zum anderen aus der bodenständigen Mentalität der slawischen Stämme, mit ihrem ‚vorkulturellen' Animismus. Beide Erbschaften, die ‚zivilisierte' und die ‚barbarische', hatten einen gemeinsamen Nenner: den Traum von der Einheit des Seins, von der Gemeinschaft der Seelen."[2] Ähnlich wie andere konfessionelle Ausprägungen des Christentums bewege auch der orthodoxe Glauben den Menschen zur aktiven Veränderung und ‚Vervollkommnung' der äußeren Welt, also zur Welteroberung im Weberschen Sinn. Diese ‚östliche' Welteroberung sei jedoch „nicht katholisch und

[1] Vgl. Alexander Jakimowitsch, Die große Unordnung im Osten, in: DIE ZEIT Nr. 51 vom 11.12.1992, S. 55f.

[2] Ebd., S. 55.

nicht protestantisch geartet“[3]. Über Webers Einteilungen hinaus sei ernst zu nehmen, dass die Orthodoxie in Osteuropa „mit einer spezifischen Weltempfindung verbunden [ist], die weder katholisch noch protestantisch ist.“ „Die Sorge um das vernünftige Ordnen der Lebenswelt gehört nicht zu den Tugenden des orthodoxen Ostens. Der Traum vom einheitlichen vergeistigten Weltall ist hier der stützende Pfeiler der Kultur und der Gesellschaft im allgemeinen gewesen.“[4]

Wie auch immer Jakimowitschs Argumentation im Einzelnen zu bewerten ist, für unsere Frage nach Zusammenhängen von Reformation und Rechtsentwicklung dürfte ein Sachverhalt aufschlussreich sein. Hier werden den konfessionellen Gestaltwerdungen des Christentums durchaus spezifische Kulturwirkungen zugesprochen, wobei die Unterschiede zwischen Protestantismus und Katholizismus im Vergleich zur östlichen Orthodoxie relativiert werden.

Letzteres entspricht der Grundtendenz der neueren deutschsprachigen Konfessionalisierungsforschung. Die hier zugleich vorherrschende relativistische Grundannahme einer gleichermaßen modernisierenden Funktion aller Hauptkonfessionen, die den einzelnen Konfessionen keine spezifischen Kulturwirkungen zuschreibt, findet sich in Jakimowitschs Deutung jedoch nicht. Eine Analyse der Kulturwirkungen, die auf den Vergleich von lutherischer, reformierter und tridentinisch-katholischer Konfession in Mitteleuropa beschränkt bleibt, führt zu Fehleinschätzungen, wenn die produktive Kraft konfessioneller Konkurrenz[5] nicht aus-

---

[3] „Die Orthodoxie hat nie über ein mit dem Katholizismus vergleichbares Potential der Disziplin und Organisation verfügt. Aber auch der Segen der protestantischen Energie des individuellen Handelns und der persönlichen Verantwortung hat uns nie erreicht“ (ebd.).

[4] Ebd.

[5] Einen frühen Versuch, das Phänomen der Konkurrenz in seiner Bedeutung für die Geistesgeschichte zu würdigen, bietet ein auf dem Deutschen Soziologentag 1928 in Zürich gehaltener Vortrag Karl Mannheims: Die Bedeutung der Konkurrenz im Gebiet des Geistigen, in: Verhandlungen des Sechsten Deutschen Soziologentages vom 17. bis 19. September

reichend in Rechnung gestellt wird. Denn mit ihr sind immer bereits interkonfessionelle Austauschprozesse verbunden, welche die jeweiligen konfessionskulturellen Profile relativieren. Dies sei im Folgenden am Beispiel der Rechtsentwicklung erläutert.

Ich beginne mit einigen wenigen Bemerkungen zur Forschungssituation.

1. Zur mangelnden Berücksichtigung der Situation konfessioneller Konkurrenz in der gegenwärtigen deutschsprachigen Frühneuzeitforschung

Die neuere deutschsprachige reformationsgeschichtliche Forschung hat zur Beantwortung der Frage nach den spezifischen Kulturwirkungen der Reformation und der entstehenden Konfessionen wenig beigetragen. Hier steht seit Ende der 1970er Jahre das sogenannte Konfessionalisierungsparadigma im Vordergrund.[6] Danach haben die drei Hauptkonfessionen eine vergleichbare Funktion in der Frühen Neuzeit bzw. am Beginn der Moderne ausgeübt. Die Konfessionalisierung wurde als ein wichtiges Moment der Territorialstaatsbildung und der Formierung der frühmodernen Gesellschaft herausgestellt. Damit sollten – und

1928 in Zürich (Schriften der Deutschen Gesellschaft für Soziologie, Serie I, 6. Bd.), Tübingen 1929, S. 35–83. Vgl. ferner Leopold von Wiese, Die Konkurrenz, vorwiegend in soziologisch-systematischer Betrachtung, ebd., S. 15–35; vgl. auch ebd., S. 84–124: Diskussion der beiden Vorträge mit Voten u. a. von Ferdinand Tönnies, Alfred Weber, Werner Sombart, Norbert Elias, Hans Jonas und Paul Eppstein.

[6] Vgl. die Übersicht über die umfassende Rezeption und Diskussion des Konfessionalisierungsparadigmas in: Stefan Ehrenpreis/Ute Lotz-Heumann, Reformation und konfessionelles Zeitalter (Kontroversen um die Geschichte), Darmstadt 2002; Heinrich Richard Schmidt, Konfessionalisierung im 16. Jahrhundert (EdG 12), München 1992; Thomas Brockmann/Dieter J. Weiss (Hrsg.), Das Konfessionalisierungsparadigma. Leistungen, Probleme, Grenzen (Bayreuther Historische Kolloquien, 18), Münster 2013.

sollen! – Deutungen, die dem Protestantismus und insbesondere dessen calvinistisch-reformierter Gestalt einen besonderen Beitrag zur Entstehung der Moderne zusprachen, zurückgewiesen werden.

Dadurch sind die spezifischen Kulturwirkungen, die mit der Etablierung der einzelnen Konfessionen verbunden waren, aus dem Blick geraten. Die Hauptsorge scheint noch immer zu sein, dass eine protestantisch-borussische Geschichtssicht, die dem Protestantismus einen Modernisierungsvorsprung zuspricht, überwunden werden müsse. Gelegentlich wird schon der Versuch, die Frage zu stellen, welchen Beitrag der Protestantismus zur Formierung der westlichen Zivilisation geleistet habe, als Rückfall in Grundmuster des Kulturkampfs gedeutet.[7]

Bemerkenswert ist das insofern, als gerade in jüngerer Zeit Autoren wie der an der University of Notre Dame (Indiana) wirkende Historiker Brad S. Gregory hochgelobte Werke verfasst haben, in denen dem Protestantismus sehr wohl ein besonderer Anteil an der Entstehung der Moderne zuerkannt wird, allerdings mit

---

[7] „Für die einen ist der Wittenberger Reformator ein ‚Ketzer' und soll es weiter bleiben, so einzelne Stimmen aus Rom. Die andern rüsten Luther wieder einmal politisch auf und stellen – natürlich nicht mehr seine nationalen Verdienste – so doch seinen ‚Beitrag zur Formierung der westlichen Zivilisation' ins Zentrum, so die an junge Wissenschaftler gerichtete Preisfrage der EKD. Wen wundert es da, dass sich in beiden Kirchen die Nachdenklichen besorgt fragen, ob das aufziehende Jahr 2017 am Ende nicht eher die konfessionelle Abgrenzung als den ökumenischen Dialog stärken wird. Sollten auch 2017 wieder gegenwartsbezogene Identitätsbildung und politische Inpflichtnahme drohen, so hilft nur die nüchterne Bestandsaufnahme des historischen Sachverhalts. Dabei geht es zum einen um die welt- oder globalgeschichtliche Perspektive, in der zu klären ist, ob – wie protestantische Geistes- und Sozialwissenschaftler seit dem 19. Jahrhundert nicht müde werden zu betonen – mit dem 31. Oktober 1517 in der Tat die ‚Morgenröte der Neuzeit' anbrach, oder ob der Aufbruch, der langfristig die Moderne hervorbrachte, zeitlich, sachlich und geografisch vielschichtiger anzusetzen ist" (Heinz SCHILLING, Der Weg ins Inferno. Das Reformations-Jubiläum 2017 rückt näher – ist Volker Reinhardts „Luther, der Ketzer" das Buch der Stunde?, in: Süddeutsche Zeitung Nr. 34 v. 11.2.2016, S. 12).

scharf-negativer Wertung im Sinne einer Hauptverantwortung für die Auflösung der kirchlichen Autorität und die Ausbreitung des modernen moralischen Relativismus.[8] Andere haben dem Protestantismus eine besondere Verantwortung für die Verbreitung einer modernen Staatshörigkeit zugesprochen.[9]

Ein methodisches Grundproblem der neueren deutschsprachigen Konfessionalisierungsforschung ist, dass hier Luthertum, Reformiertentum und tridentinischer Katholizismus, *nicht* jedoch Katholizismus, Protestantismus und östliche Orthodoxie miteinander verglichen werden. Das bedeutet, dass die sich auf engem Raum auswirkenden Mechanismen konfessioneller Konkurrenz die Ergebnisse des Vergleichs beeinflussen bzw. vorbestimmen. Ein Nachweis spezifischer Kulturwirkungen einzelner Konfessionen ist dann schon darum nur schwer möglich, weil die mit der Situation konfessioneller Konkurrenz auf engem Raum gegebenen Wechselwirkungen den Befund verunklaren. Wenn zum Beispiel der Vergleich des Schulwesens eines reformierten und eines katholischen Schweizer Kantons im 16. und 17. Jahrhundert keine signifikanten Unterschiede ergibt, ist das nicht notwendig ein Gegenargument gegen konfessionsspezifische Kulturwirkungen. Denn es kann ebenso als Beleg für die produktive Kraft konfessioneller Konkurrenz und die damit verbundenen Austauschprozesse gedeutet werden.

---

[8] Vgl. Brad S. Gregory, The Unintended Reformation. How a Religious Revolution Secularized Society, Cambridge, MA/London 2012; vgl. dazu meine kritische Besprechung in: Evangelische Theologie 75 (2015), S. 156–160.

[9] So diagnostiziert Wolfgang Reinhard, der mit Heinz Schilling die wichtigsten Anstöße der neueren Konfessionalisierungsforschung gegeben hat, in seiner *Geschichte der Staatsgewalt* doch auch konfessionsspezifische Kulturwirkungen der Reformation, und zwar eine Staatshörigkeit fördernde Wirkung der Obrigkeitslehre Luthers (vgl. Wolfgang Reinhard, Geschichte der Staatsgewalt. Eine vergleichende Verfassungsgeschichte Europas von den Anfängen bis zur Gegenwart, München [1999] ^{2}2000, S. 266 f.).

2. Auswirkungen konfessioneller Konkurrenz

Für die Beantwortung der Frage nach konfessionsspezifischen Kulturwirkungen ist der Sachverhalt der konfessionellen Konkurrenz in *vierfacher* Hinsicht von erheblicher Relevanz.

Erstens kann sich eine verschärfte konfessionelle Konkurrenz destruktiv auf die Kulturwirkungen auswirken. Das ist dann gegeben, wenn die Konkurrenz zu Konflikten beiträgt, die mit militärischen Mitteln ausgetragen werden, wie das im Dreißigjährigen Krieg mit verheerenden Folgen geschah. Konfessionelle Konkurrenz kann *zweitens* zu geistiger Lähmung und Kreativitätsverlust führen. Beispielhaft ist das am Beitrag der unterschiedlichen lutherischen Universitäten zur Rechtsentwicklung sichtbar.[10] Die Universitäten und Hochschulen, die sich der verschärften innerprotestantischen Konfessionalisierung in Gestalt eines Melanchthonianismus oder auch Kryptocalvinismus zu entziehen suchten, konnten einen einschlägigeren Beitrag leisten. Das trifft für Helmstedt ebenso zu wie für die Hochschule Nürnbergs in Altdorf, wo zum Beispiel mit Hugo Donellus am Ende des 16. Jahrhunderts ein calvinistischer Gelehrter ungehindert seine Wirkung entfalten konnte. Ein weiteres Beispiel – aus späterer Zeit – ist die Universität Halle, deren Aufschwung nicht zuletzt auf dem erfolgreichen Bestreben beruhte, eine Alternative zur konfessionellen Enge an

[10] Vgl. Peter BAUMGART, Die Anfänge der Universität Helmstedt, Habilitationsschrift FU Berlin 1964; Anton SCHINDLING, Straßburg und Altdorf – Zwei humanistische Hochschulgründungen von evangelischen freien Reichsstädten, in: Beiträge zu Problemen deutscher Universitätsgründungen der frühen Neuzeit (Wolfenbütteler Forschungen, 4), hrsg. von Peter Baumgart/Notker Hammerstein, Nendeln (Lie.) 1978, S. 149–189; Wolfgang MÄHRLE, Academia Norica. Wissenschaft und Bildung an der Nürnberger Hohen Schule in Altdorf (1575–1623) (Contubernium, 54), Stuttgart 2000; Christoph STROHM, Calvinismus und Recht. Weltanschaulich-konfessionelle Aspekte im Werk reformierter Juristen in der Frühen Neuzeit (Spätmittelalter, Humanismus, Reformation, 42), Tübingen 2008, S. 14–19. 75. 80–85. 127. 272. 318. 347–349. 411.

der Universität Leipzig zu bieten.[11] Augenscheinlich wurde das am „Wechsel" Christian Thomasius' nach Halle. Er hatte nicht nur einen maßgeblichen Anteil an Gründung und Aufschwung der Universität Halle, sondern er verkörperte auch das außerordentlich fruchtbare Zusammenwirken lutherischen und reformierten Erbes. Dazu gleich noch mehr! Die grundlegenden Fortschritte in der Entfaltung einer modernen, vernunftorientierten Naturrechtslehre durch Thomasius sind ohne den Rückgriff auf die in Brandenburg-Preußen gepflegten Ansätze von Grotius und Pufendorf, aber auch die heftigen Debatten mit den Leipziger Gegnern kaum denkbar.[12]

Neben den mehr oder weniger hemmenden Folgen hat die Situation konfessioneller Konkurrenz *drittens* kulturell außerordentlich stimulierend gewirkt.[13] Man hatte in einer neuen Form verschärf-

---

[11] Vgl. dazu jetzt Marianne Taatz-Jacobi, Erwünschte Harmonie. Die Gründung der Friedrichs-Universität Halle als Instrument brandenburg-preußischer Konfessionspolitik – Motive, Verfahren, Mythos (1680–1713) (Hallische Beiträge zur Geschichte des Mittelalters und der Frühen Neuzeit, 13), Berlin 2014.

[12] Vgl. Christian Thomasius, Vorrede von der Historie des Rechts der Natur bis auf Grotium; von der Wichtigkeit des Grotianischen Werks und von dem Nutzen gegenwärtiger Übersetzung, in: Hugo Grotius, De jure belli ac pacis libri tres. Drei Bücher vom Recht des Krieges und des Friedens. Paris 1625, nebst einer Vorrede von Christian Thomasius zur ersten deutschen Ausgabe des Grotius vom Jahre 1707. Neuer deutscher Text und Einleitung von Walter Schätzel (Die Klassiker des Völkerrechts, 1), Tübingen 1950, S. 1–28.

[13] Im Jahr 1986 hat der spätere Papst Benedikt XVI. die bereichernde Wirkung der Konkurrenz von Protestantismus und Katholizismus mit folgenden Worten erläutert: „Lassen Sie mich ganz empirisch-pragmatisch an einem Beispiel sagen, was ich meine: War es für die katholische Kirche in Deutschland und darüber hinaus nicht in vieler Hinsicht gut, daß es neben ihr den Protestantismus mit seiner Liberalität und seiner Frömmigkeit, mit seinen Zerrissenheiten und mit seinem hohen geistigen Anspruch gegeben hat? Gewiß, in den Zeiten des Glaubenskampfes war Spaltung fast nur ein Gegeneinander; aber immer mehr ist dann auch Positives für den Glauben auf beiden Seiten gewachsen, das uns etwas von dem geheimnisvollen ‚Muß' des heiligen Paulus verstehen läßt. Denn umgekehrt – könnte man sich eigentlich eine nur protestantische Welt denken? Oder ist der Protestantismus in all seinen Aussagen, gerade als Protest, nicht so vollständig

ten Wettbewerbs zu bestehen. Schon vor der Reformation hatte sich die Rivalität von Kaiser und Papst in diesem Sinne produktiv ausgewirkt. Konzepte der Verteidigung der eigenen Positionen wurden in intensiver Auseinandersetzung mit konträren Entwürfen entwickelt. Ein anschauliches Beispiel waren die von Marsilius von Padua entwickelten Ansätze einer Volkssouveränitätslehre. Mit der Reformation und der folgenden Konfessionsspaltung gewann diese Dynamik außerordentlich an Intensität.[14]

Schließlich verbinden sich *viertens* mit solcher konfessionellen Konkurrenz vielfältige Phänomene gegenseitiger Beeinflussung und eines interkonfessionellen Austausches.[15] Peter Hersche hat darauf hingewiesen, dass der auffällig „moderne" Charakter des französischen Katholizismus maßgeblich als Folge der Konkurrenz mit den Hugenotten zu deuten ist. Zu Beginn der Regierung Ludwigs XIV. lebten ungefähr eine Million Hugenotten in Frankreich. Ihr Einfluss sei aber sehr viel stärker gewesen, da sie oft der höheren Mittelschicht oder sogar der Elite angehörten. „Die Reformierten beherrschten das Bankwesen, an Handel und Manufaktur waren sie überproportional beteiligt. In gewissen Bereichen – als auch mentalitätsgeschichtlich besonders bezeichnendes Beispiel sei die Uhrenherstellung erwähnt – waren sozusagen ausschließlich Protestanten tätig. Daneben waren sie, von Sully bis Turenne, auch in hohen Staatsstellungen häufig anzutreffen."[16] Schon Zeitge-

auf den Katholizismus bezogen, daß er ohne ihn kaum vorstellbar bliebe?" (Joseph RATZINGER, Zum Fortgang der Ökumene, in: Theologische Quartalschrift 166 [1986], S. 243–246, hier: S. 246).

[14] Siehe dazu auch unten S. 151 mit Anm. 48.

[15] Vgl. Thomas KAUFMANN, Einleitung: Interkonfessionalität, Transkonfessionalität, binnenkonfessionelle Pluralität. Neue Forschungen zur Konfessionalisierungsthese, in: Interkonfessionalität – Transkonfessionalität – binnenkonfessionelle Pluralität. Neue Forschungen zur Konfessionalisierungsthese, hrsg. von Kaspar von Greyerz u. a. (SVRG 201), Gütersloh 2003, S. 9–15.

[16] Peter HERSCHE, „Klassizistischer" Katholizismus. Der konfessionsgeschichtliche Sonderfall Frankreich, in: Historische Zeitschrift 262 (1996), S. 357–389, hier: S. 366.

nossen hätten gesehen, dass „die Kontroverse zwischen den beiden Konfessionen auch für die Majorität fruchtbare Auswirkungen" hatte.[17] „Wollte die katholische Kirche der hugenottischen Herausforderung wirksam begegnen, so mußte sie sich selbst tiefgreifend reformieren. [...] Mit dem anderswo sich breitmachenden Barockkatholizismus allerdings ließ sich die angestrebte Bekehrung nicht bewerkstelligen, erreichte man höchstens das Gegenteil. Mit prunkvollen Gottesdiensten, ‚abgeschmackten' Andachten und halbmagischen Riten, mit Heiligenkult, Prozessionen und Wallfahrten ließen sich überzeugte Hugenotten nicht gewinnen. Man mußte ihnen ein wenig entgegenkommen. Einige französische Bischöfe erkannten dies und waren zu Konzessionen bereit, um so mehr, als das gallikanische System hier einigen Spielraum ließ. Der offene Wettbewerb der beiden Konfessionen ließ also auch die siegreiche Seite nicht unberührt. Was den französischen Katholizismus so ‚aufgeklärt', ‚vernünftig' und ‚modern' machte, war neben dem Jansenismus die hugenottische Herausforderung. Als Beispiel seien die volkssprachlichen Meßbücher und die spirituelle Literatur genannt, die in Frankreich reicher als anderswo blühte."[18]

Ein gutes Beispiel für die produktive Kraft konfessioneller Konkurrenz auf dem Feld der Rechts- und Staatslehre ist der ebenso umfassende wie wirkungsreiche, zuerst 1608 und dann mehrfach nachgedruckte Römerbrief-Kommentar des Heidelberger Theologen David Pareus.[19] Schon im Untertitel nennt Pareus das

---

[17] Ebd.; vgl. Jacques SOLÉ, Le débat entre protestants et catholiques français de 1598 à 1685, 4 vols., Paris 1985; Bernard DOMPNIER, Le venin de l'hérésie. Image du protestantisme et combat catholique au XVIIe siècle, Paris 1985.

[18] HERSCHE, „Klassizistischer" Katholizismus (wie Anm. 16), S. 366 f.

[19] Vgl. David PAREUS, In divinam ad Romanos S. Pauli Apostoli epistolam commentarius, quo praeter accuratam textus sacri analysin atque interpretationem, de quaestionibus controversis DUBIA CLXXIX. Explicantur: & antiqua Romanorum fides adversus nun-Romanistarum opiniones, praecipue Roberti Bellarmini Iesuitae argutias, et Thomae Stapletoni Antidota: nec non Socini, Eniedini et Ostorodii haereticorum Samosatianorum blasphemias vindicatur, Frankfurt a. M. 1608 [VD 17 12:119329Z]; weitere

ausdrückliche Ziel, seine Auslegung in der Auseinandersetzung mit dem Jesuiten Robert Bellarmin und anderen zu entfalten. Die Auslegung der einschlägigen Passage Röm 13,1–7 gerät zu einer ausführlichen, bald auch separat gedruckten[20] Erörterung von neun kontrovers behandelten Themen wie zum Beispiel dem Widerstandsrecht oder der Frage der Herrschaftsgewalt weltlicher Obrigkeit in Religionsangelegenheiten.[21] Ausführlich werden die Argumente Bellarmins dargelegt, teilweise übernommen und zu widerlegen versucht. Ein Ertrag dieser Auseinandersetzung ist die dann über Hugo Grotius, Johann Gerhard und andere im lutherischen wie im reformierten Protestantismus verbreitete, für das evangelische Kirchenrecht grundlegende Unterscheidung von *ius circa sacra* und *ius in sacra*.[22]

Ausgaben: s. l. [Genf] 1609; Heidelberg 1609 [VD17 547:654147P]; Heidelberg/Frankfurt a. M. 1613 [VD17 7:703306X]; [Frankfurt]: Rosa, 1613 [VD17 3:305335K]; Genf 1617; Heidelberg [3]1620 [VD17 23:322514T].

[20] David PAREUS, Quaestiones controversae theologicae, de iure regum et principum. Contra Papam Romanum, magnum illum Anti-Christum. Pro [...] principe Jacobo Dei gratia Magnae Britaniae, Franciae et Hiberniae rege, fidei defensore: adversus Bellarminum, Becanum et id genus alios Pontificiae aulae parasitastros, Amberg 1612; vgl. DERS., De potestate ecclesiastica et civili propositiones theologico-politicae. Earundemque vindicatio, pietatis ergo instituta a Philippo Pareo, Frankfurt a. M. [2]1633; vgl. ferner DERS., Ad Roberti Cardinalis Bellarmini librum De temporali potestate Papae, commentatio, Frankfurt a. M./Heidelberg 1612.

[21] „1 An Papa & Clerus debeat esse subiectus potestati ciuili?", „2 Vtrum Papa Rom. sit potestas supereminens supra reges & principes?", „3 An omnis potestas sit à Deo ordinata?", „4 An & quatenus licitum sit resistere potestatibus, & Pontifici Romano?", „5 De potestate magistratus ciuilis circa religionem, an sit aliqua, & qualis?", „6 An Ecclesia habeat ius gladij: seu an gladius in Ecclesia Christi esse, & exerceri vindicando & belligerando à Christianis debeat?", „7 An leges Magistratus ciuilis conscientias obligent: & si hae obligant, an etiam leges & traditiones Ecclesiasticae obligent?", „8 Vtrum Ecclesiastici sint exemti tributis?" (PAREUS, Ad Romanos [wie Anm. 14] 1608, f. **iv[r]).

[22] Vgl. dazu Johannes HECKEL, Cura religionis, ius in sacra, ius circa sacra [1938]. Sonderausgabe (Libelli 69), Darmstadt 1962, S. 53–58 u. 72–74; Christoph STROHM, Kompetenz weltlicher Obrigkeit in Religionsangelegenheiten. Entstehung und Wirkung von David Pareus' Über-

Die Auswirkungen konfessioneller Konkurrenz auf die Rechtswissenschaften und die Rechtsentwicklung treten hier wie auch an anderen Stellen deutlich hervor. Dies sei an einigen Sachverhalten veranschaulicht.

3. Bildungswesen und juristische Fakultäten an den Universitäten

Es ist selbstverständlich, dass konfessionelle Konkurrenz nur ein Faktor neben anderen bei der Entwicklung des Schul- und Hochschulwesens in der Frühen Neuzeit gewesen ist. So hat die frühmoderne Territorialstaatsbildung zur Gründung zahlreicher Universitäten geführt. Jedes Territorium trachtete danach, seine Landeskinder auf eigenen Universitäten zu Beamten und Theologen auszubilden.[23] Aber selbst hier ist eine indirekte Wirkung der Reformation und der aus ihr hervorgehenden Konfessionsspaltung zu konstatieren. Denn der Sachverhalt, dass die Territorialstaatsbildung im Reich anders als in England und Frankreich nicht zugunsten der Zentralgewalt in Gestalt des Kaisers verlief, sondern zur Territorialisierung und Föderalisierung des Reiches führte, ist durch sie zumindest gefördert worden.[24]

---

legungen zum Ius circa sacra, in: Recht, Konfession und Verfassung im 17. Jahrhundert. West- und mitteleuropäische Entwicklungen, hrsg. von Robert von Friedeburg/Mathias Schmoeckel (Historische Forschungen 105), Berlin 2015, S. 67–83.

[23] Vgl. Michael Stolleis, Glaubensspaltung und öffentliches Recht in Deutschland, in: ders., Staat und Staatsräson in der frühen Neuzeit. Studien zur Geschichte des öffentlichen Rechts (stw 878), Frankfurt a. M. 1990, S. 268–297, insbes. S. 270; vgl. auch Anton Schindling, Bildung und Wissenschaft in der Frühen Neuzeit 1650–1800 (EdG 30), München ^{2}1999; Notker Hammerstein, Bildung und Wissenschaft vom 15. bis zum 17. Jahrhundert (EdG 64), München 2003.

[24] Vgl. z. B. Georg Schmidt, Luther und die Freiheit seiner „lieben Deutschen“, in: Der Reformator Martin Luther 2017. Eine wissenschaftliche und gedenkpolitische Bestandsaufnahme, hrsg. von Heinz Schilling

Bereits vor der Reformation hat es umfassende Bildungsreformbemühungen gegeben. Neben der humanistischen Bewegung ist hier die devotio moderna zu nennen.[25] Die Reformation hat – nach durchaus krisenhaften Anfängen – nicht zuletzt durch die Bemühungen Philipp Melanchthons prägende Wirkungen entfaltet. Christine Absmeier hat jüngst zum Beispiel im Blick auf das schlesische Schulwesen den überragenden Einfluss der in Wittenberg bei Melanchthon geschulten, protestantischen Akteure herausgestellt.[26] Innerhalb kurzer Zeit kam es zu einer erstaunlichen Blüte der Bildung, aus der große Gelehrte wie David Pareus oder Intellektuelle und Dichter wie Martin Opitz hervorgingen.

Katholische Akteure waren bald involviert, denn in Schlesien gab es eine komplexe konfessionelle Mischsituation. Mit dem böhmischen König aus dem Haus Habsburg hatte man einen katholischen Landesherrn, der durch den Breslauer Bischof als Landeshauptmann vertreten wurde. Die Schulen wurden aber primär von den städtischen Obrigkeiten errichtet. Und hier waren protestantische Einstellungen unterschiedlicher Couleur vorherrschend. So vollzog sich der Aufschwung des Schulwesens erst einmal im Zusammenhang der Ausbreitung des Protestantismus in Schlesien. Bald zogen katholische Akteure nach und bauten mit Hilfe der Jesuiten ein gleichwertiges Schulwesen auf. Selbstverständlich konnte man an vorreformatorische, humanistische Traditionen anknüpfen, und das jesuitische Schulwesen war An-

---

(Schriften des Historischen Kollegs. Kolloquien, 92) Berlin/München/Boston 2014, S. 173–194.

[25] Vgl. zusammenfassend HAMMERSTEIN, Bildung (wie Anm. 23), S. 12–17.

[26] „Alle namhaften schlesischen Schulmeister standen im brieflichen Kontakt mit Melanchthon und tauschten auf diesem Weg umfassende Informationen über alle Fragen rund um die Schule und den Unterricht aus. Personalfragen wurden erörtert, theologische Probleme geklärt, und oft genug nahm der Wittenberger Gelehrte über seine Briefe persönlichen Einfluss auf Entscheidungen vor Ort" (Christine ABSMEIER, Das schlesische Schulwesen im Zeitalter der Reformation. Ständische Bildungsreformen im Geiste Philipp Melanchthons [Contubernium 74], Stuttgart 2011, S. 35).

fang des 17. Jahrhunderts dann ähnlich erfolgreich wie das von Melanchthon inspirierte protestantische. In mancher Hinsicht wie zum Beispiel im Blick auf die von weiblichen Schulorden getragene Mädchenbildung scheinen die Aktivitäten in katholischen Territorien „erfolgreicher“ gewesen zu sein.[27] Dem Protestantismus kam gleichwohl eine impulsgebende Rolle zu, und allein schon der Sachverhalt, dass Katechismen und ähnliche Texte hier wie dort zentrale Lernmittel und somit weit verbreitet waren, bewirkte dauerhafte inhaltliche Unterschiede.

Für die Rechtswissenschaften und die Rechtsentwicklung unmittelbar relevant wurde die Stellung der juristischen Fakultäten in den Universitäten im protestantischen und tridentinisch-katholischen Bereich. Die Reformation führte insgesamt gesehen mit ihrer Abwertung des kanonischen Rechts zu einem Aufschwung der zivilrechtlichen Ausbildung an den Universitäten.[28] Anders sah es im Einflussbereich der tridentinischen Konfessionalisierung aus. In den katholischen Territorien wirkte sich die Übernahme eines großen Teils der Hochschulausbildung durch die Jesuiten hemmend auf die Entwicklung einer modernen, von theologischen Grundentscheidungen und Wahrheitsansprüchen sich emanzipierenden Rechtswissenschaft insgesamt aus.

---

[27] Vgl. Stefan Ehrenpreis, Einleitung, in: Frühneuzeitliche Bildungsgeschichte der Reformierten in konfessionsvergleichender Perspektive. Schulwesen, Lesekultur und Wissenschaft, unter redakt. Mitarb. v. Stefan Moesch hrsg. von Heinz Schilling/Stefan Ehrenpreis (ZHF Beiheft 38), Berlin 2007, S. 1–17, hier: S. 14; vgl. grundlegend Elke Kleinau/Claudia Opitz (Hrsg.), Geschichte der Mädchen- und Frauenbildung, Bd. 1: Vom Mittelalter bis zur Aufklärung, Frankfurt a. M./New York 1996; zur Bedeutung der weiblichen Schulorden vgl. Anne Conrad, Zwischen Kloster und Welt. Ursulinen und Jesuitinnen in der katholischen Reformbewegung des 16. und 17. Jahrhunderts, Mainz 1991.

[28] Vgl. jetzt auch den umfassenden Überblick zum Thema „Reformation und Recht“: Martin Heckel, Martin Luthers Reformation und das Recht. Die Entwicklung der Theologie Luthers und ihre Auswirkung auf das Recht unter den Rahmenbedingungen der Reichsreform und der Territorialstaatsbildung im Kampf mit Rom und den „Schwärmern“ (JusEccl 114), Tübingen 2016.

Weder die Ordenskonstitutionen der Jesuiten noch die *Ratio studiorum* von 1599 sahen ein Studium der Jurisprudenz vor.[29] Das Kirchenrecht war im Rahmen des Studiums der Moraltheologie zu behandeln. An den von den Jesuiten gegründeten Universitäten gab es im Normalfall keine juristischen Fakultäten, sondern die Lehre des kanonischen Rechts durch juristisch gebildete Philosophen und Theologen.[30]

Das jesuitische Universitätssystem war durch die Vorherrschaft der Theologen gekennzeichnet. So zeigte sich das katholische, durch die Jesuiten geprägte Hochschulwesen schlecht darauf vorbereitet, dass in einer sich wandelnden Welt säkulare Konzepte der Wirklichkeitsgestaltung gefragt waren. An protestantischen Universitäten konnten sich (zivilrechtlich-)juristische Fakultäten dagegen leichter etablieren. Und diese hatten wiederum einen wichtigen Anteil an der Universitätsentwicklung in der Frühen Neuzeit insgesamt.[31]

Es sei hinzugefügt, dass es bereits vor der Reformation ein Ringen um die Emanzipation von der Vorherrschaft des kanonischen Rechts gegeben hat. So legte ein Edikt Papst Honorius' III. von 1219/20, das erst 1679 unter Ludwig XIV. außer Kraft gesetzt wurde, fest, dass an der juristischen Fakultät der Sorbonne nur Doktoren des kanonischen Rechts lehren durften. Das führte zum Aufschwung der Universität Orléans als führender juristi-

---

[29] Vgl. Georg Michael Pachtler (Hrsg.), Ratio studiorum et institutiones scholasticae Societatis Jesu, per Germaniam olim vigentes, 4 Bde., Berlin 1887–1894; Neudr. Osnabrück 1968; vgl. auch Arno Seifert, Der jesuitische Bildungskanon im Lichte der zeitgenössischen Kritik, in: Zeitschrift für bayerische Landesgeschichte 47 (1984), S. 43–75; zur außerordentlichen Wirkungsgeschichte der *Ratio studiorum* vgl. auch Klaus Schatz, Die jesuitische Ratio Studiorum. Verwirklichung und Problematik eines kirchlichen Bildungsideals, in: Die Academia Theodoriana. Von der Jesuitenuniversität zur Theologischen Fakultät Paderborn 1614–2014, hrsg. von Josef Meyer zu Schlochtern, Paderborn 2014, S. 61–82, insbes. S. 61.

[30] Vgl. Karl Hengst, Jesuiten an Universitäten und Jesuitenuniversitäten, Paderborn u. a. 1981, S. 288–294.

[31] Vgl. Strohm, Calvinismus und Recht (wie Anm. 10), S. 51 f.

scher Ausbildungsstätte in Frankreich und seit Mitte des 15. Jahrhunderts auch der Universität Bourges als Zentrum der humanistischen Jurisprudenz.

Im Bereich der Reformation konnten die juristischen Fakultäten weitgehend ungehindert gedeihen, wohingegen es im Bereich der tridentinisch-katholischen Reform an etablierten juristischen Fakultäten zu Konflikten mit den Vorherrschaftsansprüchen der Jesuiten kam.[32] Belegt ist das zum Beispiel für die Universität Ingolstadt,[33] aber auch für andere Universitäten. Im Bereich des Protestantismus kommt es zu einer stärkeren Emanzipation der Juristen von der Vorherrschaft der klerikalen Hierarchie, als das im Bereich des tridentinischen Katholizismus der Fall war. Förderlich dürften hier dem Protestantismus eigene, miteinander verbundene und gerade dadurch konfessionskulturell einschlägig gewordene Grundentscheidungen gewirkt haben: die Aufwertung des Lebens im weltlichen Beruf als Ort des Gottesdienstes, die Emanzipation des Amts der weltlichen Obrigkeit im Zuge der reformatorischen Reiche- und Regimenten-Lehre sowie die diese verstärkende Hochschätzung des Priestertums aller Getauften. Gleichfalls kann man hier die bereits von Ernst Troeltsch differenziert herausgearbeiteten Tendenzen eines protestantischen Personalismus und Individualismus, die mit der Aufwertung des individuellen

[32] Vgl. auch den Überblick zum Thema „Juristische Fakultäten und Konfessionalisierung" ebd., S. 39–53.

[33] Zu den lange anhaltenden Widerständen gegen die Übernahme der altbayerischen Landesuniversität in Ingolstadt durch die Jesuiten vgl. Hengst, Jesuiten (wie Anm. 30), S. 86–99, insbes. 93 f. Die Juraprofessoren wehrten sich insbesondere dagegen, dass die Rhetorikvorlesung, die im Rahmen des Artistenstudiums und damit zugleich für die angehenden Jurastudenten obligatorisch war, von einem Jesuiten gehalten werden sollte (vgl. Arno Seifert, Der jesuitische Bildungskanon im Lichte der zeitgenössischen Kritik, in: Zeitschrift für bayerische Landesgeschichte 47 [1984], S. 43–75, hier: S. 256–258, Nr. 77). Ihrer Auffassung nach war „der Jesuiten docirn pro futuris iuris consultis et medicinis, et forte etiam theologis, nichts nutz" (ebd., S. 307–312, Nr. 88–90, zit. in: Hengst, Jesuiten [wie Anm. 30], S. 93 Anm. 117).

Glaubensvollzugs gegenüber der sakramentalen Heilsvermittlung durch das priesterliche Amt verbunden waren, in Rechnung stellen.[34] Indiz dafür sind Anfang des 17. Jahrhunderts formulierte Ansprüche von protestantischen Juristen, selbst in manchen Fragen der Bibelauslegung kompetenter als die Theologen zu sein.[35] Abgesehen davon hatten Nicht-Klerikerjuristen schon seit den 1520er-Jahren in evangelischen Territorien in den Visitationskommissionen und den Konsistorien eine neue kirchenleitende Rolle zuerkannt bekommen. Daran konnten auch Tendenzen einer Re-Klerikalisierung nichts ändern, wie das Phänomen „Christian

---

[34] „Alles in allem wird man sagen dürfen: die auf die Geschichte sich stützende, aber sie nicht dogmatisch verhärtende Überzeugungs- und Gewissensreligion des protestantischen Personalismus ist die der modernen individualistischen Kultur gleichartige und entsprechende Religiosität, ohne im einzelnen mit ihren Schöpfungen einen allzu engen Zusammenhang zu besitzen. […] Die moderne Kultur ist jedenfalls durch eine ungeheure Ausbreitung und Intensität des Freiheits- und Persönlichkeitsgedankens charakterisiert, und wir erblicken darin ihren besten Gehalt. Dieser Gedanke ist von allen Lebensgebieten her unter der besonderen Konstellation der Umstände spontan entwickelt worden und hat vom Protestantismus nur ein überaus mächtiges, übrigens für sich selbst unabhängiges religiös-metaphysisches Fundament erhalten" (Ernst Troeltsch, Die Bedeutung des Protestantismus für die Entstehung der modernen Welt, in: ders., Schriften zur Bedeutung des Protestantismus für die Entstehung der modernen Welt [1906–1913], hrsg. von Trutz Rendtorff/Stefan Pautler [Kritische Gesamtausgabe, 8], Berlin/New York 2001, S. 199–316, hier: S. 314f.). Zum Versuch einer ausgewogenen Bewertung der Troeltsch'schen Thesen im Horizont der gegenwärtigen Frühneuzeitforschung vgl. Christoph Strohm, Nach hundert Jahren. Ernst Troeltsch, der Protestantismus und die Entstehung der modernen Welt, in: ARG 99 (2008), S. 6–35. Wer Ernst Troeltschs außerordentlich wirkungsreichen, auf dem Historikertag in Stuttgart 1906 gehaltenen Vortrag gelesen hat, kann jedenfalls der oben Anm. 6 zitierten pauschalen Schelte „der protestantische[n] Geistes- und Sozialwissenschaftler seit dem 19. Jahrhundert" nicht zustimmen.

[35] Vgl. Christoph Strohm, „Silete theologi in munere alieno". Konfessionelle Aspekte im Werk Alberico Gentilis, in: Reformierte Staatslehre in der Frühen Neuzeit (Historische Forschungen, 102), hrsg. von Heinrich de Wall, Berlin 2014, S. 195–223.

Thomasius" Ende des 17. Jahrhunderts in besonders eindrucksvoller Weise zeigt.[36]

4. Konfessionelle Konkurrenz, Geschichtsdeutung und Historisierung des Rechts

Eine Folge konfessioneller Konkurrenz war das Ringen um die Deutung der Geschichte. Die humanistische Bewegung hatte mit ihrem Verständnis der Geschichte als magistra vitae zu einem großen Aufschwung des Studiums der Geschichte und der Produktion von Geschichtsdarstellungen geführt.[37] Mit der von Johannes Carion und Philipp Melanchthon 1532 zum ersten Mal in deutscher Sprache zum Druck gebrachten *Chronica* lag früh ein außerordentlich wirkungsreiches, vielfach nachgedrucktes und überarbeitetes Vorbild reformatorischer Geschichtsschreibung vor.[38] Die Grundmuster späterer Argumentation sind hier vor-

[36] Zum Kampf gegen die „protestantische Clerisey" und dem hier in neuer Form wieder erstarkenden römischen Papsttum als Hauptanliegen Thomasius' vgl. Christoph STROHM, Luther-Rezeption bei dem Juristen Thomasius, in: Das Bild der Reformation in der Aufklärung (SVRG), hrsg. von dems./Wolf-Friedrich Schäufele, Gütersloh 2017 (im Druck).

[37] Vgl. August BUCK, Das Geschichtsdenken der Renaissance (Schriften und Vorträge des Petrarca-Instituts Köln, 9), Krefeld 1957; Adalbert KLEMPT, Die Säkularisierung der universalhistorischen Auffassung. Zum Wandel des Geschichtsdenkens im 16. und 17. Jahrhundert (Göttinger Bausteine zur Geschichtswissenschaft, 31), Göttingen/Berlin/Frankfurt a. M. 1960; Friedrich ENGEL-JANOSI, Die Wahrheit der Geschichte. Versuche zur Geschichtsschreibung in der Neuzeit, München 1973; Eckhard KESSLER, Petrarca und die Geschichte. Geschichtsschreibung, Rhetorik, Philosophie im Übergang vom Mittelalter zur Neuzeit (Humanistische Bibliothek, I/25), München 1978; Ulrich MUHLACK, Geschichtswissenschaft im Humanismus und in der Aufklärung. Die Vorgeschichte des Historismus, München 1991.

[38] Vgl. dazu jetzt umfassend Frank Ulrich PRIETZ, Das Mittelalter im Dienst der Reformation: Die *Chronica* Carions und Melanchthons von 1532. Zur Vermittlung mittelalterlicher Geschichtskonzeptionen in die protestantische Historiographie (Veröffentlichungen der Kommission

gezeichnet. Der Rückgriff auf die mittelalterliche Geschichte erfolgt in durchgehend antipäpstlicher Perspektive.[39] Die Kaiser Karl der Große, Otto I., Friedrich Barbarossa, Friedrich II. und andere werden hingegen außerordentlich positiv gewürdigt und als Vorbilder gegenwärtigen Handelns dargestellt.[40] In der zugespitzten Situation nach der Niederlage der Protestanten im Schmalkaldischen Krieg 1547 mit ihrem verschärften Legitimationsdruck entstanden die Magdeburger Zenturien als profiliertestes Beispiel lutherisch-konfessioneller Geschichtsschreibung.[41] Die dreizehn gedruckten Bände, die jeweils ein Jahrhundert Kirchengeschichte darstellten und deuteten, suchten die Vorwürfe altgläubiger Theologen zu entkräften, die der jungen lutherischen Kirche die große, alte römische Tradition entgegenhielten. In den Jahren 1588 bis 1593 setzte wiederum Kardinal Caesar Baronius den Magdeburger Zenturien eine tridentinisch-katholische Gegendarstellung der Kirchengeschichte bis zum Ende des 12. Jahrhunderts entgegen.[42]

---

für geschichtliche Landeskunde in Baden-Württemberg, Reihe B 192), Stuttgart 2014. Christian Moser hat in seiner Analyse der Reformationsgeschichtsschreibung Heinrich Bullingers zu Recht darauf hingewiesen, dass die Erforschung der konfessionell motivierten Geschichtsschreibung im Vergleich zur humanistischen Historiographie über weite Strecken vernachlässigt worden ist (vgl. Christian Moser, Die Dignität des Ereignisses. Studien zu Heinrich Bullingers Reformationsgeschichtsschreibung [Studies in the History of Christian Traditions, 163], 2 Bde., Leiden/Boston 2012, S. 5–9).

[39] Vgl. insbes. Prietz, Mittelalter (wie Anm. 38), S. 89. 299. 365 f. 378. 428 f.

[40] Vgl. insbes. ebd., S. 301–332. 374–393. Auch Karl V. wird außerordentlich gelobt, da ihm im apokalyptischen Endkampf um den Glauben in der Gegenwart eine entscheidende Rolle zukomme.

[41] Vgl. Harald Bollbuck, Wahrheitszeugnis, Gottes Auftrag und Zeitkritik. Die Kirchengeschichte der Magdeburger Zenturien und ihre Arbeitstechniken (Wolfenbütteler Forschungen, 138), Wiesbaden 2014; vgl. schon Heinz Scheible, Die Entstehung der Magdeburger Zenturien. Ein Beitrag zur Geschichte der historiographischen Methode (SVRG 183), Gütersloh 1966.

[42] Vgl. Caesar Baronius, Annales ecclesiastici a Christo nato ad annum 1198, 12 Bde., Rom 1588–93. Der Oratorianer Odoricus Raynaldus ver-

Für die Rechtsentwicklung wurde der Kampf um die Deutung der Geschichte unmittelbar relevant. Denn die nun von protestantischen Juristen geschaffenen Editionen antipäpstlicher Texte der deutschen Reichsgeschichte des Mittelalters bildeten einen wichtigen Bestandteil der in der zweiten Hälfte des 16. und am Beginn des 17. Jahrhunderts entstehenden Reichspublizistik.[43] Im Jahr 1566 brachte der am Reichskammergericht tätige Jurist Simon Schard eine Ausgabe der Sammlung der Briefe und Manifeste Kaiser Friedrichs II.[44] sowie ein Sammelwerk mit Streitschriften zugunsten des Kaisers wider päpstliche Ansprüche seit Kaiser Heinrich IV. zum Druck.[45]

---

fasste zwischen 1646 und 1676 eine Fortsetzung in neun Bänden, die bis zum Jahr 1565 reichte.

[43] Vgl. Michael STOLLEIS, Geschichte des öffentlichen Rechts in Deutschland, Bd. I: Reichspublizistik und Policeywissenschaft 1600–1800, München 1988, S. 132 f.; DERS., Gelehrte und politische Editoren mittelalterlicher Texte um 1600, in: Science politique et droit public dans les facultés de droit européennes (XIIIe–XVIIIe siècle), hrsg. von dems./ Jacques Krynen, Frankfurt a. M. 2008, S. 613–623; STROHM, Calvinismus und Recht (wie Anm. 10), S. 126–132. 324–340; vgl. ferner Michael STOLLEIS, Reformation und Verrechtlichung am Beispiel der Reichspublizistik (in diesem Band), S. 53–72.

[44] Simon SCHARD (Hrsg.), Epistolarum Petri de Vineis: Cancellarii quondam Friderici II Imperatoris, quib. res eius gestae, memoria dignissimae, historica fide describuntur, et alia quamplurima utilia continentur, libri VI. Nunc primum ex tenebris, in quibus hactenus iacuere, in laudem fortißimi Imp. Friderici, ac studio forum historiae utilitatem, eruti, et luce donati […], Basel 1566; zum historischen Kontext der Entstehung der Sammlung vgl. Hans Martin SCHALLER, Stauferzeit. Ausgewählte Aufsätze (Schriften der Monumenta Germaniae historica, 38), Hannover 1993, S. 197–223. 225–270. 463–478.

[45] Simon SCHARD (Hrsg.), De imperali jurisdictione, autoritate et praeeminentia imperii atque juribus regni syntagma tractatuum, Basel 1566 [weitere Ausg.: Straßburg ^{2}1609]; zu Schard, seinen Editionen und der konfessionellen Einordnung vgl. STROHM, Calvinismus und Recht (wie Anm. 10), S. 324–327 (mit weiteren Nachweisen). Die Sammlung der vom kaiserlichen Protonotar und Logotheten Petrus de Vinea (vor 1200–1249) in glänzendem Stil verfassten Briefe und Manifeste Friedrichs II. war im Mittelalter weitverbreitet und diente in vielen Kanzleien als Formularbehelf.

Nicht nur in diesen Editionen, sondern auch in einem umfangreichen, vierbändigen *Historicum opus* manifestiert sich die scharf-antipäpstliche Haltung Schards.[46] In dem letztgenannten sucht Schard das Recht des deutschen Kaisertums gegenüber dem Papsttum zu stärken, indem er mit Hilfe zahlreicher Dokumente eine deutsche Geschichte im europäischen Kontext bis in die jüngste Zeit bietet.

Den für die entstehende Reichspublizistik wichtigsten Beitrag hat der Schweizer Melchior Goldast von Haiminsfeld (1578–1635) mit seinen Editionen des Reichsrechts der jüngeren Zeit geleistet.[47] Seit 1605 hat er zahlreiche Editionen wichtiger Quellen zur

---

Schard edierte sie nicht nur im Zuge eines humanistischen Interesses an elegantem Latein, sondern – wie die Beigabe der Exkommunikations- bzw. Absetzungsbeschlüsse der Päpste Gregor IX. und Innozenz IV. zeigt (vgl. auch den angefügten Untertitel „His accessit ob similitudinem argumenti, HYPOMNEMA, de fide, amicitia, et obseruantia Pontificum Romanorum erga Imperatores Germanicos") und wie er in der Epistola dedicatoria auch ausdrücklich formuliert (vgl. SCHARD, Epistolarum libri VI, f. α4^{r}–α5^{r}) – bewusst als Dokumente des legitimen Kampfes Kaiser Friedrichs II. gegen die usurpatorischen Bestrebungen des Papsttums. Schard beschrieb darin das Papsttum in denkbar negativer Weise und blieb nicht bei der allgemeinen Rede vom Antichristen stehen (vgl. ebd., f. α2^{v}–α3^{v}).

[46] Vgl. Simon SCHARD[/Nikolaus CISNER], Historicvm opvs, in qvatvor tomos divisvm […], 3 Bde., Basel s. a. [1574].

[47] Zu Goldast von Haiminsfeld vgl. Oskar VASELLA, Art. Goldast, Melchior, in: NDB 6 (1964), S. 601 f.; Heinz SCHECKER, Melchior Goldast von Haiminsfeld. Eine Studie, Bremen 1930; wiederabgedr. in: Beiträge zur Geschichte der Staatsbibliothek Bremen, hrsg. von Hans Wegener, Bremen 1952, S. 157–194; Martin MULSOW, Gelehrte Praktiken politischer Kompromittierung. Melchior Goldast und Lipsius' Rede *De duplici concordia* im Vorfeld der Entstehung der protestantischen Union, in: Die Praktiken der Gelehrsamkeit in der Frühen Neuzeit, hrsg. von dems./Helmut Zedelmaier (Frühe Neuzeit, 64), Tübingen 2001, S. 307–347; Anne A. BAADE, Melchior Goldast von Haiminsfeld. Collector, commentator and editor (Studies in Old Germanic languages and literature, 2), New York 1992; Gundula CASPARY, Späthumanismus und Reichspatriotismus. Melchior Goldast und seine Editionen zur Reichsverfassungsgeschichte (Formen der Erinnerung, 25), Göttingen 2006; Bibliographie der Werke Goldast von Haiminsfelds in: Wilhelm Eugen GONZENBACH, Art. Goldast, Melchior de Haimins-

Reichs- und Rechtsgeschichte zum Druck gebracht,[48] die seinen Ruf als „juris publici cultor clarissimus" und seine überragende Bedeutung für die entstehende Reichspublizistik begründeten.[49] Ein Großteil der von ihm edierten Texte dient dem Erweis einer gefährlichen und widerchristlichen Ausweitung des päpstlichen Machtanspruchs auf Kosten der legitimen Herrschaft der weltlichen Obrigkeit. Im ersten Band seiner 1611–1614 unter dem Titel *Monarchia sacri Romani imperii* erschienenen, umfassenden Edition grundlegender Texte des Reichsrechts bietet er einen Querschnitt einschlägiger mittelalterlicher Autoren, von Hinkmar von Reims über Johannes Hus, Wilhelm von Ockham und Jean Gerson bis Beatus Rhenanus' Vorrede zum *Defensor pacis* des Marsilius von Padua. Goldasts Werk ist als Textsammlung

feld, in: Jean George Théodore Graesse (Hrsg.), Trésor de Livres rares et précieux ou Nouveau Dictionnaire Bibliographique, Bd. 3, Dresden 1862; Nachdr. Mailand 1993, S. 107–111; Caspary, Späthumanismus, S. 217 f.; zur konfessionellen Einordnung und den protestantischen Einflüssen auf seine publizistische Tätigkeit vgl. Strohm, Calvinismus und Recht (wie Anm. 10), S. 328–340.

[48] Melchior Goldast von Haiminsfeld, Deß Heyligen Roemischen Reichs Keyser, Koenig unnd Churfuersten Constitution, Reformation, Ordnungen unnd Außschreiben Von Anbeginn der Regierung Keyser Carle deß Grossen [...] biß auff Carolum den Fünfften unnd Enderung der Religion [...], Frankfurt a. M. 1607; ders., DD. NN. imperatorum caesarum augustorum, regum, et principum electorum s. Rom. imperii statuta et rescripta imperialia, a Carolo Magno primo e Germanis imperatore usque ad Carolum V. et reformationem religionis, 2 Bde., Frankfurt a. M. 1607; ders., Collectio constitutionum imperialium, hoc est, DD. NN. Imperatorum, caesarum, ac regum augustorum, sacri imperii Germano-Romani, recessus, ordinationes, decreta, rescripta, mandata, & edicta, in publicis comitiis promulgata, aut alias edita [...], 3 Bde., Frankfurt a. M./Hanau/Offenbach 1609–1615; ders., Monarchia sacri Romani imperii, sive tractatus de iurisdictione imperiali seu regia, et pontificia seu sacerdotali, deque potestate imperatoris ac papae, cum distinctione utriusque regiminis, politici et ecclesiastici, 3 Bde., Hanau 1611–1614 [Reprint Graz 1960]; ders., Politica imperialia, sive discursus politici, acta publica et tractatus generales [...], Frankfurt a. M. 1614.

[49] Vgl. Stolleis, Geschichte (wie Anm. 43), S. 133.

gegen die Schriften derjenigen, die die geistliche und die weltliche Gewalt „speichelleckerisch" oder „unwissend" vermischten, konzipiert.[50] In der Widmungsrede, die an den kurze Zeit später zum Calvinismus übergetretenen Kurfürsten Johann Sigismund von Brandenburg (1572–1619) gerichtet ist, betont er die grundlegende Alternative, die heute aufs Heftigste umstritten sei. Auf der einen Seite werde die maiestas im Reich dem Kaiser mit den weltlichen und geistlichen Kurfürsten zugesprochen, auf der anderen Seite beanspruche sie der Papst mit den Kardinälen und Bischöfen.[51]

Goldast nimmt die seit alter Zeit bestehende Praxis auf, dass die Christenheit in zweifacher Weise regiert werde, durch die „sancta Maiestas Regia" und die „sacra Cura Sacerdotalis". Anknüpfend an Konstantin den Großen erhält der Kaiser bei der weiteren Erläuterung seiner Kompetenz einen außerordentlich großen Spielraum. Er ist zwar nur Aufseher über die *äußeren* Dinge in der Kirche, aber dieses Amt besteht über die Verteidigung der Kirche und die Sorge für die Ordnung in ihr hinaus auch in der Verbesserung der Gottesverehrung und der Abschaffung von Aberglauben und Idolatrie.[52] Angesichts der in der Gegenwart völlig veränderten

---

[50] Vgl. CASPARY, Späthumanismus und Reichspatriotismus (wie Anm. 47), S. 188.

[51] „DE Maiestate Imperii, PRINCEPS ELECTOR, quam *maiorem statum* Politici et Iurisprudentes interpretantur, et olim inter Gentes varie decertatum fuit, et hodie apud Christianos acerrime controuertitur: hinc Imperatore cum Regibus et Archiprincipibus Electoribus, illinc Papa cum Cardinalibus et Episcopis, eam sibi arrogantibus" (Goldast VON HAIMINSFELD, Monarchia I, f. +a2^r).

[52] „Etenim quum duo sint, quibus (ipso Gelasio Papa teste) genus Christianum regitur, sancta Maiestas Regia et sacra Cura Sacerdotalis, alteram alterius auxilio vegere, non misceri aut in vnum confundi debet. Imperator est Pontifex Maximus, hoc est, vt Magnus ille Constantinus Imp. de se dicere solitus erat, [...] *rerum exteriorum in Ecclesia Episcopus ac Inspector*. Res autem exteriores in Ecclesia sunt (quomodo mihi persuadeo) defensio Ecclesiae, custodia disciplinae Ecclesiasticae recte atque ordine gerendae, Conciliorum indictio seu Synodorum, sanctio Canonum et Decretorum, emendatio cultus diuini, abrogatio superstitionum et idololatriarum, obseruatio caerimoniarum Ecclesiasticarum, notatio vitae et honestatis

Situation – des „Kollapses" der göttlich eingerichteten Ordnung – gelte es, das Erbe derer, die seit 1300 Jahren gegen die päpstliche Tyrannei geschrieben hätten, fruchtbar zu machen.[53]

An Goldasts editorischem Werk wird die produktive Kraft konfessioneller Konkurrenz deutlich. Permanent setzt er sich mit zeitgenössischen römisch-katholischen Autoren und ihren „monströsen, unerhörten und unchristlichen" Reden auseinander.[54] Ge-

---

Clericorum, punitio impie ac flagitiose viuentium, Ministrorum Ecclesiae positio et depositio, et si qua sunt alia id genus, quae alibi a me nuper prolixius commemorata leguntur. At vero Papa est, si proprie velimus loqui, Sacerdos siue Presbyter Summus, id est, [...] *rerum interiorum in Ecclesia Episcopus atque* (vt ita dicam) *Superintendens*. Res autem interiores in Ecclesia esse videntur annuntiatio verbi diuini, poenitentiae praedicatio, administratio Sacramentorum, potestas clauium, visitatio infirmorum, et consimilia. Haec officia ita inter se discriminantur, vt certos ambo habeant fines, quorum respectu iidem sibi inuicem Imperator et Papa, et praeesse et subesse diuersis possint rationibus. Namque Imperator Papae subesse autumatur in rebus Ecclesiae interioribus" (ebd., f. +2^{r}–+2^{v}).

53 „O tempora! o mores! quantum nunc pontifices ab illis mutati sunt? Collapsus est ordo diuinitus institutus, hierarchia turbata est, munium Ecclesiasticorum distinctio sublata, boni mores obsoleuerunt, gladius abscidit Ecclesiae vinculum, et mater deuorauit filium primogenitum, id est, Imperatoria potestas a Sacerdotio est absumpta, et spiritualia cum temporalibus commutata cernuntur. Vbi est nunc sancta illa obedientia Regibus debita, quam tantopere prisci illi Pontifices inulcare solebant? vbi seruus seruorum Domino suo Imperatori ministrare paratus est? vbi Principibus propter recti ordinis obseruationem obsequium praestatur? vbi leges, decretiones et sanctiones Magistratuum recipiuntur, vt ex cathedris templorum publicentur; quibusve ipsi Pontifices aeque, ac caeteri subiecti, constringantur ac pareant?" (ebd., f. +2^{v}–+3^{r}). „Quae vbi Serenitati Tuae, Princeps Elector, non ingrata fore intellexero, magis diligentiorem operam nauabo, vt propediem maius opus videas quadraginta et plurium Auctorum, qui per annos ∞ ccc. [1300] in Ecclesia Christi sese Pontificae tyrannidi, veluti murum pro templo Dei, et scutum pro legitimo magistratu obiecerunt" (ebd., f. +4^{r}).

54 „Sed haec ferri quadamtenus potuissent, si hoc fine malum stetisset, nec eo vsque progressa esset quorundam assentatorum impudentia vt affirmare nihil erubescant: Papam esse vniuersae mundi machinae Dominum, totius orbis absolutum Monarcham, in coelestibus, terrestribus et infernis immediatum Vicarium et Vicedeum, Ecclesiae vniuersali Principem

rade weil ihm hochkarätige Kontrahenten wie der Jesuit Robert Bellarmin gegenüberstehen, sieht er sich zu vertiefter Argumentation herausgefordert.[55] Auf die Kritik des Jesuiten Jakob Gretser antwortet er sogar mit einer eigenständigen Schrift.[56]

Die Argumentation protestantischer Juristen wie Simon Schard und Melchior Goldast von Haiminsfeld ist insofern nicht wirk-

---

anormalum atque supremum caput, etc. cui omnes Imperatores, Caesares, Reges atque Principes, quantum terra gerit cumque, in temporalibus ac spiritualibus subesse, et ad nutum eius viuere cogantur siue prece, siue precio, siue precario. Haec sunt monstra verborum in Catholica Dei Ecclesia quondam inaudita; quae nuper adeo ex nescio quo Tartaro Europam inuaserunt, et animos Christianorum ad pietatem et ordinariam subiectionem surgentes, veluti pestilente quodam fidere afflauerunt, semelque corrupta verae obedientiae regula stetit et obmutuit. Quis legit Prieratis, Poli, Sanderi, Pighii, Aluarezi, Vargasii, Bellarmini, Baronij, Bozij, Pesantij, Stabletoni, Gretseri, Coquaei, et similium libros, et non commouetur ad verba tam inchristiana, in Deumque ac principes injuriosa? Quippe quibus cum Diuina, tum humana laedatur Majestas" (ebd., f. +3^{r}–+3^{v}).

[55] In der Widmungsrede zum ersten Band der *Monarchia sacri Romani imperii* formuliert Goldast ausdrücklich das Ziel, Bellarmins *Tractatus de summi pontificis potestate in rebus temporalibus* zu widerlegen. „In postremo Bellarminus libro, quem *de Potestate summi Pontificis in rebus temporalibus* aduersus Barclaium, Doctorem Pontificium in Academia Pontemussana, instituit, non eodem acumine & eruditionis colore, quo caetera ejus scripta legimus insignita pariter & miramur, hoc ponit effatum; *Barclaius potestatem summi Pontificis in temporalibus vniverse negat; ego quoque potestatem eandem vniuerse astruam, non multum laborans, si ea potestas sit absoluta, vel in ordine tantum ad spiritualia se extendat.* Huic effato, minime quidem (vt paret) Apostolico, de consilio ac sententia summorum virorum, PRINCEPS ELECTOR, opponere visum est scriptores ante-veteres & nunc-novos quasi triginta, qui illud falsimoniae debeant arguere" (ebd., f. +3^{v}).

[56] Melchior GOLDAST VON HAIMINSFELD, Replicatio pro sac. caesarea et regia Francorum maiestate illustrissimisque imperii ordinibus, adversus Jacobi Gretseri jesuitae e societate Loyolitarum, crimina laesae maiestatis, rebellionis & falsi: extemporaliter & populariter instituta […]. Accesserunt insuper evererendiss. & Illustriss. quorumdam S. Rom. imperii principum apologiae pro d.n. Henrico IV. imp. aug. patre patriae, adversus Gregorii VII. Papae cognomento Hildebrandi, & aliorum patriae hostium, impias ac malignas criminationes, Hanau 1611.

lich neu, als diese die mittelalterlichen prokaiserlichen Positionen im Streit mit dem römischen Papsttum aufgreifen. Zugleich ist aber zu betonen, dass es praktisch ausschließlich protestantische Autoren sind, die die entsprechenden Texte im 16. und 17. Jahrhundert zum Druck und damit zur Wirkung bringen. Das gilt für Marsilius von Paduas *Defensor pacis* mit den Ansätzen einer Volkssouveränitätslehre ebenso wie für die einschlägigen Schriften Lupold von Bebenburgs.[57]

Der durch den konfessionellen Gegensatz verstärkte Rückgriff auf die mittelalterliche Geschichte und die Beanspruchung der Zeugenschaft entsprechender Autoren setzt sich im 17. Jahrhundert fort. Er verbindet sich mit späthumanistischen, neustoizistischen und weiteren historisierenden Tendenzen. In der deutschen Frühaufklärung am Ende des 17. Jahrhunderts kommt es dann zu einer umfassenden historischen Neuausrichtung der Rechts-

---

[57] Marsilius von Paduas *Defensor pacis* wurde trotz des päpstlichen Verbotes 1522 mit der Vorrede eines „protestantischen Geistlichen" (wohl Beatus Rhenanus) in Basel gedruckt. Alle weiteren Ausgaben im 16. und 17. Jahrhundert erfolgten in einem protestantischen Kontext: Frankfurt a. M. 1592; Heidelberg 1599; Frankfurt a. M. 1612; 1613; 1614 (Auflistung der Editionen und Editoren, in: Marsilius von Padua, Defensor pacis, hrsg. von Richard Scholz, Hannover 1932, S. LXVIII–LXX). Lupold von Bebenburgs *Tractatus de iuribus regni et imperii* wurde nach der Editio princeps durch Jacob Wimpfeling (Straßburg 1508), 1562 (?) durch Johannes Herold in Basel, 1566 durch Simon Schard in Basel (auch 1609 und 1618), 1603 durch Marquard Freher in Straßburg sowie 1624 und 1664 durch Matthias Bernegger in Straßburg zum Druck gebracht (vgl. Jürgen Miethke/Christoph Flüeler [Hrsg.], Politische Schriften des Lupold von Bebenburg, Hannover 2004, S. 182). Die wirkungsgeschichtlich wichtigste, frühe Ausgabe hat der aus dem Schweizer Reformiertentum kommende Goldast von Haiminsfeld in seiner dreibändigen *Monarchia S. Romani imperii* (wie Anm. 42) vorgelegt (Bd. II, S. 154–312). Zur Bewertung Marsilius von Paduas als Zeugen der evangelischen Wahrheit vgl. Matthias Flacius Illyricus, Catalogus testium veritatis, Basel 1556, S. 833 ff.; vgl. zum Ganzen auch Johannes Heckel, Marsilius von Padua und Martin Luther. Ein Vergleich ihrer Rechts- und Soziallehre [1958], in: ders., Das blinde, undeutliche Wort „Kirche". Gesammelte Aufsätze, hrsg. von Siegfried Grundmann, Köln/Graz 1964, S. 49–110.

wissenschaften. Eine entscheidende Rolle spielte dabei Christian Thomasius mit seiner Neugestaltung des Rechtsunterrichts an der in den 1690er Jahren gegründeten Universität Halle.[58]

Die Überzeugung von der Geschichtlichkeit des Rechts hat bei dem Frühaufklärer Thomasius unterschiedliche Wurzeln,[59] aber auch bei ihm ist der konfessionelle Streit als Ausgangspunkt nicht zu unterschätzen. Die Beschäftigung mit der Geschichte hat nicht nur im klassischen humanistischen Sinn eine *ethische* Funktion. Sie hat vielmehr auch eine aufklärende Funktion, die sich zuallererst auf die päpstlichen bzw. klerikalen Übergriffe und die daraus ent-

---

[58] Zur Übersicht vgl. Max FLEISCHMANN, Christian Thomasius, in: Christian Thomasius. Leben und Lebenswerk. Abhandlungen und Aufsätze. Neudruck der Ausgabe Halle 1931, hrsg. von dems., Aalen 1979, S. 1–248; Klaus LUIG, Christian Thomasius, in: Staatsdenker in der frühen Neuzeit, hrsg. von Michael Stolleis, München (1977) [3]1995, S. 227–256; Werner SCHMIDT, Ein vergessener Rebell. Leben und Wirken des Christian Thomasius, München 1995; Francesco TOMASONI, Christian Thomasius. Geist und kulturelle Identität an der Schwelle zur europäischen Aufklärung, Münster u. a. 2009; Übersicht über die neuere Forschung in den Sammelbänden: Friedrich VOLLHARDT (Hrsg.), Christian Thomasius (1655–1728). Neue Forschungen im Kontext der Frühaufklärung (Frühe Neuzeit, 37), Tübingen 1997; Manfred BEETZ/Herbert JAUMANN (Hrsg.), Thomasius im literarischen Feld. Neue Beiträge zur Erforschung seines Werkes im historischen Kontext (Hallesche Beiträge zur europäischen Aufklärung, 20), Tübingen 2003; Heiner LÜCK (Hrsg.), Christian Thomasius (1655–1728). Gelehrter Bürger in Leipzig und Halle (Abhandlungen der Sächsischen Akademie der Wissenschaften zu Leipzig, Philologisch-historische Klasse, 81/2), Leipzig/Stuttgart 2008; vgl. ferner Martin KÜHNEL, Das politische Denken von Christian Thomasius. Staat, Gesellschaft, Bürger (Beiträge zur politischen Wissenschaft, 120), Berlin 2001; Klaus-Gert LUTTERBECK, Staat und Gesellschaft bei Christian Thomasius und Christian Wolff. Eine historische Untersuchung in systematischer Absicht (Forschungen und Materialien zur deutschen Aufklärung, II/16), Stuttgart-Bad Cannstatt 2002; Ian HUNTER, The secularisation of the confessional state. The political thought of Christian Thomasius (Ideas in context, 87), Cambridge/New York 2007.

[59] Vgl. Notker HAMMERSTEIN, Jus und Historie. Ein Beitrag zur Geschichte des historischen Denkens an den deutschen Universitäten im späten 17. und im 18. Jahrhundert, Göttingen 1972, S. 124–147.

stehenden Mängel des Rechtszustands bezieht.[60] Das gesamte Werk von Thomasius ist durchdrungen von historischen Erörterungen, die wesentlich kirchenhistorischer Art sind.[61] Der praktisch in allen Werken geübte historische Zugriff dient dazu, die Entstehungsgeschichte der diagnostizierten Missstände herauszuarbeiten und zu erklären. Wichtig ist, dass bei Thomasius der Gegensatz zum römischen Papsttum und kanonischen Recht durch den Konflikt mit der lutherischen Orthodoxie ergänzt und zunehmend überlagert wird. An unzähligen Stellen seiner juristischen, historischen oder philosophischen Schriften greift er auf die Bibel und Luther zurück.[62] So zieht er zum Beispiel im Zusammenhang der Universitätsgründung in Halle 1694 Luthers scharfe Kritik an der scholastischen Universität heran. Als Thema des ersten Monats einer 1693 neu gegründeten Zeitschrift wählt er „D. Martin Luthers Meinung von Reformation der Universitäten"[63]. Insbesondere das Reform-

---

[60] Vgl. ebd., S. 143.

[61] Selbst in den Arbeiten zum *Corpus Iuris Civilis* spielt die Kirchengeschichte eine zentrale Rolle, da er den Grundschaden in der Überfremdung der Rechtsbildung und -anwendung durch das Klerikertum sieht (vgl. Thomas Ahnert, Religion and the Origins of the German Enlightenment. Faith and Reform of Learning in the Thought of Christian Thomasius [Rochester Studies in Philosophy, 12], Rochester, NY 2006, S. 59–80).

[62] Die von Thomasius durchgehend geübte Methode, Gegenwartsfragen im historischen Kontext zu erörtern, führt ihn ständig zu Luther und der Reformation. Das betrifft nicht nur Themen von Kirche und Staat oder Theologie, sondern ebenso Fragen der Philosophie, des Naturrechts und der Jurisprudenz insgesamt. Die Orientierung an Luther betrifft die Wiederentdeckung des evangelischen Grundsatzes des Priestertums aller Christen, den Kampf gegen das kanonische Recht, gegen die Vermischung von Philosophie und Theologie wie jede Form von Dogmatisierung des biblischen Glaubens überhaupt. Luther steht ferner für das Bestreben, allein die Heilige Schrift ins Zentrum zu stellen, die Sünden- und Gnadenlehre mit der Betonung der Unfreiheit des menschlichen Willens sowie die Individualisierung des Heilszugangs der Glaubenden unabhängig vom priesterlichen Amt und den kirchlichen Heilsmitteln (vgl. dazu genauer Strohm, Luther-Rezeption [wie Anm. 36]).

[63] Christian Thomasius, Historie der Weißheit und Thorheit, Erster Theil, worinnen der Erste, Andere und Dritte Monat des 1693sten Jahres

programm, das Luther 1520 in der Schrift *An den Christlichen Adel deutscher Nation* entfaltet hatte, kommt ausführlich zur Sprache. Auf 59 Seiten erläutert Thomasius in Gestalt einer kommentierenden Wiedergabe von Luther-Zitaten als erstes Hauptstück die „Notwendigkeit dieser Reformation",[64] als zweites und drittes Hauptstück die Fragen, was man auf den Universitäten abschaffen und einführen soll,[65] und schließlich die Frage, „ob solche Reformation nach Lutheri zeiten erfolget" sei.[66] Das ist deshalb so bemerkenswert, weil die Universität Halle Ausgangspunkt der großen Reform des Studiums der Rechtswissenschaften und der Universitäten insgesamt im 18. Jahrhundert geworden ist, zuerst im protestantischen Deutschland, dann mit einer Verzögerung, aber mit ebenso

---

begriffen, Halle 1693, S. 1–59. Geschichte der Weißheit meint die Kirchengeschichte, Geschichte der Thorheit die Historia philosophica.

[64] Ebd., S. 4–7.

[65] Ebd., S. 8–42. Die Frage, „was man auff Universitäten soll einführen", wird wie folgt beantwortet: „FUr allen Dingen solt in den hohen und niedrigen Schulen die fürnehmste und gemeineste Lection seyn die Heil. Schrifft &c. Wo die heilige Schrifft nicht regieret, da raht ich fürwar niemand, daß er sein Kind hin thue. Es muß verderben, alles was nicht Gottes Wort ohn unterlaß treibet &c." (ebd., S. 39, mit Verweis auf: Martin Luther, An den christlichen Adel, 1520, WA 6, S. 461, Zl. 11 f. und S. 462, Zl. 1–4).

[66] Thomasius, Historie der Weißheit und Thorheit (wie Anm. 63), S. 43–59. Die Ausführungen enden mit einer unmittelbaren Anrufung des Reformators als Zeugen für die gegenwärtigen Bemühungen um die Gründung einer Reformuniversität: „Ich lasse Lutherum dieses, was vielen von seinen reinsten Nachfolgern (dem Nahmen nach) schwer zu verdauen sein möchte, verantworten. Ich verstehe Ihn so, daß er von den hohen Schulen zu seiner Zeit rede, die der Mißbrauch gantz und gar durch fressen hatte, daß er gleichsamb zum Wesen worden war. […] Es kan aber auch diese Meinung Lutheri von Besserung der Universitäten darzu genützet werden, wenn neue Universitäten sollen auffgerichtet werden. Wo Liebe der Weißheit, Erkäntnuß der Wahrheit und zu förderst Gottes Ehre und hertzliche Liebe der Lehrer und Zuhörer ohne Absicht auff Eigennutz der Grund derselben ist, da hat man sich Lutheri Härtigkeit nicht zu besorgen. Wo aber eiteler Ruhm, Verlangen nach Reichthum, ein wollüstiges Leben zum Grunde genommen und keine gute disciplin genau beobachtet wird, da hat man sich gewiß zu versichern, daß daraus nichts anders als ein seminarium Satanae werden wird" (ebd., S. 58 f.).

deutlichem Bezug auf Thomasius, in den katholischen Landesteilen – wie Notker Hammerstein in seiner 1977 erschienenen Studie *Aufklärung und katholisches Reich* eindrücklich gezeigt hat.[67]

Im Übrigen ist Thomasius' außerordentlich umfangreiches Werk gerade auch durch die *innerprotestantische* konfessionelle Konkurrenz stimuliert worden. Denn die von den reformierten brandenburgischen Landesherren unterstützte Neugründung der Universität Halle befand sich in unmittelbarer konfessioneller Konkurrenz zur Universität Leipzig, von der Thomasius bekanntlich infolge der Konflikte mit der lutherischen Orthodoxie vertrieben worden war.[68]

5. Rechtsentwicklung im Spannungsfeld von Konfessionalisierung und Säkularisierung

Der Streit der Konfessionen war ein wichtiger Grund für militärische Auseinandersetzungen in der Frühen Neuzeit. Am Ende

---

[67] Vgl. Notker HAMMERSTEIN, Aufklärung und katholisches Reich. Untersuchungen zur Universitätsreform und Politik katholischer Territorien des Heiligen Römischen Reichs deutscher Nation im 18. Jahrhundert (Historische Forschungen, 12), Berlin 1977. Hammerstein hat insbesondere auf die zentrale Bedeutung Johann Adam Freiherr von Ickstatts (1702–1776) bei der Umsetzung der Reformen in den katholischen Territorien hingewiesen. Bis zur Aufhebung des Ordens 1773 erfolgte dies oft in heftigem Konflikt mit den Jesuiten. An den wenigen Orten, an denen das Hochschulwesen nicht in den Händen der Jesuiten, sondern der Benediktiner lag (wie zum Beispiel in Salzburg), gab es diese Widerstände gegen die tiefgreifende Historisierung des Studiums nicht in gleichem Maß. Zur Bedeutung der Benediktiner und eines gewissen Anti-Jesuitismus für die Ausbreitung der katholischen Aufklärung vgl. Ulrich L. LEHNER, The Many Faces of the Catholic Enlightenment, in: Companion to the Catholic Enlightenment in Europe, hrsg. von dems./Michael Printy (Brill's Companions to the Christian Tradition, 20), Leiden/Boston 2010, S. 1–61.

[68] Bei aller Verbundenheit mit Luther hat sich Thomasius scharf von der lutherischen Konkordienformel abgegrenzt und den Reformierten gegenüber durchaus Sympathien gezeigt (vgl. dazu genauer STROHM, Luther-Rezeption [wie Anm. 36]).

standen jeweils Befriedungsversuche, in denen der Konflikt sich ausschließender religiöser Wahrheitsansprüche durch rechtliche Regelungen gezähmt wurde. Der Augsburger Religionsfrieden von 1555 mit seiner Lösung im Sinne des cuius-regio-eius-religio-Prinzips ist nicht die früheste, aber die wichtigste entsprechende Regelung.[69] Der Streit um seine Auslegung hat eine umfangreiche Debatte hervorgerufen. Sie bildet einen wichtigen Ausgangspunkt der Literatur des entstehenden *ius publicum*. Insbesondere die von Dominicus Arumaeus in den Jahren 1616 bis 1623 herausgegebene, fünfbändige Sammlung von Disputationen „de iure publico“[70] ist hier zu nennen.[71]

Konfessionelle Konkurrenz und konfessioneller Streit haben *indirekt* dazu beigetragen, Modelle der rechtlichen Zähmung von Konflikten sich ausschließender religiöser Wahrheitsansprüche zu entwickeln. Es geht hier wesentlich um die grundlegende Frage des Verhältnisses von konfessionalisierenden und säkularisie-

---

[69] Schon der Zweite Kappeler Landfrieden, der am 16. November 1531 zwischen katholischen und protestantischen Orten des eidgenössischen Bündnissystems geschlossen wurde, verfuhr nach dem Prinzip „cuius regio, eius religio“ (vgl. Hans BERNER/Ulrich GÄBLER/Hans Rudolf GUGGISBERG, Schweiz, in: Die Territorien des Reichs im Zeitalter der Reformation und Konfessionalisierung. Land und Konfession 1500–1650, Bd. 5: Der Südwesten, hrsg. von Anton Schindling/Walter Ziegler [KLK 53], Münster 1993, S. 278–323, hier: S. 300).

[70] Dominicus ARUMAEUS, Discursus academici de jure publico […], Jena 1616; DERS., Discursuum academicorum de jure publico […] volumen secundum/tertium/quartum/quintum, Jena 1620/1621/1623/1623. Die Bände wurden bald auf den römischen Index gesetzt (vgl. Heinrich REUSCH, Der Index der verbotenen Bücher. Ein Beitrag zur Kirchen- und Literaturgeschichte, 2 Bde., Bonn 1883/85, Bd. II, S. 171).

[71] Vgl. STOLLEIS, Geschichte (wie Anm. 43), S. 213–216; vgl. auch Gerd KLEINHEYER/Jan SCHRÖDER (Hrsg.), Deutsche und europäische Juristen aus neun Jahrhunderten. Eine biographische Einführung in die Geschichte der Rechtswissenschaft, Heidelberg ^{4}1996, S. 27–30 (mit weiterer Literatur); STROHM, Calvinismus und Recht (wie Anm. 10), S. 413–422; Mathias SCHMOECKEL, Dominik Arumaeus und die Entstehung des öffentlichen Rechts als rechtswissenschaftliches Lehrfach in Jena, in: Recht, Konfession und Verfassung (wie Anm. 22), S. 85–127.

renden Tendenzen am Beginn der Moderne.[72] Michael Stolleis hat von der Warte des Rechtshistorikers aus mit guten Gründen Säkularisierung als den übergeordneten Vorgang auf dem Weg zu moderner Staatlichkeit beschrieben.[73] Säkularisierung bedeutete

[72] Schon in den sechziger Jahren hat Martin HECKEL darauf hingewiesen, dass „in eigenartiger Weise die teilweise Säkularisierung des Verfassungsrechts mit einer teilweisen *Konfessionalisierung* kombiniert" sei (DERS., Zur Entwicklung des deutschen Staatskirchenrechts von der Reformation bis zur Schwelle der Weimarer Verfassung [1966/67], in: ders., Gesammelte Schriften. Staat – Kirche – Recht – Geschichte, hrsg. von Klaus Schlaich [Bde. 1–4], 6 Bde. [JusEcc 38. 58. 73. 100], Tübingen 1989/1997/2004/2013, Bd. 1, S. 366–401, hier: S. 380). Im Jahre 2006 hat Heckel den Sachverhalt unter der Überschrift „Konfessionalisierung und Säkularisierung im dialektischen Zusammenspiel" wie folgt treffend zusammengefasst: „Der Weg in die Moderne war noch lang und mühevoll für beide Konfessionen. Konfessionalisierung in Koexistenz mußte erst gelernt werden. Ein Kernproblem trat seit 1555 verstärkt auf: Der Westfälische Friede hatte sich allgemeiner und offener, d. h. säkularer Rechtsformen bedient, die beide Religionsparteien für ihre so unterschiedlichen religiösen Bedürfnisse benützen konnten. Konfessionalisierung und Säkularisierung standen dabei einerseits im Gegensatz, andererseits haben sie einander dialektisch ergänzt, ja bedingt. Die Historiographie wie die Dogmatik des Staatskirchenrechts irrt, wenn sie Säkularisierung und Konfessionalisierung als exklusive Alternative versteht" (DERS., „Zelo domus Dei"? [2006], in: ders., Gesammelte Schriften, Bd. 6, S. 199–230, hier: S. 227).

[73] Stolleis gesteht zwar zu, dass die Konfessionalisierung „im Ergebnis einen ‚erheblichen Wachstumsschub moderner Staatlichkeit' gebracht" habe, wo ein konfessionell einheitlicher Staat die Religion „benutzt" habe, „indem er sie durch ‚umarmende Reglementierung' zur Intensivierung seiner Herrschaftsabsichten einbezieht" (Michael STOLLEIS, Religion und Politik im Zeitalter des Barock. „Konfessionalisierung" oder „Säkularisierung" bei der Entstehung des frühmodernen Staates?, in: Religion und Religiosität im Zeitalter des Barock [Wolfenbütteler Arbeiten zur Barockforschung, 25], hrsg. von Dieter Breuer, Wiesbaden 1995, S. 23–42, hier: S. 30 [unter Aufnahme einer Formulierung W. Reinhards]). Der europaweit wichtigere und langfristig erfolgreichere Weg sei aber nicht der der Inklusion im Verhältnis von Religion bzw. Konfession und einer sich immer stärker verweltlichenden Politik gewesen, sondern der einer Exklusion. Dies bedeute, dass Institutionen und Repräsentationen der Konfession ausgeklammert und neutralisiert würden. Staatwerdung vollziehe sich hier „durch Errichtung eines legitimen Gewaltmonopols *jenseits* der streitenden Konfessionen und

im 16. und 17. Jahrhundert noch lange nicht Entchristlichung des öffentlichen Lebens, vielmehr eine Neubestimmung des Verhältnisses von Geistlichem und Weltlichem. Staatliche Institutionen erlangten auf Kosten kirchlicher einen Kompetenzzuwachs, juristische Argumentationen gewannen gegenüber theologischen an Boden und schließlich übernahmen die juristischen Fakultäten von den theologischen die Meinungsführerschaft an den Universitäten. Protestantische konfessionskulturelle Milieus konnten zu dieser Entwicklung mehr beitragen als der Katholizismus, welcher der tridentinisch-jesuitischen Erneuerung verpflichtet war.

Das zeigt sich anschaulich in der unterschiedlichen Bewertung des Augsburger Religionsfriedens. In den Texten, die in Arumaeus' Sammlung aufgenommen wurden, wie auch in der späteren protestantischen Traktatliteratur ist der Augsburger Religionsfrieden durchweg positiv bewertet worden.[74] Im Gegensatz dazu hat man den Augsburger Religionsfrieden – obwohl natürlich auch von katholischen Juristen erarbeitet – im Bereich des tridentinisch-jesuitischen Katholizismus im Wesentlichen negativ bewertet, teilweise noch bis zum vierhundertjährigen Jubiläum im Jahr 1955.[75]

---

jenseits der vielfältigen Gliederungen des spätmittelalterlichen Gemeinwesens" (ebd., S. 29; vgl. ebd., S. 29–33). Juristen spielten bei beiden Varianten die entscheidende Rolle. „Die letztlich stärkere historische Linie ist die der Säkularisierung des Rechts und der Enttheologisierung öffentlicher Herrschaft. Ich halte deshalb die These von der Entstehung des Staates als Vorgang der Säkularisation für die Langzeitperspektive vom Mittelalter bis zur Neuzeit für die richtige These" (ebd., S. 41; vgl. DERS., „Konfessionalisierung" oder „Säkularisierung" bei der Entstehung des frühmodernen Staates, in: Ius commune 20 [1993], S. 1–23. 20–23).

[74] Das Jahr 1555 tritt in der protestantischen Erinnerungskultur neben die Jahre 1517 und 1530 und bietet gleichen Grund zum Jubeln, denn nach Luthers Aufbruch und der Formulierung des evangelischen Grundbekenntnisses sei mit den reichsrechtlichen Absicherungen von 1555 der Papst endgültig verdrängt worden (vgl. dazu summarisch Axel GOTTHARD, Der Augsburger Religionsfrieden, Münster 2004, S. 613 ff.).

[75] So meinte Pius XII. im Jubiläumsjahr 1955, dass mit dem Augsburger Religionsfrieden ein erster Bruch der religiösen Einheit des Abendlands, mit allen schwerwiegenden Folgen, besiegelt worden sei (vgl. ebd., S. 643;

Er galt als Anfang vom Ende der Einheit des christlichen Abendlandes und als mit dem kanonischen Recht, das die Verfolgung und Eliminierung von Häresie vorsah, unvereinbar.[76] In der katholischen Traktatliteratur zum Religionsfrieden Ende des 16. und Anfang des 17. Jahrhunderts wurde der weltlichen Obrigkeit ganz grundsätzlich die Kompetenz abgesprochen, Religionsfragen auf dem Weg gesetzlicher Regelungen zu lösen, und das hieß auch, eine rechtliche Zähmung des Konflikts religiöser, per se unbedingter Wahrheitsansprüche vorzunehmen. Zudem wurde immer wieder das Argument angeführt, dass der Religionsfrieden, dessen Geltung ja bis zur endgültigen Regelung der Religionsstreitigkeiten durch ein allgemeines Konzil begrenzt war, durch die Vollendung des Tridentinischen Konzils 1563 als erledigt zu gelten habe.

Vergleicht man das im protestantischen und katholischen Bereich in den Jahrzehnten nach 1555 entstandene Schrifttum zum Augsburger Religionsfrieden miteinander, sind signifikante Unterschiede festzustellen. Es sei an dieser Stelle nur auf einen einzigen hingewiesen:[77] die Profession der Autoren. Im protestantischen Bereich werden die einschlägigen Traktate nicht von Theologen, sondern von Juristen verfasst. Im katholischen Bereich sind die hauptsächlichen Autoren zwar auch juristisch ausgebildet, aber sie sind in zunehmendem Maße Jesuiten und unterrichten das Recht im Wesentlichen im Rahmen der Moraltheologie.

Die konfessionskulturellen Voraussetzungen dafür, zu der grundlegenden Entwicklung einer Emanzipation juristischer von theologischer Argumentation beitragen zu können, waren im

---

weitere Belege für negative Bewertungen von katholischer Seite, ebd., S. 635–646).

[76] Weitere Belege zum Folgenden in: Christoph STROHM, Konfessionsspezifische Zugänge zum Augsburger Religionsfrieden bei lutherischen, reformierten und katholischen Juristen, in: Wissenschaftliches Symposium aus Anlaß des 450. Jahrestages des Friedensschlusses, Augsburg 21. bis 25. September 2005, hrsg. von Heinz Schilling/Heribert Smolinsky (SVRG 206), Gütersloh 2007, S. 127–156.

[77] Weitere Unterschiede ebd., S. 143–154.

Protestantismus günstiger als im tridentinischen Katholizismus. Besonders aufschlussreich ist das an der Entwicklung der Natur- und Völkerrechtslehre zu beobachten. Die wesentlichen Anstöße waren im 16. Jahrhundert in diesem Bereich bekanntlich von Vertretern der sogenannten spanischen Spätscholastik gegeben worden.[78] Nach dem Vorgang des Dominikaner-Theologen Francisco de Vitoria, eines Zeitgenossen Luthers (und im gleichen Jahr 1546 gestorben),[79] hatten andere dem Humanismus verbundene Autoren wesentliche Grundentscheidungen des Natur- und Völ-

---

[78] Vgl. zum Folgenden ausführlicher und mit Nachweisen Christoph STROHM, Religion und Recht in der Frühen Neuzeit, in: Zeitschrift der Savigny-Stiftung für Rechtsgeschichte, 133. Kanonistische Abteilung 102 (2016), S. 283–316, insbes. S. 299–311; vgl. ferner insbes. Wim DECOCK, Theologians and Contract Law. The Moral Transformation of the *Ius commune* (ca. 1500–1650), Leiden u. a. 2012 (mit weitem Überblick über Quellen und neuere Literatur). Einen hilfreichen Überblick über die drei Generationen der spanischen Spätscholastik oder „Schule von Salamanca" bietet: Juan BELDA PLANS, La Escuela de Salamanca y la renovación de la teología en el siglo XVI, Madrid 2000. Zum Beitrag Melanchthons und seiner Schüler sowie der humanistischen Jurisprudenz zur Entwicklung der Naturrechtslehre im 16. Jahrhundert vgl. Merio SCATTOLA, Das Naturrecht vor dem Naturrecht. Zur Geschichte des „ius naturae" im 16. Jahrhundert, Tübingen 1999.

[79] De Vitoria erläuterte die Vorstellung einer Völkergemeinschaft, einer *naturalis societas et communicatio*, die den nach Art einer Respublica verfassten Erdkreis umfasse (vgl. Francisco DE VITORIA, De Indis recenter inventis et de iure belli Hispanorum in barbaros. Relectiones [1539], hrsg. von Walter Schätzel, Tübingen 1952, 3. Tl., Nr. 1, S. 92). Vitorias einschlägige Werke jetzt mit Quellenangaben in: Francisco DE VITORIA, Vorlesungen (Relectiones), Völkerrecht, Politik, Kirche, hrsg. von Ulrich Horst/Heinz-Gerhard Justenhoven/Joachim Stüben, 2 Bde., Stuttgart 1995/97; zu Vitorias Beitrag zur Völkerrechtsgeschichte vgl. Heinhard STEIGER, Art. Völkerrecht, in: Geschichtliche Grundbegriffe. Historisches Lexikon zur politisch-sozialen Sprache in Deutschland, hrsg. von Otto Brunner/Werner Conze/Reinhart Koselleck, Bd. 7, Stuttgart 1992, S. 97–140, hier: S. 108–112; ferner die Beiträge in: Die Normativität des Rechts bei Francisco de Vitoria. The normativity of law according to Francisco de Vitoria, hrsg. von Kirstin Bunge/Anselm Spindler/Andreas Wagner, Stuttgart-Bad Cannstatt 2011.

kerrechts entfaltet.[80] Der Jurist Fernando Vázquez de Menchaca (1512–1569) hat in den sechziger Jahren des 16. Jahrhunderts die pointierte Orientierung des Völkerrechts an der *recta ratio*, einem stoisch inspirierten Vernunftbegriff, vertreten.[81] Aus Cicero, Seneca und anderen antiken Autoren geschöpft, wird das Völkerrecht überwiegend immanent-rational begründet: „Ius enim naturale nihil aliud esse, quam rectam rationem ab ipsa natiuitate et origine humano generi a Deo innatam supra edocti sumus."[82]

Bezeichnend ist, dass die aus dem Erbe des Humanismus und auch des Konziliarismus gespeisten Ansätze eines modernen Natur- und Völkerrechts im Zuge der tridentinischen Konfessionalisierung nicht weitergeführt wurden. Mit dem unter anderem in Salamanca (1592–1597) und Coimbra (1597–1616) wirkenden

---

[80] De Vitoria definierte ferner zum ersten Mal das aus dem römischen Recht bekannte und dem Mittelalter durch Isidor von Sevilla überlieferte *ius gentium* als *ius inter gentes*: „Quod naturalis ratio inter omnes *gentes* constituit, vocatur ius gentium" (VITORIA, De Indis [wie Anm. 79], 3. Tl., Nr. 2, S. 92). Vgl. dazu Andreas NIEDERBERGER, Recht als Grund der res publica und res publica als Grund des Rechts. Zur Theorie legitimer Herrschaft und des ius gentium bei Francisco de Vitoria, in: Normativität (wie Anm. 79), hrsg. von Bunge/Spindler/Wagner, S. 171–200, hier: S. 195 f. mit Anm. 74. Thomas WOODS hat de Vitoria wegen dessen begriffsbildender Bedeutung als „father of international law" bezeichnet (ders., How the Catholic Church Built Western Civilization, Washington, DC 2005, S. 5 f.).

[81] Vgl. Fernando VÁZQUEZ DE MENCHACA, Controversiarum illustrium aliarumque usu frequentiorum libri tres, Frankfurt a. M. 1572 [zuerst: 1564; weitere Ausg.: ebd. 1599]. Insbesondere Ernst REIBSTEIN hat Vázquez' Bedeutung für die Natur- und Völkerrechtsentwicklung herausgestellt: ders., Die Anfänge des neueren Natur- und Völkerrechts. Studien zu den „Controversiae illustres" des Fernandus Vasquius (1559), Bern 1949; DERS., Völkerrecht. Eine Geschichte seiner Ideen in Lehre und Praxis, Bd. 1: Von der Antike bis zur Aufklärung, Freiburg i. Br./München 1958, S. 289–310; vgl. ferner Francisco CARPINTERO BENITEZ, Del derecho natural medieval al derecho natural moderno. Fernando Vázquez de Menchaca, Salamanca 1977; Kurt SEELMANN, Die Lehre des Fernando Vazquez de Menchaca vom Dominium (Schriftenreihe Annales Universitatis Saraviensis. Rechts- und wirtschaftswissensch. Abt., 89), Köln u. a. 1979.

[82] VÁZQUEZ, Controversiae illustres (wie Anm. 75) I,27, § 11, S. 76.

Theologieprofessor Francisco Suárez (1548–1617) wurde am Beginn des 17. Jahrhunderts ein Jesuit der wichtigste Autor zum Natur- und Völkerrecht.[83]

Suárez, der als Autor grundlegender Arbeiten zur Metaphysik weitreichende Wirkung entfaltete, hatte 1601/02 auf Veranlassung des Rektors der Universität Coimbra Vorlesungen über das Thema „Gesetze" gehalten.[84] In überarbeiteter Fassung kamen die Vorlesungen 1612 unter dem Titel *Tractatus de legibus ac Deo legislatore* zum Druck[85] und gelten als weiterer Meilenstein in der Geschichte des Völkerrechts.[86]

Schon im Titel wird das grundlegende Anliegen des Werkes deutlich. Thema sind nicht nur die Gesetze, sondern zugleich auch Gott als Gesetzgeber. Dies scheint Suárez in den juristischen Abhandlungen zum Thema vernachlässigt zu werden. Ausdrücklich richtet er sich gegen die Autoren, die behaupten, das natürliche Gesetz „sei nichts anderes als die vernünftige Natur [*natura ra-*

---

[83] Zur Übersicht über die umfangreiche neuere Forschung vgl. Oliver BACH (Hrsg.), „Auctoritas omnium legum". Francisco Suárez' De legibus zwischen Theologie, Philosophie und Jurisprudenz. Francisco Suárez' De legibus between theology, philosophy and jurisprudence, Stuttgart-Bad Cannstatt 2013; Victor M. SALAS/Robert L. FASTIGGI (Hrsg.), A Companion to Francisco Suárez, Leiden u. a. 2015.

[84] Vgl. Josef SODER, Francisco Suárez und das Völkerrecht. Grundgedanken zu Staat, Recht und internationalen Beziehungen, Frankfurt a. M. 1973, S. 23. 38.

[85] Francisco SUÁREZ, Tractatus de legibus et legislatore Deo, lib. 1–5, in: ders., Opera omnia, editio nova a Carolo Berton, 5, Paris 1872; DERS., Tractatus de legibus et legislatore Deo, lib. 6–10, in: Opera omnia, editio nova a Carolo BERTON, 6, Paris 1872; deutsche Teilübersetzung: Francisco SUÁREZ, Abhandlung über die Gesetze und Gott den Gesetzgeber, hrsg. und übers. von Norbert Brieskorn S. J., Freiburg i. Br. u. a. 2002; vgl. auch die zweisprachige Ausgabe des dritten Buches: Francisco SUÁREZ, De legibus ac deo legislatore. Über die Gesetze und Gott den Gesetzgeber. Liber tertius. Drittes Buch, 2 Bde., Stuttgart-Bad Cannstatt 2014.

[86] Vgl. SODER, Francisco Suárez (wie Anm. 84); vgl. auch Wim DECOCKS Urteil über das Werk: „It contains some of the most thorough and systematic discussions of the concept of ‚law' that have ever been written" (ders., Theologians [wie Anm. 78], S. 57 f.).

tionalis] als solche"[87]. Das gesamte Vorwort des *Tractatus* ist der Verteidigung der Auffassung gewidmet, dass die Behandlung der Gesetze in die Zuständigkeit der Theologie fällt.[88] Bei allen einzelnen Klärungen zum Natur- und Völkerrecht, die Suárez in seinem *Tractatus* leistet, erfolgt hier eine Retheologisierung, die man als Ausdruck bzw. Folge der tridentinischen Konfessionalisierung deuten muss.[89]

Suárez' Vorwort zum *Tractatus de legibus ac Deo legislatore* ist nicht zuletzt gegen den protestantischen Juristen Alberico Gentili (1552–1608) gerichtet,[90] den wohl vor Hugo Grotius wichtigsten

---

[87] Suárez, Abhandlung über die Gesetze (wie Anm. 85), II/5, S. 405. Suarez hat der Frage, ob das natürliche Gesetz mit der rechten natürlichen Vernunft identisch sei, ein ganzes Kapitel gewidmet (ebd. II/5, S. 405–421).

[88] Vgl. Suárez, De legibus (wie Anm. 85), S. 1 f.

[89] In der neuesten Ausgabe der deutschen Übersetzung des Werkes ist das nicht ohne weiteres sichtbar. Der Herausgeber der ersten beiden Bücher der Abhandlung, Norbert Brieskorn S. J., hat ohne weitere Erklärung zwei Kapitel entfallen lassen. Es handelt sich dabei um die Kapitel I/18: „*An viatores omnes legi subiecti sint, et illa obligentur*" (ebd., S. 65–67) und I/19: „*Explicantur aliqua Scripturae testimonia, quibus haeretici abutuntur*" (ebd., S. 67–91). Offensichtlich ging das Bestreben einer Retheologisierung der völkerrechtlichen Argumentationen seiner Vorgänger den Verfechtern der tridentinischen Konfessionalisierung nicht weit genug, denn Suárez bekam selbst Schwierigkeiten mit den kirchlichen Vorgesetzten und der Inquisition (vgl. Eleuterio Elorduy, Censura de Enríquez contra Suárez, in: Archivo Teol. Granadino 13 [1950], S. 173–252).

[90] Vgl. Norbert Brieskorn S. J., Kurzkommentierung der Abhandlung, in: Suárez, Abhandlung über die Gesetze (wie Anm. 85), S. 663, mit Berufung auf: Karl-Heinz Ilting, Naturrecht und Sittlichkeit. Begriffsgeschichtliche Studien, Stuttgart 1983, S. 73 Anm. 186. Konkret führt er die Auseinandersetzung mit dem Thomas-Kommentar seines Ordensbruders Gabriel Vásquez (1549–1604) (vgl. insbes. Suárez, De legibus [wie Anm. 85], II/5, S. 93–96: „*An lex naturalis sit ipsa naturalis ratio recta*"; ebd., II/6, S. 96–104: „*An lex naturalis sit vere lex divina praeceptiva*"). Gabriel Vásquez hat in einer dem Juristen Vázquez de Menchaca vergleichbaren Weise das Naturrecht „von der Ausrichtung auf Gott und – was die Wissenschaften betrifft – von der Theologie" abgelöst (vgl. Brieskorn S. J., Kurzkommentierung, in: Suárez, Abhandlung über die Gesetze [wie Anm. 85], S. 661 Anm. 2, mit Berufung auf: Ilting, Naturrecht, S. 67).

Autor zu Fragen des Völkerrechts im Bereich des Protestantismus.[91] Im Jahr 1585 hatte dieser eine Schrift zum Gesandtschaftsrecht zum Druck gebracht.[92] 1589 und in überarbeiteter und erweiterter Fassung 1598 erschienen drei Bücher *De iure belli.*[93] Gentili hat im 20. Jahrhundert eine gewisse Bekanntheit erlangt, weil Carl Schmitt seinen Ausspruch „Silete theologi in munere alieno!" popularisiert hat.[94]

---

[91] Gentili war 1579 zusammen mit seinem Vater und seinem Bruder Scipio – einem weiteren berühmt gewordenen Juristen – vor der Inquisition aus Italien geflohen und unter anderem über Tübingen und Heidelberg nach Oxford gelangt, wo er bis zu seinem Tod 1608 als Regius Professor for Civil Law wirkte. Zu Gentilis Leben und Werk vgl. Gesina Hermina Johanna van der Molen, Alberico Gentili and the development of international law. His life, work and times, Amsterdam 1937; 2., durchges. Aufl., Leiden 1968; Diego Panizza, Alberico Gentili, giurista ideologo nell' Inghilterra Elisabettiana, Padua 1981; zur Biographie und Übersicht über Gentilis Werke vgl. bereits Johann Friedrich Jugler, Beytraege zur juristischen Biographie: Oder genauere litterarische und critische Nachrichten von dem Leben und den Schriften verstorbener Rechtsgelehrten auch Staatsmaenner, welche sich in Europa beruehmt gemacht haben, 6 Bde., Leipzig 1773–1780, Bd. 6, S. 126–146; vgl. ferner Angela De Benedictis, Gentili, Alberico, in: Dizionario Biografico degli Italiani, hrsg. von Alberto M. Ghisalberti u. a., Bd. 53, Rom 1999, S. 245–251; zur konfessionellen Orientierung und den Folgen für die Rechtslehre vgl. Strohm, „Silete theologi" (wie Anm. 35).

[92] Alberico Gentili, De legationibus libri tres, London 1585; Neuausg. mit Übersetzung: ders., De legationibus libri tres, Bd. 1: A Photographic Reproduction of the Edition of 1594, with an Introduction by E. Nys; vol. 2: A Translation of the Text, by G. J. Laing, New York 1924.

[93] Ders., De iure belli libri tres, Bd. 1: Faksimile-Reprint der Ausg. Hanau 1612, Oxford 1933; Reprint Buffalo, N. Y. 1995; Bd. 2: Engl. Übersetzung v. J. C. Rolfe, Oxford 1933; Reprint Buffalo, N. Y. 1995; vgl. ders., De iure belli commentationes tres, London 1589. Postum veröffentlichte sein Bruder Scipio Gutachten zu verschiedenen Fragen des Völkerrechts, die Alberico Gentili als Anwalt der spanischen Botschaft in London verfasst hatte: ders., Hispanicae advocationis libri duo, Bd. 1: Faksimile-Reprint der Ausg. 1661; Bd. 2: Engl. Übersetzung v. Frank Frost Abbott, Oxford 1921; Reprint Buffalo, N. Y. 1995 [zuerst: Hanau 1613].

[94] Vgl. dazu eingehend Strohm, „Silete theologi" (wie Anm. 35).

An der Abgrenzung Suárez' gegen Gentili wird eine folgenreiche Differenz sichtbar. Beginnend mit Hugo Grotius' 1625 zum ersten Mal erschienenem Werk *De iure belli ac pacis*,[95] stammen die einschlägigen Werke zum modernen Natur- und Völkerrecht im 17. Jahrhundert dann fast ausschließlich aus der Feder protestantischer Autoren, allen voran Samuel Pufendorf und Christian Thomasius (aber auch Thomas Hobbes!).[96]

Die These, dass der Protestantismus bessere konfessionskulturelle Voraussetzungen bot, um zu der am Beginn der Moderne grundlegenden Entwicklung einer Emanzipation juristischer von theologischer Argumentation beizutragen, ist gegen zwei Missverständnisse zu schützen. Zum einen ist damit nicht gesagt, dass die tridentinische Tendenz einer Retheologisierung nicht

[95] Vgl. Hugo GROTIUS, De iure belli ac pacis libri tres, in quibus ius naturae & gentium: item iuris publici praecipua explicantur [1625], 2 Bde., Hildesheim/New York/Zürich 2006. Zum Rückgriff Grotius' auf die sog. spanischen Spätscholastiker vgl. Dominik RECKNAGEL, Einheit des Denkens trotz konfessioneller Spaltung. Parallelen zwischen den Rechtslehren von Francisco Suarez und Hugo Grotius, Frankfurt a. M./Berlin/Bern 2010; vgl. ferner REIBSTEIN, Völkerrecht (wie Anm. 81), S. 333: „Der berühmte Hugo Grotius ist, ideengeschichtlich betrachtet, der Fortsetzer der spanischen Juristen und Moraltheologen, von Vitoria bis Suárez." Zu Grotius' Würdigung der „Magni Hispani" vgl. Alfred DUFOUR, Les „Magni Hispani" dans l'œuvre de Grotius, in: Die Ordnung der Praxis. Neue Studien zur spanischen Spätscholastik, hrsg. von Frank Grunert/Kurt Seelmann, Tübingen 2001, S. 351–380; zu Grotius' Hochschätzung des Vázquez de Menchaca vgl. schon REIBSTEIN, Völkerrecht (wie Anm. 78), S. 30; zur Bedeutung Alberico Gentilis für Grotius' Werk, die neben der der spanischen Autoren nicht zu vernachlässigen ist, vgl. STROHM, Religion und Recht (wie Anm. 78), S. 311 mit Anm. 107 (dort weitere Literatur).

[96] Zum Naturrecht im Bereich des tridentinischen Katholizismus vgl. Mathias SCHMOECKEL, Die Sünde des Naturrechts aus römisch-katholischer Sicht – Perspektiven einer protestantischen Rechtsquellenlehre, in: Konfessionalität und Jurisprudenz in der frühen Neuzeit, hrsg. von Christoph Strohm/Heinrich de Wall (Historische Forschungen, 89), Berlin 2009, S. 313–346; vgl. auch Matthias J. FRITSCH, Religiöse Toleranz im Zeitalter der Aufklärung. Naturrechtliche Begründung – konfessionelle Differenzen, Hamburg 2004.

ebenfalls, aber eben an anderer Stelle produktive Folgen für die Rechtsentwicklung haben konnte.[97] Zum anderen ist das Missverständnis zu vermeiden, dass die protestantischen Juristen, die die Emanzipation juristischer Argumentation von theologischer Dominanz vorantrieben, sich damit gegen das Christentum zu wenden suchten. Vielfach ist genau das Gegenteil der Fall. Das trifft für den ursprünglich als Theologe wirkenden Hugo Grotius ebenso zu wie für den Glaubensflüchtling Alberico Gentili. Und

[97] So hat Wim Decock herausgearbeitet, dass den spanischen Spätscholastikern das Verdienst zukommt, im Zuge einer Fortführung der scholastischen moraltheologischen Diskussion die wesentlichen Grundlagen des modernen Vertragsrechts entwickelt zu haben (vgl. Decock, Theologians [wie Anm. 78]). Zwar gab es dazu schon im römischen und kanonischen Recht Ansätze. Erst die spanischen Spätscholastiker haben aber im Rahmen eines moraltheologischen Diskurses die Vertragsfreiheit und die Geltung entsprechender Willensbekundung eingehend begründet und auch deren Grenzen in Gestalt von Betrug, Zwang oder Irrtum erläutert. Angesichts des aufblühenden Welthandels boten sie sowohl juristische Klärungen als auch moraltheologische Begründungen. Zum gerechten Austausch im Sinn der Theorie des gerechten Preises gehörte für sie auch die Orientierung am Gemeinwohl. Zentral war der Zusammenhang der juristischen Klärungen der Beziehungen im Gemeinwesen mit dem *forum internum*. Die allgegenwärtige Beichtpraxis drängte zu einer entsprechenden theologischen Klärung. Nils Jansen hat den engen Zusammenhang von Beichtpraxis und spätscholastischer Restitutionslehre, der erhebliche Auswirkungen auf die Rechtsentwicklung hatte, herausgearbeitet und als Grundlage der außervertraglichen Ausgleichsansprüche im frühneuzeitlichen Naturrechtsdiskurs rekonstruiert (Vgl. Nils Jansen, Theologie, Philosophie und Jurisprudenz in der spätscholastischen Lehre von der Restitution. Außervertragliche Ausgleichsansprüche im frühneuzeitlichen Naturrechtsdiskurs, Tübingen 2013). Zugrunde liegt die Restitutionslehre, welche nicht nur ein zentrales Thema der Moraltheologie war, sondern auch die alltägliche katholische Beichtpraxis bestimmte. Denn die Wiederherstellung der Ansprüche des Geschädigten war ein Element des Bußsakraments (*satisfactio operis*). Für die Rechtsentwicklung folgenreich wurde das insofern, als hier „große Teile des Rechts der gesetzlichen Schuldverhältnisse wie das Bereicherungs-, Haftungs- und Schadensrecht in ein geschlossenes System“ integriert und eine „juristisch formulierte, dogmatisch verfestigte Gerechtigkeitstheorie“ entwickelt wurden (ebd., S. 48).

das gilt auch noch für den frommen, der Reformation zutiefst verpflichteten Frühaufklärer Christian Thomasius am Ende des 17. und am Beginn des 18. Jahrhunderts.[98]

Es ist eine eigene, ganz andere Frage, wie man das skizzierte konfessionskulturelle Potential des Protestantismus heute zu bewerten hat, angesichts völlig veränderter Rahmenbedingungen und der offensichtlichen Gefahr protestantischer Selbstsäkularisierung in Mitteleuropa. Das darf aber nicht daran hindern, die Kulturwirkungen, gerade auf dem Gebiet der Rechtswissenschaften und Rechtsentwicklung in der Frühen Neuzeit herauszuarbeiten. Das gilt auch, wenn man dessen gewahr bleibt, dass weltanschaulich-konfessionelle Aspekte nur ein Faktor neben anderen, nicht zuletzt auch sozialgeschichtlichen Sachverhalten bei der Rechtsentwicklung in der Frühen Neuzeit gewesen sind. Wie stark ihre Bedeutung zu gewichten ist, ist im Einzelfall zu bewerten. Doch nur weil sie methodisch schwer zu fassen sind und in der Gegenwart vergleichsweise irrelevant zu sein scheinen, dürfen weltanschaulich-konfessionelle Faktoren in der Historiographie nicht vernachlässigt werden.

---

[98] Vgl. auch Thomasius' 1696 im Beschluss der *Ausübung der Sittenlehre* formuliertes Glaubensbekenntnis: „Weil ich einmahl darauff kommen, meine Confession zu thun, wil ich ferner fortfahren und bekenne, daß ich glaube, daß Gott alleine der Uhrheber und der Anfänger und Vollender dieser höchsten Glückseligkeit sey und daß der Mensch hierzu nichts als nur Hinderniß und Widerstand, und etwa wenns hoch kömmt, Unterlassung dieses Widerstandes contribuire. Ich glaube dannenhero, daß der Mensch seelig werden müsse mit Furcht und Zittern, weil GOTT nach seinem Wolgefallen in im wirckt beyde das Wollen und das vollbringen. Ich glaube, daß der Heyland deshalben in die Welt kommen, alle Menschen, die es von ihm verlangen, seelig zu machen. Ich glaube, daß Gottes Heiliger Geist, der Geist der Weißheit und der Erkäntniß, das Hauchen der Göttlichen Krafft und der Strahl der Herrligkeit des Allmächtigen, den Menschen gebe die Weißheit durch die sie selig werden" (Christian Thomasius, Ausübung der Sittenlehre. Nachdr. d. Ausg. Halle 1696, hrsg. von Werner Schneiders [Ausgewählte Werke, 11], Hildesheim/New York/Zürich 1999, Beschluß, n. 7, S. 543).

Die Neugestaltung des evangelischen Kirchenrechts und die Rolle der „weltlichen" Juristen

Vom kanonischen Recht zur Landesherrlichen Kirchenordnung

Heinrich de Wall

Einleitung: Weltliche Juristen und Klerikerjuristen, Katholisches und Evangelisches Kirchenrecht

Bei der Leitung der Kirche, auch ihrer Leitung mit den Mitteln des Rechts, spielen „weltliche" Juristen in der katholischen Kirche eine eher randständige Rolle.[1] Unter „weltlichen" Juristen sollen dabei Personen verstanden werden, die die für die juristischen Berufe im staatlichen Bereich üblichen Qualifikationen erworben haben und bei denen diese Qualifikation auch Grundlage für ihr Amt ist, ohne dass sie dafür eine andere Qualifikation (etwa als Theologe) oder – als „Klerikerjuristen" – eine Weihe benötigten. Dagegen ist es in der evangelischen Kirche nicht selten, dass solche weltlichen Juristen bei der Leitung der Kirche hervorgehobene Bedeutung haben – etwa als Präsidenten der Kirchenleitungs- oder Kirchenverwaltungsbehörden. Die evangelischen Gegenstücke zu den katholischen Generalvikaren, die die Verwaltung der Diözese im Namen des Bischofs führen und Kleriker sein müssen, sind damit im evangelischen Bereich häufig „weltliche" Juristen. Und

[1] Dass es in der Geschichte im 12. und 13. Jahrhundert Päpste gegeben hat, die als „Juristenpäpste" bezeichnet wurden, steht dem nicht entgegen. Diese Päpste waren nach der hier zugrunde gelegten Begrifflichkeit keine weltlichen, sondern „Kleriker"juristen.

bisweilen verband und verbindet sich diese Tätigkeit auch mit der wissenschaftlichen Bearbeitung des Kirchenrechts, so im 19. Jahrhundert bei Otto Mejer oder Emil Herrmann, der eine Konsistorialpräsident in Hannover, der andere in Berlin, aktuell etwa bei Peter Unruh, dem Präsidenten des Landeskirchenamts in Kiel.

Neben dieser abweichenden Rolle der „weltlichen" Juristen bestehen zwischen dem katholischen Kirchenrecht als Ordnungssystem wie als akademischer Disziplin und seinem evangelischen Gegenstück heute auch andere Unterschiede. Vorbehaltlich der gesonderten Gesetzgebung für die unierten Ostkirchen besteht ein einheitliches Gesetzbuch für die gesamte römisch-katholische Kirche, das seine Autorität aus dem Gesetzgebungsrecht des Papstes ableitet. Das evangelische Kirchenrecht zerfällt dagegen in zahlreiche partikulare Rechtsordnungen, in Deutschland jeweils der Landeskirchen, und leitet sich aus dem Gesetzgebungsrecht der Landeskirchen ab, das jeweils den Synoden zugeordnet ist. Die Grundlage des Kirchenrechts ist katholischerseits die der kirchlichen Hierarchie zugeordnete Kirchengewalt, evangelischerseits die korporative Rechtssetzungsmacht der Gemeinschaft der Glieder der jeweiligen Partikularkirche. Nach römisch-katholischem Verständnis beruht die Verfassungsstruktur der Kirchen in ihren Grundlagen, inklusive der Rechtssetzungsmacht der Bischöfe und des Papstes, auf göttlichem Recht, *ius divinum*. Das evangelische Kirchenrecht versteht sich selbst als Ergebnis menschlicher Rechtssetzung.

Ergebnis der theologischen Verankerung des katholischen Kirchenrechts ist, dass es heute eine Disziplin ist, die – Ausnahmen natürlich vorbehalten – im Wesentlichen durch katholische Theologen mit einer kanonistischen Zusatzausbildung betrieben wird. Es hat seinen festen akademischen Standort in der katholisch-theologischen Fakultät. Das ist allerdings auch Ergebnis des Verschwindens der Kanonistik aus den juristischen Fakultäten beziehungsweise ihrer Zuordnung zur Rechtsgeschichte im Verlauf des 19. Jahrhunderts. Die Problematik des Selbstverständnisses der Kanonistik wird daran deutlich, dass darüber diskutiert wurde, ob und inwiefern das katholische Kirchenrecht eine theologische oder eine juristische Disziplin sei.[2] Über die Verortung des evangelischen Kirchenrechts sind dagegen keine vergleichbaren Diskussionen geführt worden. Es hat seinen akademischen Standort in der juristischen Fakultät und wird ganz überwiegend durch „weltliche" Juristen betrieben.[3]

In dieser unterschiedlichen Aufgabenverteilung beziehungsweise dem unterschiedlichen Stellenwert des Kirchenrechts spiegeln sich die unterschiedlichen Ämter- beziehungsweise Kirchenverständnisse: Nach römisch-katholischem Verständnis ist im kirchlichen Amt eine rechtliche Leitungsgewalt enthalten. Traditionell können nur Kleriker Träger des Amtes und damit auch der rechtlichen Leitungsgewalt sein, Umfang und Grenzen der Möglichkeit, Laien an der Leitungsgewalt zu beteiligen, sind umstritten.[4] Die Fülle der Amtsgewalt liegt in der hierarchischen Ordnung beim Bischof beziehungsweise beim Papst als dem Haupt der Jurisdiktionshierarchie der römischen Kirche. In den Grundlagen wird diese Struktur als ius divinum verstanden.[5] Nach evangelischem Verständnis besteht das kirchliche Amt darin, das Evangelium öffentlich zu verkünden und die Sakramente darzureichen (Art. 5, 28 Confessio Augustana): Es ist das öffentliche Predigtamt. Befugnisse zur rechtlichen Kirchenleitung sind darin nicht enthalten. Die rechtliche Kirchenleitung ist auch nicht einem Stand der Kleriker

---

[2] Vgl. Winfried AYMANNS/Klaus MÖRSDORF, Kanonisches Recht. Lehrbuch aufgrund des Codex Juris Canonici, Bd. 1: Einleitende Grundfragen und Allgemeine Normen, Paderborn 1991, S. 62 ff.

[3] Auch hier gibt es Ausnahmen, s. etwa die von Theologen verfassten kirchenrechtlichen Grundrisse von Martin HONECKER, Evangelisches Kirchenrecht. Eine Einführung in die theologischen Grundlagen, Göttingen 2009 und Christian GRETHLEIN, Evangelisches Kirchenrecht. Eine Einführung, Leipzig 2015.

[4] C. 274 § 1 i. V. m. c. 129 § 1 CIC. Vgl. Stefan MUCKEL, in: Heinrich DE WALL/Stefan MUCKEL, Kirchenrecht. Ein Studienbuch, München [5]2017, § 16 Rn. 23, § 17 Rn. 28 ff., § 18.

[5] Vgl. MUCKEL, Kirchenrecht (wie Anm. 4), § 16 Rn. 23, § 17 Rn. 28 ff., § 18.

vorbehalten, die Unterscheidung zwischen Klerikern und Laien ist den evangelischen Kirchen vielmehr fremd. Daher können Funktionen der rechtlichen Kirchenleitung unter Einschließung der Gesetzgebungsgewalt ohne Weiteres auch bei „Laien" (das heißt Personen, die nicht mit dem Predigtamt betraut sind beziehungsweise Nicht-Theologen), also auch bei „weltlichen" Juristen, liegen. Mangels unmittelbarer Ableitbarkeit von kirchlichen Verfassungsstrukturen aus der Heiligen Schrift ist das Kirchenrecht auch weniger der Theologie zugeordnet als der Jurisprudenz.

Diese – unvollständig skizzierten – Unterschiede zwischen evangelischem und katholischem Kirchenrecht und ihrer jeweiligen Wissenschaft werden hier zur Verdeutlichung pointiert und stark vereinfacht dargestellt. Dass die theologischen, philosophischen und rechtsdogmatischen Grundlagen jeweils viel komplexer und differenzierter sind, lässt sich an den zahl- und umfangreichen wissenschaftlichen Beiträgen zu den Grundlagen der jeweiligen Disziplinen ablesen.[6]

Eingedenk dieser hier nur sehr gerafft dargelegten Grundlagen ist es in der evangelischen Kirche konsequent, dass „weltliche" Juristen für die Gestaltung des Rechts eine Rolle spielen können und angesichts ihrer besonderen Qualifikation, rechtliche Regeln zu konzipieren, anzuwenden und mit wissenschaftlichen Methoden zu analysieren, auch sinnvollerweise darin einbezogen werden sollten. Das Gegenstück zu den weltlichen Juristen, die Klerikerjuristen, das heißt Kirchenjuristen, die Angehörige des Standes der geweihten Kleriker sind, kann es in der evangelischen Kirche man-

---

[6] Zum Überblick s. nur Ludger Müller, Recht und Kirchenrecht, in: Handbuch des katholischen Kirchenrechts, 3. Aufl., hrsg. von Stephan Haering/Wilhelm Rees/Heribert Schmitz, Regensburg 2015, S. 12–31; Heinrich de Wall/Michael Germann, § 1, Grundfragen des evangelischen Kirchenrechts, in: Handbuch des Evangelischen Kirchenrechts, hrsg. von Hans Ulrich Anke/Heinrich de Wall/Hans Michael Heinig, Tübingen 2016, jeweils mit Nachweisen. Magistrale Zusammenfassung der Bedeutung der Theologie Luthers für das Kirchenrecht jetzt bei Martin Heckel, Martin Luthers Reformation und das Recht, Tübingen 2016, insbes. S. 804 ff.

gels Klerus gar nicht geben. Die unterschiedlichen evangelischen und katholischen Rechtskulturen sind in der unterschiedlichen Kirchen- und Ämterlehre verwurzelt und diese Kulturwirkung der Reformation auf das eigene Kirchenrecht ist eigentlich selbstverständlich.[7]

Angesichts der historischen Ausgangslage, bei der die reformatorischen Kirchen ja keine creationes ex nihilo, sondern aus der vorreformatorischen Kirche gewachsene Gebilde sind, ist die Frage nach der Rolle der weltlichen Juristen und ihrem Beitrag für das Kirchenrecht allerdings durchaus berechtigt. Sie bezieht sich auch nicht nur auf die Profession der „Juristen", sondern auch auf das anzuwendende Recht selbst: „kirchliches" oder „weltliches" Recht. Schon in der Bestimmung der spezifischen Differenz zwi-

---

[7] Das evangelische Kirchenrecht und sein katholisches Gegenstück sind insofern durch einen tiefen Graben getrennt. Das Verständnis des Kirchenrechts bleibt eines der ungelösten Probleme der Ökumene. Dies wird auch in dem 2001 erschienenen Papier der EKD „Kirchengemeinschaft nach evangelischem Verständnis. Ein Votum zum geordneten Miteinander bekenntnisverschiedener Kirchen" (EKD-Texte 69, 2001), einer Art evangelischer Antwort auf „dominus iesus", die Erklärung über die Einzigkeit und die Heilsuniversalität Jesu Christi und der Kirche der Kongregation für die Glaubenslehre vom 6.8.2000, benannt: „Es ist eine Verständigung darüber zu erstreben, dass für die Gemeinschaft der Kirchen nicht eine einzige, historisch gewachsene Form des kirchlichen Amtes zur Bedingung gemacht werden kann, sondern dass unterschiedliche Gestalten desselben möglich sind. In diesem Zusammenhang ist auch festzustellen, dass die Notwendigkeit und Gestalt des Petrusamtes und damit der Primat des Papstes, das Verständnis der apostolischen Sukzession, die Nichtzulassung von Frauen zum ordinierten Amt und nicht zuletzt der Rang des Kirchenrechts in der römisch-katholischen Kirche Sachverhalte sind, denen von evangelischer Seite widersprochen werden muss." Allerdings ist festzustellen, dass der interkonfessionelle Austausch im Kirchenrecht (anders als im Staatskirchenrecht, wo konfessionelle Aspekte kaum eine Rolle spielen) gering ist. Angesichts der Parallelität der sachlichen Fragestellungen, der gemeinsamen kulturellen Verwurzelung und natürlich des gemeinsamen Bekenntnisses zum dreieinigen Gott scheint das jedenfalls nicht zwingend und könnte ein Dialog der Kirchenrechtler den Befund des EKD-Papiers entweder relativieren oder zu seiner besseren Begründung beitragen.

schen beiden „Rechten" zeigen sich konfessionelle Differenzen. Das überkommene (und das heutige) kanonische Recht war (und ist auch heute noch) das Recht, das aufgrund der den Bischöfen beziehungsweise dem Papst zugeordneten kirchlichen Rechtssetzungsmacht gesetzt wird, die Teil der *potestas ecclesiastica*, der Kirchengewalt, ist. Die Reformation leugnet, dass in der bischöflichen Kirchengewalt eine solche Rechtssetzungsmacht enthalten ist. In den Territorien, die ihr folgten, war das Kirchenrecht durch sein Objekt, nicht durch das Subjekt der Rechtssetzung und deren Grundlage gekennzeichnet. Evangelisches Kirchenrecht war das Recht, das sich auf die Kirche und die als kirchliche Angelegenheiten identifizierten Gegenstände bezog. Das rechtssetzende Subjekt wurde der Landesherr. Die Grundlage des Kirchenrechts wurde dessen Rechtssetzungsmacht – dies allerdings nicht aufgrund theologisch begründeter Notwendigkeit, sondern aufgrund der historischen Entwicklung. Erst mit der Trennung von Staat und Kirche durch die Weimarer Reichsverfassung ist auch das evangelische Kirchenrecht in Deutschland durch sein Subjekt definiert – es ist das Recht, das eine evangelische Kirche kraft ihrer Selbstbestimmung setzt.[8]

Die Stellung und Bedeutung „weltlicher" Juristen für die Kirche und ihr Recht kann an unterschiedlichen historischen Entwicklungen aufgezeigt werden. Dazu gehört nicht nur die Kirchen- und Ämtertheologie selbst, für die es bei den bisherigen kurzen Bemerkungen bleiben soll. Wichtige historische Kontroversen haben sich darüber hinaus an der Frage nach der Bedeutung des überkommenen Kirchenrechts, des kanonischen Rechts, für die Gestaltung des evangelischen Kirchenrechts entzündet. Damit ist gerade auch die Frage aufgeworfen, welche Rolle die Kanonistik und die Kanonisten für das evangelische Kirchenrecht spielen konnten. Und auch die Beteiligung von Juristen beziehungsweise Nichttheologen

---

[8] Zur Einführung in die historische Entwicklung der beiden Kirchenrechte seit der Reformation s. Christoph LINK, Kirchliche Rechtsgeschichte, München ^{3}2017, § 10 mit Nachweisen; DE WALL, Kirchenrecht (wie Anm. 4), § 4.

bei der Neugestaltung der entstehenden evangelischen Kirchen und ihrer Rechtsordnung ist einer Betrachtung wert. Diesen beiden letzteren Fragen möchte ich im Folgenden nachgehen.

In diesen Zusammenhang gehört zunächst der Hinweis darauf, dass für die Reformation selbst, unabhängig von deren kirchenrechtlichen Folgerungen, Juristen eine nicht unwichtige Rolle gespielt haben, und dass umgekehrt die Reformatoren auch juristisch tätig geworden sind. Justus Jonas etwa, Reformator vieler wichtiger Städte (insbesondere in Halle an der Saale) und Mitstreiter Luthers, war nicht nur Priester und Theologe, sondern auch Lizenziat beider Rechte. Der Wittenberger Jurist Hieronymus Schurff hat als Rechtsbeistand Luthers und als akademischer Vorstreiter gemäßigter Reformen des Rechts eine wichtige Rolle gespielt. Der Jurist Johannes Oldendorp ist nicht nur Verfasser wichtiger Kirchenordnungen, sondern gilt auch als Reformator beziehungsweise Mitreformator unter anderem von Rostock.[9] Trotz seiner notorischen Abneigung gegenüber dem Juristenstand ist, gleichsam umgekehrt, Martin Luther vielfach in einer juristischen Funktion tätig geworden, indem er namentlich in Ehesachen um Stellungnahme beziehungsweise Entscheidung von konkreten Streitfällen gebeten wurde. Entsprechendes gilt auch für Melanchthon, Bugenhagen, Justus Jonas und Caspar Cruziger.[10] Diese Tätigkeit zeigt besonders deutlich, dass die Reformation auch Folgen für das Recht hatte – nicht nur, aber zunächst auch und insbesondere für das Eherecht und seine Praxis. Das Eherecht ist traditionell eine Materie des kanonischen Rechts, die nach wie vor eine ganz erhebliche praktische und wissenschaftliche Bedeutung für das römisch-katholische Kirchenrecht hat, die wir heute jedoch nicht mehr als Gegenstand des evangelischen Kirchenrechts identifizieren. Es ist aber auch ein Beispiel dafür, dass und wie die evan-

---

[9] S. zu den Rollen Jonas', Schurffs und Oldendorps John WITTE, Recht und Protestantismus. Die Rechtslehre der lutherischen Reformation, Gütersloh 2014, S. 204 ff., hier S. 235.

[10] Vgl. Ralf FRASSEK, Eherecht und Ehegerichtsbarkeit in der Reformationszeit, Tübingen 2005, S. 28 f.

gelische Rechtspraxis an die Kanonistik angeknüpft hat und damit ein Element der Kontinuität aufgenommen hat, die mittlerweile gänzlich verloren ist.

1. Die Weitergeltung des kanonischen Rechts

Gerade in diesem Bereich stellte sich das Problem der Weitergeltung des kanonischen Rechts. Die Rechtspraxis in den der Reformation folgenden Territorien und Städten sah sich vor der Frage, auf welches Recht Entscheidungen in Ehesachen gestützt werden konnten. Die überkommene Rechtspraxis gewann ihre Erkenntnisse zu den Voraussetzungen und den Rechtswirkungen der Ehe eben aus dem kanonischen Eherecht. Nun waren es zwar gerade wichtige Fragen in diesem Bereich, die durch die reformatorische Theologie in einer Weise in Frage gestellt wurden, die die unbesehene Anwendung des kanonischen Rechts an sich unmöglich machte.[11] Dazu gehörten Fragen der Ehehindernisse, insbesondere bei Klerikern, der Auflösbarkeit der Ehe und der Wiederverheiratung. Indes enthielt das kanonische Recht in anderen Materien auch Aussagen, die ganz ungeachtet der reformatorischen Änderungen im Eheverständnis Bestand haben konnten. Das Eherecht ist insofern eine wichtige Referenzmaterie für die Frage nach der Fortgeltung des kanonischen Rechts, die die evangelische Rechtswissenschaft auch darüber hinaus und allgemein noch lange beschäftigen sollte.

Bekanntlich hat Martin Luther am 10. Dezember 1520 vor dem Wittenberger Elstertor nicht nur die gegen ihn gerichtete päpstliche Bannandrohungsbulle, sondern auch das Dekret Gratians und die päpstlichen Dekretalensammlungen verbrannt. Damit hat er seine Ablehnung des kanonischen Rechts überdeutlich gemacht.

---

[11] S. dazu WITTE, Recht und Protestantismus (wie Anm. 9), S. 257 ff.; FRASSEK, Eherecht (wie Anm. 10), passim mit vielen Einzelbeispielen; ebenso Hartwig DIETERICH, Das protestantische Eherecht in Deutschland bis zur Mitte des 17. Jahrhunderts, München 1970.

Aber auch verbal hat er sich insofern keine Zurückhaltung auferlegt, indem er beispielsweise das *ius canonicum* als „Papsts Dreck und Förze"[12] oder „als dem Teufel aus dem hindern geboren"[13] bezeichnete. Die evangelischen Juristen sind dieser pauschalen Verwerfung des kanonischen Rechts nicht gefolgt.[14]

Für die Juristen war es zum einen die Notwendigkeit, Maßstäbe für die Entscheidung von praktischen Rechtsfällen zu haben und dabei möglichst Kontinuität und damit Verlässlichkeit zu wahren, die sie am kanonischen Recht festhalten ließ. Darüber hinaus galt es als Teil des Gemeinen, im Reich geltenden Rechts. Es in Bausch und Bogen zu verwerfen, hätte damit einen noch tiefer gehenden Bruch mit der Rechtsordnung des Reiches bedeutet, als ihn die Reformation aus der Sicht derjenigen, die ihr nicht folgten, ohnehin bedeutete.[15] Und für die der Reformation anhängenden Juristen gab es keinen Anlass, bewährtes und geltendes Recht zu verwerfen, soweit es dafür keine zwingenden Gründe aus der Heiligen Schrift gab. Die Wittenberger Juristen Hieronymus Schurff, Melchior Kling und Konrad Lagus, um nur einige zu nennen, hielten daher grundsätzlich am kanonischen Recht fest. Die anfänglichen Sympathien des kaiserlichen Rates Ulrich Zasius für die Reformation

---

[12] WA TR 4, Nr. 4382b.

[13] WA 54, 260; s. auch WITTE, Recht und Protestantismus (wie Anm. 9), S. 116.

[14] S. dazu im Überblick LINK, Kirchliche Rechtsgeschichte (wie Anm. 8), § 13 Rn. 6ff.; WITTE, Recht und Protestantismus (wie Anm. 9), S. 97ff. 108ff. Ferner Udo WOLTER, Die Fortgeltung des kanonischen Rechts und die Haltung der protestantischen Juristen zum kanonischen Recht in Deutschland bis in die Mitte des 18. Jahrhunderts, in: Canon Law in Protestant Lands, hrsg. von Richard Helmholz, Berlin 1992, S. 13–47; Johannes HECKEL, Das Decretum Gratiani und das deutsche evangelische Kirchenrecht (1955), in: ders., Das blinde, undeutliche Wort ‚Kirche', Gesammelte Aufsätze, hrsg. von Siegfried Grundmann, Köln 1964, S. 1–48; Rudolf SCHÄFER, Die Geltung des kanonischen Rechts in der evangelischen Kirche Deutschlands von Luther bis zur Gegenwart, in: ZRG 36 Kan. Abt. 5 (1915), S. 165–413.

[15] S. dazu HECKEL, Das Decretum Gratiani (wie Anm. 14), S. 25f.; WOLTER, Die Fortgeltung des kanonischen Rechts (wie Anm. 14), S. 16.

haben unter der Verwerfung des kanonischen Rechts durch Luther erheblich gelitten.[16]

Lazarus Spengler,[17] Nürnberger Ratsschreiber, gab 1530 eine Schrift unter dem Titel *Ein kurzer Auszug aus dem päpstlichen Rechten der Decret und Decretalen* heraus, die Passagen aus der Rechtssammlung des kanonischen Rechts enthielt, die seiner Ansicht nach auch in den evangelischen Kirchen angewendet werden könnten. Dabei schreibt er, dass er sie danach ausgewählt habe, „so viel sich davon mit dem Wort Gottes und heiliger biblischer Schrift, auch menschlicher Ehrbarkeit und Billigkeit vergleicht"[18]. Diese Schrift hat sogar den Beifall Luthers gefunden.[19]

Mit dem eben zitierten kurzen Auszug ist sie ein Beispiel für die Art und Weise des Umgangs der evangelischen Juristen mit dem kanonischen Recht. Denn keineswegs wurde das kanonische Recht unbesehen übernommen. Weder im Eherecht noch in anderen Bereichen, wie etwa dem kirchlichen Amtsrecht, kam es ja in Frage, sich in genauen Gegensatz zu reformatorischen Erkenntnissen zu stellen durch Anwendung eines Rechts, das etwa die durch die Reformation negierte überkommene Ämterlehre übermittelte. Insofern kam eine Anwendung des kanonischen Rechts nur insoweit in Betracht, als es insbesondere mit dem Neuen Testament nach evangelischer Auslegung in Einklang zu bringen war.[20] Das

---

[16] Witte, Recht und Protestantismus (wie Anm. 9), S. 98 f.

[17] Zu Spengler: Berndt Hamm, Der Nürnberger Ratsschreiber Lazarus Spengler als Rechtsdenker und Advokat der Reformation, in: Recht und Verfassung im Übergang vom Mittelalter zur Neuzeit, Teil 1: Bericht über Kolloquien der Kommission zur Erforschung der Kultur des Spätmittelalters 1994 bis 1995, hrsg. von Hartmut Boockmann u. a., Göttingen 1998, S. 230–257.

[18] Lazarus Spengler, Ein kurzer Auszug aus dem päpstlichen Rechten der Decret und Decretalen, 1530, Vorrede S. 3 (Rechtschreibung angepasst).

[19] Witte, Recht und Protestantismus (wie Anm. 9), S. 106.

[20] S. dazu die o. Anm. 14 Genannten. Ferner Anneliese Sprengler-Ruppenthal, Das kanonische Recht in Kirchenordnungen des 16. Jahrhunderts, in: Canon Law in Protestant Lands, hrsg. von Richard Helmholz, Berlin 1992, S. 49–121.

Ergebnis war ein neues Recht, das reformatorische Erkenntnisse und kanonische Tradition enthielt. Treffend hat John Witte diesen Vorgang als evangelische Konversion des katholischen Kirchenrechts bezeichnet.[21]

Über die Einzelheiten und die grundsätzliche Begründung eines solchen Vorgehens hat man noch zu Beginn des 18. Jahrhunderts diskutiert, als Justus Henning Böhmer seine große Zusammenfassung des evangelischen Kirchenrechts unter dem Titel *Ius ecclesiasticum protestantium usum hodiernum iuris canonici iuxta seriem decretalium ostendens et ipsis rerum argumentis illustrans*[22] veröffentlichte. Noch hier, also nach beinahe 200 Jahren der wissenschaftlichen Auseinandersetzung, argumentiert Böhmer ausdrücklich für einen Mittelweg zwischen der unbesehenen Annahme und der vollständigen Verwerfung des kanonischen Rechts für das evangelische Kirchenrecht.[23] Die fortlaufende Arbeit mit und am kanonischen Recht durch evangelische Juristen hat auch noch darüber hinaus Früchte getragen: Die wichtigsten Editionen des Corpus iuris canonici nach der „offiziellen" päpstlichen Revision von 1582 stammen von evangelischen Juristen, Justus Henning Böhmer 1747, Aemilius Ludwig Richter 1839 und die heute gebräuchliche von Emil Friedberg (1879 bis 1881). Im 18. Jahrhundert wurden juristische Fakultäten in evangelischen Universitäten auch von katholischer Seite zu Fragen des kano-

---

[21] WITTE, Recht und Protestantismus (wie Anm. 9), S. 100.

[22] Protestantisches Kirchenrecht, den modernen Gebrauch des kanonischen Rechts nach der Abfolge der Dekretalien aufzeigend und mit Argumenten aus der Sache illustrierend.

[23] Dazu s. Peter LANDAU, Kanonistischer Pietismus bei Justus Henning Böhmer, in: Vom mittelalterlichen Recht zur neuzeitlichen Rechtswissenschaft, hrsg. von Norbert Brieskorn u. a., Paderborn 1994, S. 322; Stephan BUCHHOLZ, Justus Henning Boehmer (1674–1749) und das Kirchenrecht, in: Ius commune XVIII (1991), S. 45 f.; Helmut SCHNIZER, Justus Henning Boehmer und seine Lehre von der media via zur Interpretation der kanonischen Quellen des gemeinen Rechts, in: ZRG 93 Kan. Abt. 62 (1976), S. 383–393, hier S. 386; Heinrich DE WALL, Zum kirchenrechtlichen Werk Justus Henning Böhmers, in: ZRG 118 Kan. Abt. 87 (2001), S. 455–472.

nischen Rechts konsultiert, jedenfalls ist ein solcher Fall für die Erlanger Juristenfakultät dokumentiert,[24] und die Verdienste evangelischer Juristen des 19. Jahrhunderts für die Kanonistik (Hinschius, Friedberg, Richter) werden auch in der Geschichte der Wissenschaft vom kanonischen Recht von Péter Erdö, Kardinal und Primas von Ungarn, gewürdigt.[25]

Zurück ins Jahrhundert der Reformation: Ein wesentliches Argument gegen das kanonische Recht war natürlich, dass es weitgehend auf dem päpstlichen Gesetzesbefehl und damit der päpstlichen Autorität beruhte, die die Reformation gerade in Frage stellte. Das gilt insbesondere für das Recht der Dekretalensammlungen (den Liber extra, den Liber sextus und die Clementinen), die im Auftrag der Päpste Gregor IX., Bonifaz VIII. und Clemens V. angefertigt und durch päpstlichen Anwendungsbefehl in Kraft gesetzt wurden.[26] Evangelische Theologen, namentlich Luther, haben folglich gerade diese Teile des kanonischen Rechts besonders energisch verworfen.[27] Allerdings konnte man dem von juristischer Seite nicht nur die Geltung als Teil des Gemeinen Rechts und die praktische Übernahme des kanonischen Rechts im Rechtsleben kraft Gewohnheit entgegenhalten. Dazu trat zunehmend die Legitimation als durch landesherrliche oder städtische Rezeption übernommenes Recht des Landes. So enthielt beispielsweise die

---

[24] Hartmut FROMMER, Die Erlanger Juristenfakultät und das Kirchenrecht 1743–1810, München 1974, S. 103.

[25] Péter ERDÖ, Geschichte der Wissenschaft vom kanonischen Recht, Berlin 2006, S. 138. 140. 144f.

[26] Dagegen handelt es sich bei den anderen Teilen der unter dem damals bereits gebräuchlichen Titel „corpus iuris canonici" 1582 päpstlich approbierten Rechtssammlung um private Zusammenstellungen aus unterschiedlichen Quellen stammenden Rechtsstoffs. Das gilt insbesondere für den ersten, berühmtesten Teil des corpus, das „Decretum Gratiani", eine von dem Mönch Gratian 1140 vorgelegte Sammlung; s. dazu DE WALL, Kirchenrecht (wie Anm. 4), § 3 Rn. 5ff.

[27] Dagegen wurde das Decretum Gratiani, das ja auch Stellen aus den Kirchenvätern enthält, etwas weniger kritisch behandelt, vgl. WITTE, Recht und Protestantismus (wie Anm. 9), S. 104; zum Decretum Gratiani s. die vorstehende Anmerkung.

Kurbrandenburgische Visitations- und Konsistorialordnung von 1573 die Anordnung, dass die Mitglieder des Konsistoriums in Ehesachen, soweit nichts anderes bestimmt ist, „deren bisher darein gebrauchten geistlichen rechte vorhalten" sollten.[28] Deutlich ist insofern auch die Consistorial-Instruction für Pommern von 1569: „Da (wenn) aber ein solcher Fall in der heiligen schrift, auch in unsre kirchen-ordnung nicht gegründet, soll nach denen canonibus, so ferne dieselben praeter, et non contra jus divinum, auch nicht wider unsere kirchen-ordnung, natürlich recht, ehrbaren und guten sitten sein, gesprochen werden."[29] Die Konversion des kanonischen Rechts wird dadurch eine doppelte: Neben die inhaltlichen Modifikationen vom römisch-katholischen in ein adaptiertes evangelisches Recht tritt die Konversion von einem auf päpstlicher Autorität beruhenden Recht zu einem solchen kraft

---

[28] Emil SEHLING (Hrsg.), Die evangelischen Kirchenordnungen des XVI. Jahrhunderts, Bd. 3, Leipzig 1909, S. 133. Diese Ordnung nimmt Bezug auf eine vorhergehende Konsistorialordnung, die Geschichte einer solchen Ordnung ist allerdings unklar, s. SEHLING, S. 17; nach WITTE, Recht und Protestantismus (wie Anm. 9), S. 107 besagte die kurbrandenburgische Konsistorialordnung 1543, dass das Konsistorium im Einklang mit dem kanonischen und weltlichen Recht zu entscheiden hätte (WITTE, Recht und Protestantismus [wie Anm. 9], S. 107 unter Bezug auf SCHÄFER, Die Geltung des kanonischen Rechts [wie Anm. 14], S. 187). Dabei handelt es sich aber wohl nur um einen nicht gedruckten Entwurf einer Kirchenordnung.

[29] Emil SEHLING (Hrsg.), Die evangelischen Kirchenordnungen des XVI. Jahrhunderts, Bd. 4, Leipzig 1911, S. 483, s. auch SCHÄFER, Die Geltung des kanonischen Rechts (wie Anm. 14), S. 191; dort ab S. 185 auch viele Beispiele aus Kirchenordnungen. Daneben standen freilich auch Kirchenordnungen, die das kanonische Recht im Einklang mit Luther negierten. So verwirft die *Reformatio Ecclesiarum Hassiae* oder „Homberger Kirchenordnung" von 1526, bezeichnenderweise also eine sehr frühe reformatorische Ordnung, das kanonische Recht dadurch, dass sie seine Lehre im Studium an der dann 1527 gegründeten Marburger Universität verbietet, Emil SEHLING (Hrsg.), Die evangelischen Kirchenordnungen des XVI. Jahrhunderts, Bd. 8/1, Tübingen 1965, S. 63; allerdings ist die Homberger Kirchenordnung nicht durch den Landesherrn, Landgraf Philipp von Hessen, gedruckt und verkündet und somit nicht rechtsgültig geworden, s. ebd. S. 13.

landesherrlicher oder städtischer Rezeption[30] und damit auch von einem „geistlichen" zu einem „weltlichen" Recht.

Auch die Verankerung des kanonischen Rechts in den Universitäten zeigt im Übrigen seine Rezeption im evangelischen Bereich einerseits, die brüchige Kontinuität des Kirchenrechts andererseits. Während man in Wittenberg an einem kanonistischen Lehrstuhl festhielt, sah man – wie in Marburg – auch an den neuen evangelischen Universitäten Königsberg und Jena zunächst keinen solchen vor. Dennoch fand hier bald wieder Lehre im kanonischen Recht statt und hatten Königsberg und Jena auch bald wieder Lehrstühle für kanonisches Recht.[31] Allerdings nahmen insgesamt Bedeutung und Umfang der Kanonistik im juristischen Unterricht im Reich ab. Dazu hat beigetragen, dass die Mehrheit der Universitäten beziehungsweise der juristischen Fakultäten protestantisch waren beziehungsweise wurden.[32]

Die Aneignung des kanonischen Rechts im evangelischen Bereich mündet in die kaum zu überbietende Ironie der Rechtsgeschichte, dass heute das corpus iuris canonici in der römisch-katholischen Kirche durch die Kodifikation des kanonischen Rechts im Codex iuris canonici 1917 und dem neuen Codex 1983 abgelöst und ausdrücklich außer Kraft gesetzt wurde. Dagegen ist im evangelischen Kirchenrecht jedenfalls theoretisch anerkannt, dass das

---

[30] Vgl. Wolter, Die Fortgeltung des kanonischen Rechts (wie Anm. 14), S. 34; Schäfer, Die Geltung des kanonischen Rechts (wie Anm. 14), S. 220 ff.

[31] Witte, Recht und Protestantismus (wie Anm. 9), S. 115; näher zum Ganzen auch Hans Liermann, Das kanonische Recht als Gegenstand des gelehrten Unterrichts an den protestantischen Universitäten Deutschlands in den ersten Jahrhunderten nach der Reformation, Studia Gratiana 3 (1955), auch in: Der Jurist und die Kirche. Ausgewählte kirchenrechtliche Aufsätze und Rechtsgutachten von Hans Liermann, hrsg. von Martin Heckel/Klaus Obermayer/Dietrich Pirson, München 1973, S. 108–131.

[32] Die katholischen Universitäten des Reiches wurden überwiegend jesuitische Universitäten. In der jesuitischen ratio studiorum spielte die Kanonistik eine untergeordnete Rolle. Sie wurde an den katholischen Universitäten in erster Linie an der theologischen Fakultät gelehrt; s. Erdö, Geschichte der Wissenschaft vom kanonischen Recht (wie Anm. 25), S. 122.

corpus iuris canonici, das für Luther doch ein wichtiges Element in der Abgrenzung von der Papstkirche war, als subsidiäre Rechtsquelle in der Adaption an reformatorische Grundsätze weiter gilt. Ob dies als ein Triumph des Papsttums über Luther oder umgekehrt zu bewerten ist, sei dahingestellt: Denn, um die Bedeutung für unser Thema herauszustellen, dieser Vorgang der evangelischen Übernahme des kanonischen Rechts zeigt zum einen die Bedeutung des Rechts und der Juristen für die Ordnung des Kirchenwesens. Zum anderen ist er ein Element der Verweltlichung des päpstlichen Rechts, die deutlich wird, wenn sein Geltungsgrund eben nicht mehr der päpstliche Gesetzesbefehl, sondern die Rezeption im territorialen Recht ist, sei es als Gewohnheitsrecht, sei es aufgrund hoheitlichen und das heißt überwiegend landesherrlichen Anwendungsbefehls.

2. Die Organisation der evangelischen Kirchenbehörden

Dies leitet über zu einem anderen Element der historischen Entwicklung der Reformation, das für die Rolle der Juristen von besonderer Bedeutung war – nämlich dem Um- beziehungsweise Aufbau des evangelischen Kirchenwesens als Aufgabe der Landesherren beziehungsweise der städtischen Obrigkeiten. Die Gründe für und die Entwicklungsstufen der Entstehung des landesherrlichen Kirchenregiments über die evangelischen Kirchen seien hier vorausgesetzt; ebenso, dass das landesherrliche Kirchenregiment an vorreformatorische Entwicklungen anknüpft.[33] Jedenfalls übernehmen die Landesherren bei der Gestaltung der Kirche und ihrer Rechtsordnung Aufgaben, die nach der überkommenen Ordnung den Bischöfen zukamen.[34] Da bei dieser Ordnungsaufgabe

[33] Näher dazu Link, Kirchliche Rechtsgeschichte (wie Anm. 8), § 10 Rn. 13 f.; de Wall, Kirchenrecht (wie Anm. 4), § 4 Rn. 13 ff., jeweils mit weiteren Nachweisen.

[34] Dazu, wie versucht wurde, das landesherrliche Kirchenregiment mit

auch Juristen gefragt waren, werden diese gleichsam als Beamte des Landesherrn für die Erfüllung seiner kirchenordnenden Aufgaben tätig, als weltliche und nicht als Klerikerjuristen.

Dass Juristen dabei eine wichtige Rolle spielten, wird zum Beispiel an den bereits angedeuteten Problemen des Eherechts deutlich. Bereits früh zeigt es sich auch bei der Entstehung der Institutionen des landesherrlichen Kirchenregiments. So wurden die Visitationskommissionen, die zur Kontrolle und zur Wiedergewinnung der Ordnung des Kirchenwesens in den reformatorischen Ländern eingesetzt wurden, nicht nur mit Theologen, sondern auch mit Juristen besetzt. Das war bereits bei der Kursächsischen Visitation als landesherrlicher Maßnahme der Fall, für die der von Melanchthon verfasste und von Luther mit einer Vorrede versehene Unterricht der Visitatoren den inhaltlichen Maßstab lieferte. Bereits hier zeigt sich das Charakteristikum späterer evangelischer Kirchenleitung, dass dabei nämlich Theologen und weltliche Juristen neben- und miteinander tätig werden.

Sehr schnell erwuchs aber auch das Bedürfnis nach dauerhaften, ständigen Institutionen für kirchliche Angelegenheiten. Es führte zur Gründung von Konsistorien, Kirchenräten und ähnlich benannten Einrichtungen, also den landesherrlichen Behörden, denen die praktische Umsetzung des Kirchenregiments oblag.[35] Auch damit wird zum Teil an Traditionen der vorreformatorischen Kirchen angeknüpft.[36] Das erste, das Wittenberger Konsistorium

---

kanonistischen Argumenten zu stützen s. Sprengler-Ruppenthal, Das kanonische Recht (wie Anm. 20), S. 51 ff.

[35] Link, Kirchliche Rechtsgeschichte (wie Anm. 8), § 13 Rn. 4 f.; Werner Heun, Art. „Konsistorium", in: TRE 19, Berlin/New York 1990, S. 483–488.

[36] Neben den hier nicht in Betracht kommenden päpstlichen Konsistorien wurden als Konsistorien z. T. Gerichte auf Bistumsebene bezeichnet, in der Diözese Passau auch Behörden, die Gerichts- und Verwaltungsfunktionen vereinigten, s. Hans Erich Feine, Kirchliche Rechtsgeschichte, Köln [5]1972, S. 371. 373; s. auch Christian Schwab, Geistliche Gerichtsbarkeit, publiziert am 30.09.2011; in: Historisches Lexikon Bayerns, URL: http://www.historisches-lexikon-bayerns.de/Lexikon/Geistliche Gerichtsbarkeit (28.02.2017).

hat insbesondere als Gerichtsinstanz in Ehesachen gewirkt. Ihm stellte sich unmittelbar die Frage nach dem zugrunde zu legenden Maßstab und damit nach der Rezeption des kanonischen Rechts in den evangelischen Kirchen. Die Einrichtung des Konsistoriums zeigt die Verwobenheit der hier angesprochenen Fragen, einerseits der materiell-rechtlichen nach dem geltenden Recht und andererseits der Institutionalisierung des evangelischen Kirchenwesens. Es zeigt auch die Ambivalenz von Elementen der Kontinuität und der Diskontinuität des Rechts. Nach Vorbild des Württembergischen Kirchenrats (Ordnung von 1559)[37] fallen den in den evangelischen Territorien des Reiches gegründeten Konsistorien neben der Rechtsprechung auch die Aufgaben der Leitung und Verwaltung der Kirche zu.

In ihnen als kollegial organisierten Behörden wirken geistliche und weltliche Räte, Theologen und Juristen, zusammen. Das Konsistorium als Kirchenleitungsbehörde wird zur zentralen Einrichtung des landesherrlichen Kirchenregiments.

3. Die evangelischen Kirchenordnungen

Ein weiteres Beispiel für den Einfluss der Juristen auf die Ordnung des evangelischen Kirchenwesens sind die seit den 20er-Jahren des 16. Jahrhunderts geschaffenen evangelischen Kirchenordnungen.[38] Sie sind äußerst vielgestaltig: Es gibt kurze Ordnungen zu Einzelfragen und umfassende, gleichsam kodifikatorische Kirchenordnungen. Manche sind auf den ersten Blick nicht als

[37] Abgedruckt in: Emil SEHLING (Hrsg.), Die evangelischen Kirchenordnungen des XVI. Jahrhunderts, Bd. 16, Tübingen 2004, S. 413–419.

[38] Vgl. LINK, Kirchliche Rechtsgeschichte (wie Anm. 8), § 13 Rn. 2 f.; Edition der Kirchenordnungen jeweils mit historischen Einführungen Emil SEHLING (Hrsg.), Die evangelischen Kirchenordnungen des XVI. Jahrhunderts, seit 1902, letzter erschienener Band 2016; zu den Kirchenordnungen Anneliese SPRENGLER-RUPPENTHAL, Gesammelte Aufsätze. Zu den Kirchenordnungen des 16. Jahrhunderts, Tübingen 2004.

Elemente des Rechtssystems erkennbar. Vielfach handelt es sich um Zusammenfassungen der evangelischen Lehre nach Art eines Katechismus. Kirchenordnungen enthalten auch Formulare für Gottesdienste und andere Amtshandlungen, unter ihnen auch zum Beispiel Trauungen. Auch Visitationsordnungen oder aber die Ordnungen der Konsistorien zählen dazu. Sie ergingen als kurze Anweisungen oder längere Regelwerke zur Ordnung des Kirchenwesens auf der Grundlage landesherrlicher oder städtischer Rechtssetzungsmacht. Die Kirchenordnungen sind vielfach von Theologen, nicht von Juristen verfasst. Allerdings gibt es auch Ausnahmen: So hat zum Beispiel der bereits erwähnte Johannes Oldendorp auf Kirchenordnungen in Rostock, Lübeck, Marburg und Hessen Einfluss genommen.[39] Auch sonst sind Juristen an der Entstehung der Kirchenordnungen zumindest beteiligt gewesen. Diese hatten nicht nur in der bloßen Tatsache der Normierung der Lehre und des Gottesdienstes juristischen Gehalt. In diesen vielgestaltigen Regelwerken finden sich auch Regelungen zu den kirchlichen Ämtern und Einrichtungen, zur Verwaltung der Armenpflege und des Schulwesens. Auch zu der Frage des Rechts, welches bei kirchlichen Angelegenheiten zugrunde zu legen ist, äußern sich viele Kirchenordnungen. Darauf wurde bereits für die kurbrandenburgische und die pommersche Konsistorialordnung hingewiesen. Dies sind aber bei Weitem nicht die einzigen Beispiele.[40] Karla Sichelschmidt hat ihre Analyse der Kirchenordnungen unter die Frage gestellt, ob sie Recht aus christlicher Liebe oder obrigkeitlicher Gesetzesbefehl gewesen seien.[41] Sie waren Ausdruck von beidem. Die Kirchenordnungen des 16. und 17. Jahrhunderts

---

[39] Witte, Recht und Protestantismus (wie Anm. 9), S. 247.

[40] Weitere Nachweise und Analysen bei Sprengler-Ruppenthal, Das kanonische Recht (wie Anm. 20); s. auch Wolter, Die Fortgeltung des kanonischen Rechts (wie Anm. 14); Schäfer, Die Geltung des kanonischen Rechts (wie Anm. 14).

[41] Karla Sichelschmidt, Recht aus christlicher Liebe oder obrigkeitlicher Gesetzesbefehl? Juristische Untersuchungen zu den evangelischen Kirchenordnungen des 16. Jahrhunderts, Tübingen 1995.

stehen als obrigkeitlicher Gesetzesbefehl insofern nicht allein, als es derlei landesherrliche Ordnungen nicht nur für kirchliche Angelegenheiten gab. Vielmehr sind auch zu anderen Themenbereichen obrigkeitliche Regelwerke, insbesondere in Form von Polizeiordnungen und Gerichtsordnungen, erlassen worden. Die Kirchenordnungen sind somit Teil eines übergreifenden Verrechtlichungsvorgangs in der Frühen Neuzeit, der seinerseits Element und Ausdruck der Etablierung und Festigung der frühneuzeitlichen Territorial- beziehungsweise Staatsgewalt ist. Für den Bereich des evangelischen Kirchenwesens sehen wir, dass dies ein komplexer Vorgang theologischer und juristischer, institutioneller und materieller, traditioneller und neuer Aspekte ist, an deren Ende ein evangelisches Staatskirchentum steht, das seinen Höhepunkt zu Beginn des 19. Jahrhunderts in der Eingliederung der evangelischen Kirchenverwaltung in das staatliche Innenministerium etwa in Preußen hat.

4. Verrechtlichung und Verstaatlichung der Kirche

Die von Juristen entwickelten Begründungsvarianten für das landesherrliche Kirchenregiment spiegeln diesen komplexen Verstaatlichungsvorgang, der wesentlich auch von Juristen mitbestimmt und getragen war. Frühe Theoretiker wie die Gebrüder Stephani leiten das Kirchenregiment des Landesherrn daraus ab, dass die Jurisdiktion der katholischen Bischöfe, wie es im Augsburger Religionsfrieden besiegelt wurde, suspendiert worden und auf die Landesherrn übergegangen sei.[42] Hier steht nicht nur der reichsrechtliche Aspekt mit dem Verweis auf den Religionsfrieden, sondern auch die Anknüpfung an die Tradition noch ganz im Vordergrund, indem der Landesherr in die Rolle des Bischofs der

---

[42] Zu dieser „episkopalistischen“ Begründung vgl. LINK, Kirchliche Rechtsgeschichte (wie Anm. 8), § 13 Rn. 1 und insbes. Martin HECKEL, Staat und Kirche nach den Lehren der evangelischen Juristen Deutschlands in der ersten Hälfte des 17. Jahrhunderts, München 1968, S. 73 ff.

vorreformatorischen Kirche gerückt und damit an die vorreformatorische Ordnung angeknüpft wird.[43] Gleichwohl bedeutete dies als Beginn und Grundlage des landesherrlichen Kirchenregiments, dass die Organisation der Kirche als landesherrliche Aufgabe begriffen und damit die Basis für ihre Verstaatlichung gelegt wurde. Dieser Verstaatlichungsvorgang der Kirche und ihres Rechts findet dann zu Beginn des 18. Jahrhunderts seine idealtypische Erklärung in der insbesondere in Halle durch die Juristen Christian Thomasius und Justus Henning Böhmer formulierten territorialistischen These, dass allein der Inhaber der Territorial- beziehungsweise der Staatsgewalt befugt sei, rechtliche Regelungen zu setzen, jedenfalls soweit sie zwangsweise durchsetzbar sein sollen. Konsequenterweise wird dies auf die rechtliche Gestalt der Kirche erstreckt, die von Thomasius und Böhmer wie alle anderen menschlichen Gemeinschaften außer dem Staat nur als eine societas aequalis begriffen wird, in der es eine Befugnis zur einseitigen, obrigkeitlichen Gesetzgebung nicht gibt. Hier fallen Territorial- und rechtliche Kirchenleitungsgewalt in eins und dies ist die Begründungsvariante des landesherrlichen Kirchenregiments, die auf den souveränen Fürstenstaat zugeschnitten ist.[44]

---

[43] HECKEL, Staat und Kirche (wie Anm. 42), S. 109 ff. Die Wahrnehmung bischöflicher Rechte durch Territorialfürsten musste nicht so abwegig erscheinen, wie es heute auf den ersten Blick wirkt. Dazu muss man nur bedenken, dass die Bischöfe des 16. Jahrhunderts selbst mit weltlichen, fürstlichen Herrschaftsrechten ausgestattet waren und den hochadligen Familien angehörten, aus denen auch die Territorialfürsten stammten. Fürstbischof zu sein war eben eine Karriereoption der Elite, wie man heute sagen würde. Die geistlichen Funktionen des Bischofs standen demgegenüber nicht nur zurück, sondern es kam auch vor, dass sie auf andere delegiert wurden, die die erforderlichen theologischen Fertigkeiten und auch – anders als viele Bischöfe – die nötigen Weihen besaßen. Nicht nur durch die Reformatoren sind diese Zustände kritisiert worden. Vgl. HECKEL, Martin Luthers Reformation (wie Anm. 6), S. 334 f.

[44] Zum Territorialismus s. Klaus SCHLAICH, Der rationale Territorialismus, in: ZRG 85 Kan. Abt. 54 (1968), S. 269–340 (339), auch in: ders., Gesammelte Aufsätze, hrsg. von Martin Heckel/Werner Heun, Tübingen 1997, S. 204–266; Christoph LINK, Herrschaftsordnung und Bürgerliche

Thomasius und Böhmer gehören, wie Samuel Pufendorf, an den sie anknüpfen, zu den führenden Juristen sowohl im Kirchen- als auch im Staatsrecht ihrer Zeit. Auch dies steht für die Bedeutung „weltlicher" Juristen für das evangelische Kirchenrecht. Niemand hat schärfer gegen Vorrechte der Pfarrer (insbesondere der evangelischen) gewettert als Christian Thomasius, für den gerade die evangelischen Pfarrer eine „papenzende Clerisey"[45] sind. Die Verstaatlichung der evangelischen Kirche führt hier auch zur Delegitimierung kirchlicher Reservate.

Dass aber auch im Territorialismus noch an alte Rechtsbestände angeknüpft wird, erweist sich in der Person beziehungsweise Lehre Justus Henning Böhmers. Er wurde ja bereits als derjenige erwähnt, der für einen Mittelweg zwischen der völligen Verwerfung und der unbesehenen Übernahme des kanonischen Rechts in das evangelische Kirchenrecht eintrat.[46] Seinem großen zusammenfassenden *Ius ecclesiasticum protestantium* stellt er aber eine dissertatio praeliminaris voran, in der er ganz im Sinne des Territorialismus die Kirchengewalt des Landesherrn aus seiner Gesetzgebungsgewalt als Teil seiner Staatsgewalt ableitet.[47] Dies gibt ihm aber auch die Freiheit, aus dem Dekretalenrecht die Sätze zu übernehmen, die mit protestantischen Grundsätzen verein-

---

Freiheit, Wien/Köln/Graz 1971, S. 292 ff.; DERS., Souveränität – Toleranz – evangelische Freiheit, in: ZRG 117 Kan. Abt. 86 (2000), S. 414–432; Heinrich DE WALL, Spannungen und Paradoxien im rationalen Territorialismus, in: ZRG 123 Kan. Abt. 92 (2006), S. 554–569.

[45] Christian THOMASIUS, Dreyfache Rettung des Rechts Evangelischer Fürsten in Kirchen-Sachen, Frankfurt a. M. 1721, III § XX Anm. l (S. 150). Freilich ist hier nicht ganz klar, ob das eine Formulierung Thomasius' oder des Verfassers dieser Vorlesungsmitschrift, Johann Gottfried Zeidler, ist. Sie passt allerdings sehr gut zu Thomasius' üblicher Diktion; s. etwa Christian THOMASIUS, Vollständige Erläuterung der Kirchenrechts-Gelahrtheit, Frankfurt und Leipzig ^{2}1740, hier zitiert nach dem Neudruck Aalen 1981, 1. Teil, Eingang S. 9: „und ist kein Zweifel, daß diese Buch denen Maximes der Clerisey und dem Pabstthum der Protestanten großen Abbruch getan."

[46] Dazu s. o. bei Anm. 23.

[47] Justus Henning BÖHMER, Ius Ecclesiasticum Protestantium, Halle ^{5}1756, Diss. Prael., insbes. § XVI (S. 11).

bar sind und deshalb in den evangelischen Ländern angewendet werden können, und diejenigen, die auf römischer Doktrin beruhen und mit evangelischen Grundsätzen nicht vereinbar sind, zu verwerfen. Noch das Werk Justus Henning Böhmers, neben Christian Thomasius der wohl konsequenteste Territorialist, zeigt damit die komplexen Spannungslagen zwischen Theologie und Jurisprudenz, traditioneller Kanonistik und moderner Rechts- und Staatslehre.

Im 19. Jahrhundert findet dann neben der Herausbildung des modernen Staates auch die Verstaatlichung der evangelischen Kirchen ihren Höhepunkt. Nun kann man in Dokumenten lesen, dass die Rechte der evangelischen Kirche in jedem Staat zur Landesverfassung gehören.[48]

Bei diesem Vorgang der Verstaatlichung haben weltliche Juristen eine gewichtige Rolle gespielt. Mit der Trennung von Staat und Kirche zu Beginn des 20. Jahrhunderts wäre an sich die Möglichkeit eröffnet gewesen, das Kirchenrecht gleichsam zu „retheologisieren", eine Art evangelischer Kanonistik zu entwickeln und in die theologischen Fakultäten zu holen. Obwohl die theologischen Grundlagen des Kirchenrechts seither von Theologen und Juristen intensiv reflektiert worden sind,[49] ist es dazu aber nicht oder nur in Ansätzen gekommen. Nach wie vor wird das evangelische Kirchenrecht wesentlich von weltlichen Juristen geprägt. Ob ihm das gut oder nicht so gut bekommen ist, darüber mögen andere richten.

---

[48] Preußischer Entwurf einer Bundesverfassung von Mai 1815, § 11; abgedruckt in: Ernst Rudolf HUBER/Wolfgang HUBER, Staat und Kirche im 19. und 20. Jahrhundert. Dokumente zur Geschichte des deutschen Staatskirchenrechts, Bd. I, Berlin 1973, Nr. 50, S. 114.

[49] S. zum Überblick Heinrich DE WALL/Michael GERMANN, Grundfragen des evangelischen Kirchenrechts (wie Anm. 6).

Thesen zum Impuls der Schlussdiskussion

Axel Freiherr von Campenhausen

I

Für das Interesse unseres Symposions ist eine Erinnerung grundlegend: Die Reformation war eine geistliche Bewegung mit geistlicher Zielsetzung. Durch das Wort, *sine vi sed verbo*, wie man später formulieren sollte, zielte sie auf eine Veränderung der Verkündigung. Sie begann als Predigtreformation, setzte sich schnell fort zu einer Reformation des Gottesdienstes und erweiterte sich zu einer Veränderung der Welt.[1] Durch die geistliche Bewegung

[1] Zu unserem Thema der kürzeste Überblick: Martin Heckel, Art. Reformation rechtsgeschichtlich, in: Evangelisches Staatslexikon, Stuttgart/Berlin 1966, Sp. 1804–1833; aus der Fülle seiner Arbeiten hierzu ders., Die zwiespältigen Rechtswirkungen der lutherischen Reformation durch das Wort, in: ZThK 108 (2011), S. 202–224 (= ders., Gesammelte Schriften. Staat, Kirche, Recht, Geschichte, Bd. VI [Jus Ecclesiasticum, 100, Tübingen 2013], S. 3–25); ders., Von Luthers Reformation zum Jus Reformandi des Reichskirchenrechts. Rechtliche Perspektiven der Adelsschrift Luthers 1520, in: Festschrift für Jan Schröder, hrsg. von Arndt Kiehnle u.a., Tübingen 2013, S. 661–681 (= ders., Gesammelte Schriften, Bd. VI [2013], S. 27–47); ders., Luthers Traktat „Von der Freiheit eines Christenmenschen" als Markstein des Kirchen- und Staatskirchenrechts, in: ZThK 109 (2012), S. 122–152 (= ders., Gesammelte Schriften, Bd. VI [2013], S. 48–76); ders., Von der „Religionspartei" zur „Religionsgesellschaft". Schlüsselbegriffe zum religiösen Selbstbestimmungsrecht und Selbstverständnis, in: Staat im Wort. Festschrift für Josef Isensee, hrsg. von Otto Depenheuer u.a., Heidelberg 2007, S. 1003–1032 (= ders., Gesammelte Schriften, Bd. VI, S. 263–299).

Zu den nichtreligiösen Faktoren vgl. Eike Wolgast, Einführung der Reformation als politische Entscheidung, in: ders., Aufsätze zur Refor-

wurde die rechtliche Ordnung in Staat, Kirche, Sozial- und Berufsleben so folgenschwer umgestaltet, dass die Weltgeschichte als eine solche vor und nach der Reformation erscheint.[2]

Die Reformation zielte nicht auf eine Sezession, gar auf eine neue Kirche, sondern auf Reinigung der einen, universalen, katholischen Kirche. Bei der sich herausbildenden Konfessionsbildung erhoben beide Seiten diesen Identitätsanspruch mit der Folge, dass sie alle kirchlichen Rechte für sich als Verkörperung der wahren Kirche reklamierten. Alle Ämter und Kirchengüter sahen sie ihrer Konfession gewidmet. Diese Konkurrenz – beide Seiten legitimierten sich aus dem Monopolbesitz der Wahrheit![3] – trieb sie in die Trennung. Übergriffe und Verletzungen machten die Bildung einer wenigstens provisorischen Notordnung unausweichlich. Dass diese epochale Umgestaltung der Welt des Mittelalters nicht geplant war und die Verteidigung der alten Ordnung an Äußerlichkeiten statt an der theologischen Zentralfrage ansetzte, erklärt den vorläufigen kompromisshaften Charakter der sich in hundert Jahren mühsam herausbildenden neuen Ordnung. Für viele Generationen hat sie schließlich im Reich das Zusammenleben zweier, später dreier Konfessionen nebeneinander möglich gemacht.

---

mations- und Reichsgeschichte (Jus Ecclesiasticum 113), Tübingen 2016, S. 1–20.

Allgemein dazu: Christoph LINK, Kirchliche Rechtsgeschichte, München ²2010, § 10 bis § 15; Axel Frhr. VON CAMPENHAUSEN, Christentum und Recht, in: Christentum und europäische Kultur. Eine Geschichte und ihre Gegenwart, hrsg. von Peter Antes, Freiburg i. Br./Basel/Wien 2002, S. 96–115; DERS., Grundrechte als europäische Leitidee, in: Handbuch der Grundrechte, Band VI/1, hrsg. von Detlef Merten, Hans-Jürgen Papier, Heidelberg 2010, § 136, S. 3 ff., 25 ff.; DERS., Die Reformation als Grundlage der modernen Welt und des neuzeitlichen Christentums, in: ZRG Kan. Abt. 92, 2006, S. 536–553.

[2] Anregend dazu Mathias SCHMOECKEL, Das Recht der Reformation. Die epistemologische Revolution der Wissenschaft und die Spaltung der Rechtsordnung in der frühen Neuzeit, Tübingen 2014.

[3] Eike WOLGAST, Religionsfrieden als politisches Problem der frühen Neuzeit, in: Aufsätze (wie Anm. 1), S. 146–178, hier: S. 147.

II

„Reformation und Recht“? Die Reformation begann als Reformation durch das Wort. Auslöser war bekanntlich die kirchliche Ablasspraxis. Dagegen wandte sich Luther 1517 mit den 95 Thesen. Dank dem neuen Medium des Drucks verbreiteten sie sich in Windeseile und machten Luther über Nacht berühmt. Neben einer großen Zahl von Traktaten, Mahn-, Trost- und katechismusartigen Lehrschreiben wurden die vier großen Streitschriften des Jahres 1520 aus der Druckpresse in die Welt geschleudert: *Vom Papsttum zu Rom* (im Juni), *An den christlichen Adel deutscher Nation* (im August), *Von der babylonischen Gefangenschaft der Kirche* (im Oktober) und *Von der Freiheit eines Christenmenschen* (im November).

Im gleichen Jahr noch verurteilte Papst Leo X. Luthers Lehren und bedrohte ihn mit dem Bann. Da er den Widerruf verweigerte, wurde gegen ihn und seine Anhänger auf dem Reichstag zu Worms die Reichsacht verhängt. Die Verbrennung seiner Schriften wurde angeordnet. Lektüre, Druck und Verbreitung seiner Schriften wurden ebenfalls mit der Acht bedroht. Unbeschadet dessen verbreiteten sich seine Schriften in bis dahin unbekannt hohen Auflagen.

III

Für die Reichsverfassung bedeutete die Reformation die schwerste Krise überhaupt. Ihre Folgen sind noch heute im Grundgesetz ablesbar. Die Krise war deshalb so bedrohlich, weil es sich bei dem Reich nicht um einen modernen Staat mit moderner Verfassung handelte, sondern um eine an die christliche Wahrheit gebundene Größe. Dem Kaiser oblagen Vogtei und Schirmherrschaft über die Kirche. Deren Schutz und Förderung waren eine wesentliche Aufgabe des Reiches und die Ketzerverfolgung davon kein nur theoretischer Teil.

Das Einschreiten der Reichsorgane gegen die reformatorische Bewegung stand unter der Voraussetzung, dass es Maßnahmen für den wahren Glauben der wahren Kirche seien. Gerade dieser Anspruch fand nun keine allgemeine Anerkennung mehr. Wie sollte das Reich im nicht vorgesehenen Fall der Glaubensspaltung damit umgehen? Durch Kriege und insbesondere die Türkengefahr bedrängt, sah der Kaiser sich auf ein Bündnis mit den Territorialherren angewiesen.

IV

Das Entscheidende geschah in der Reformation nicht durch Rechtsakte der kirchlichen oder weltlichen Obrigkeit. Hierin unterschied sie sich von den Reformbemühungen der Reformkonzilien des 15. Jahrhunderts. Gesetze wurden nicht aufgehoben oder geändert. Entscheidend war der Wandel des religiösen Bewusstseins. Infolge der Rechtfertigungslehre veränderten sich Glaube und Glaubenspraxis. Wo evangelisch gepredigt wurde, wurde das Kanzelrecht, die Ämterbesetzung, der Genuss des Kirchenguts in Anspruch genommen.

Der Ausgangspunkt erklärt auch die bewusste Geringschätzung der äußerlichen rechtlichen Form. Vor dem Schreckbild des kanonischen Rechts hat Luther in Ordnungsfragen die Gefahr der Gesetzlichkeit gewittert. Die Verachtung des Rechts – eine Bedingung menschlicher Freiheit! – hat sich bei evangelischen Pfarrern bis heute zahlreich fortgepflanzt. Aus der gleichen Quelle rührt freilich die innere Freiheit, die es möglich machte, unschädliche Teile des kanonischen Rechts in der evangelischen Kirche zu übernehmen und bis heute in subsidiärer Geltung zu bewahren (Gottesdienstformen, Parochialrecht und so weiter).[4] Die klare

[4] Anneliese Sprengler-Ruppenthal, Das Kanonische Recht in den Kirchenordnungen des 16. Jahrhunderts, in: dies., Gesammelte Aufsätze. Zu den Kirchenordnungen des 16. Jahrhunderts (Jus Ecclesiasticum 74), Tübingen 2004, S. 298 ff.

Entschiedenheit in geistlichen Fragen erlaubte Offenheit bei rechtlichen Adiaphora.

V

Das entstandene kirchenrechtliche Vakuum wurde seit den 1530er Jahren schrittweise gefüllt durch Visitationen, Superintendenten als erstem ständigen Amt der evangelischen Kirchenverfassung und Konsistorien, in denen von Anfang an (und bis heute) Theologen und Nicht-Theologen kirchenleitend zusammenwirken.

VI

Seit Luthers Adelsschrift (August 1520) ist die Unterscheidung der Aufgaben und der Mittel des weltlichen und des geistlichen Regiments im Bewusstsein (Stichwort: Zwei-Reiche-Lehre!). Angesichts der kirchlichen Vorherrschaftsansprüche stellte Luther den Eigenwert der weltlichen Obrigkeit heraus. Abgelehnt wurden sowohl die Überordnung der Kirche über den Staat, als sei der eine Art weltlicher Arm der Kirche, wie auch eine Überordnung des Staates über die Kirche.

Folgenreich wurde die von Luther herausgestrichene Begrenzung der Staatszwecke auf diesseitige, weltliche Aufgaben. In seiner Schrift *Von weltlicher Obrigkeit, wieweit man ihr Gehorsam schuldig sei* (1523) entwickelte er grundlegende Gedanken zur Unterscheidung von Staat und Kirche. Das „weltlich regiment", so heißt es im zweiten Teil, erstrecke sich nur „uber leib und gutt und was eußerlich ist auff erden. Denn uber die seele kan und will Gott niemant lassen regirn denn sich selbs alleine".[5] Darum beschränke sich die Staatsgewalt, der jedermann gemäß Röm 13 Gehorsam

[5] Martin Luther, Von weltlicher Obrigkeit, 1523, WA 11, S. 262, Zl. 8–10.

schuldet, auf die „eusserlichen gütter, die selben zu ordenen unnd zu regirn auff erden".[6] Glaubensfragen sind also vom weltlichen Regiment ausgenommen. Grenzüberschreitende Eingriffe begründen nach allgemeiner Überzeugung ein Widerstandsrecht.[7]

Zumindest in der Theorie war damit die Abschaffung des Glaubenszwangs postuliert.

Nach den Erfahrungen mit den Schwärmern, den Bilderstürmern, den Täufern und den Bauernaufständen betonte Luther die Verantwortung der weltlichen Obrigkeit, gegen öffentliche Predigt falscher Lehre vorzugehen.

VII

Die Unsicherheit der allgemeinen Lage fand ein Ende durch den Augsburger Religionsfrieden von 1555. Die Auseinandersetzung um das richtige Verständnis seiner Bestimmungen[8] hat als eine Folge die verstärkte Erörterung der Glaubens- und Gewissensfreiheit gebracht.

VIII

Die tastende provisorische Ordnung des Reiches in Religionssachen begann damit, dass das Reich auf dem Reichstag zu Speyer 1526 das Wormser Edikt von 1521 zwar nicht aufhob. Die Durchführung des Ketzerrechts überließ es aber den Ständen, „wie ein

---

[6] Ebd., WA 11, 266, Zl. 1 f.

[7] Christoph LINK, Jus resistendi, in: Festschrift für Alexander Dordett, hrsg. von Audomar Scheuermann u. a., Wien 1976, S. 55 ff.

[8] Dazu Martin HECKEL, Der Augsburger Religionsfrieden, in: Ders., Gesammelte Schriften, Bd. VI, S. 174–198; DERS., Autonomia und Pacis Compositio. Der Augsburger Religionsfriede in der Deutung der Gegenreformation, in: ZRG 76, 1959, Kan. Abt. 45, S. 141–248 (= Gesammelte Schriften, Bd. I, Tübingen 1989, S. 1–82).

jeder solches gegen Gott und Kaiserliche Majestät hoffet und vertrauet zu verantworten". Damit war ein Schritt zur Herausbildung des frühneuzeitlichen Staates auf der Ebene der Territorien getan. Das Jus Reformandi war etwas anderes als das vorreformatorische landesherrliche Kirchenregiment.[9] Die durch die Notlage des Reiches erzwungenen Verfassungskompromisse haben den deutschen Föderalismus entscheidend gefördert und die Neigung im deutschen Volk, politische Streitfragen rechtsförmig zu entscheiden, verstärkt.

Die Bekenntnisbildung (Augsburger Bekenntnis 1530 einerseits, Tridentinisches Bekenntnis 1563 andererseits) führte zur Konfessionalisierung der Lebensformen und des Rechts. Gerade dies zwang im Reich zur Ausklammerung der Konfession samt allen daraus fließenden Konflikten. Im Ergebnis führte das zur Zweistufigkeit der deutschen Verfassungsordnung. Im Reich wurde der Konfessionsstreit ignoriert. Hier galt rechtliche Neutralität – im Gegensatz zu den hierdurch erstarkten Territorialgewalten. Da herrschte eine Konfession.

IX

Ein Aspekt der Rechtsverdichtung als Folge der Reformation ist die Entwicklung der Territorien zu frühneuzeitlichen Staaten. Die Aufhebung der bischöflichen Jurisdiktion im Augsburger Religionsfrieden und der Zuständigkeitsgewinn für früher kirchlich beanspruchte Materien stärkten die entstehende territoriale Staatsgewalt. Der ganze Komplex des Eherechts, der Schule und der Universität, die Verwaltung des zum Teil säkularisierten Kirchenguts, die Umwidmung von ehemaligen Klostervermögen in Schul-, Kirchen-, Kloster- oder Schulfonds, Universitäten und Wohltätig-

[9] Eike Wolgast, Einführung der Reformation als politische Entscheidung, in: ders., Aufsätze (wie Anm. 1), S. 1–20, hier: S. 10.

keitsanstalten – all das förderte die Entwicklung der Staatsverwaltung zu dem, was man später die „Gute Policey“[10] nannte.

Mit Martin Heckel kann man formulieren:

„Der deutsche Föderalismus hat so seine wesentliche religionsgeschichtliche Wurzel, die Föderalisierung des Staatskirchenrechts und die der Reichsverfassung gingen Hand in Hand. Die Schutzwehr der Territorien vor der gewaltsamen Rekatholisierung und vor der politischen Unterwerfung unter einen kaiserlichen Absolutismus ist seit den zwanziger Jahren des 16. Jahrhunderts ineinander verschränkt worden […]. So ist es in Deutschland auch unter dem Einfluss der Reformation nicht zur Bildung eines nationalen Einheitsstaats mit einer nationalen Kirchenverfassung und dem Absolutismus als Staatsform gekommen“[11].

X

Die früher verbreitete Sicht, wonach die moderne Welt der grundrechts-gesicherten Staaten als ein mittelbares Ergebnis der speziell lutherischen Reformation anzusehen sei, ist heute einer differenzierten Betrachtung gewichen. Sie sieht die drei christlichen Hauptbekenntnisse in vergleichbarer Weise an der Formierung der frühmodernen Welt beteiligt.[12]

---

[10] Hans Maier, Die ältere deutsche Staats- und Verwaltungslehre, München ²1989, S. 98 ff.; Michael Stolleis, Geschichte des öffentlichen Rechts in Deutschland, Bd. 1: Reichspublizistik und Policeywissenschaft 1600–1800, München 1988, S. 334 ff.

[11] Heckel, Art. Reformation rechtsgeschichtlich (wie Anm. 1), Sp 1825.

[12] Christoph Strohm, Calvinismus und Recht. Weltanschaulich-konfessionelle Aspekte im Werk reformierter Juristen in der Frühen Neuzeit, Tübingen 2008; ders., Das Verhältnis von Kirche und Welt in konfessionsvergleichender Perspektive, in: Gottes Wort in der Geschichte, hrsg. von Wilhelm Damberg, Ute Gause u. a., Freiburg i. Br. 2015, S. 251–265.

XI

Von den Wahlkapitulationen 1519 über den Augsburger Religionsfrieden 1555 bis zum Westfälischen Frieden 1648 entwickelten sich die „Reichsgrundgesetze" zu einem Endgültigkeit beanspruchenden, nicht nur befristet geltenden Reichsverfassungsrecht.

Auf das entstehende neue Rechtsgebiet stürzten sich Professoren der protestantischen Universitäten. Sie standen im Dienst der aufstrebenden Territorialstaaten. Da hatte man elementares Interesse am Ausbau der partikularen Rechtsordnung. Zugleich hatten die Protestanten Anlass, mit Argusaugen auf Einhaltung der Reichsgrundgesetze zu achten, um katholische Gewaltakte tunlichst durch Verrechtlichung der Streitfragen auszuschließen. Denn die katholische Religionspartei sah in den reformatorischen Lehren und ihren kirchlichen Ausprägungen lediglich eine Störung der Normalität, zu der man bei nächster Gelegenheit zurückzukehren die Absicht hatte.[13] Was also die einen als eine durch die politische Lage erzwungene befristete Konzession ansahen, verstanden die anderen als reichsrechtliche Legitimationsbasis zur endgültigen Umgestaltung des Kirchenwesens.[14]

So entstand als mittelbare Folge der Reformation das öffentliche Recht.[15] Dies geschah praktisch ohne Beteiligung katholischer Gelehrter oder katholischer, das hieß damals jesuitischer, Universitäten. Das ist bekannt und war früher allgemein anerkannt. Wo es kürzlich bestritten wurde, sogar mit der Vermutung, Ursache dieses Eindrucks sei die Benutzung nur protestantisch dominierter Bibliotheksbestände durch Michael Stolleis, darf man apologetisches Interesse an der Aufholung des Rückstands oder Konvertiteneifer vermuten.[16]

---

[13] Wolgast, Religionsfrieden (wie Anm. 3), S. 146, 148.

[14] Eike Wolgast, Die Religionsfrage auf den Reichstagen 1521 bis 1550/51, in: Aufsätze (wie Anm. 1), S. 49–72, hier S. 49, 58.

[15] Statt aller Stolleis, Geschichte des öffentlichen Rechts in Deutschland, Bd. 1 (wie Anm. 10), Kap. 4 und 5, S. 126 und 225.

[16] Nachweise hierzu bei Strohm, Das Verhältnis von Kirche und Welt

XII

Indem das Reich das Problem nicht löste, sondern den Territorialherren zuwies, eröffnete es den Weg zu konfessionell gefülltem Verständnis rechtlicher Bestimmungen und Begriffe. Kirche, Kirchengut, Bischofsamt und so fort, alle Begriffe gewannen kontradiktorischen Inhalt auf Seiten der beiden Konfessionen. Beide Seiten deuteten jeden Rechtsbegriff von der Wahrheit ihrer theologischen Lehrposition aus.[17]

XIII

Das Bedürfnis nach Sicherung der Religionsausübung im territorialen Bereich zwang zu einer dauernden Ordnung. Nach einer an die Echternacher Springprozession erinnernden Folge sich – je nach politischen Kräfteverhältnissen – widersprechender Reichstagsbeschlüsse kam sie im Augsburger Religionsfrieden 1555 endlich zustande. Dieser förmliche Religionsfriede transformierte die Glaubens- und Wahrheitsfrage in eine Rechtsfrage.[18] Sie wurde vom Westfälischen Frieden 1648 bestätigt. Ihre fundamentale Geltung blieb bis ins 19. Jahrhundert unbestritten.

Diese in Europa einzigartige Friedensform, die – anders als in England, Frankreich, Spanien oder Italien – das Zusammenleben der Konfessionen ermöglicht und gesichert hat, beruhte auf Vereinbarungen, auf deren Beachtung die Religionsparteien peinlich achteten. Konflikte wurden im Wesentlichen auf dem Rechtsweg beigelegt.

(wie Anm. 12); DERS., Besprechung von: Brad S. Gregory, The Unintended Reformation. How a Religious Revolution Secularized Society, Cambridge, Mass./London, in: Evangelische Theologie 75 (2015), S. 156–160.

[17] Grundlegend dazu Martin HECKEL, Staat und Kirche nach den Lehren der evangelischen Juristen Deutschlands in der ersten Hälfte des 17. Jahrhunderts (Jus Ecclesiasticum 6), München 1968.

[18] WOLGAST, Religionsfrieden, (wie Anm. 3), S. 147.

Als ein Nachwehen dieser Epoche sehe ich das Vertrauen im deutschen Volk auf die gerichtliche Klärung einschlägiger Rechtsfragen und die Neigung, alle konfessionellen, möglicherweise kontroversen Fragen im Verhältnis von Staat und Kirche durch Verträge zu sichern. Eine in dieser Dichte deutsche Besonderheit.[19]

XIV

Indem das Reich sich von der von den Konfessionsparteien kontradiktorisch ausgelegten Ordnung dessen zurückzog, was wir heute das Staatskirchenrecht nennen, begann eine Zweistufigkeit. Im Reichsrecht galt nicht der konfessionelle Wahrheitsanspruch. Der wurde im Gegenteil relativiert durch die Öffnung der Rechtsbegriffe und durch die Prinzipien der rechtlichen Neutralität und Parität. Kirche, Bekenntnis, Bischof, Religionsfreiheit, Schule, Kirchengut und so fort – alles wurde von den die Wahrheit für sich beanspruchenden Konfessionsparteien gegensätzlich interpretiert.

Damit begann im Reichsrecht die Entwicklung des Staatskirchenrechts zu einer ausfüllungsbedürftigen Rahmenordnung. Der Staat setzt den Rahmen, die Berechtigten füllen ihn nach ihrem Selbstverständnis aus und werden in ihrem Selbstverständnis vom Staat vor konfessionellen Übergriffen beschützt.

Diese mundiale Errungenschaft ist eine Folge der Reformation. Ein modernes Beispiel bietet Artikel 7 Abs. 3 Grundgesetz. Danach ist der Religionsunterricht in den öffentlichen Schulen mit Ausnahme der bekenntnisfreien Schulen ordentliches Lehrfach. Unbeschadet des staatlichen Aufsichtsrechts wird der Religionsunterricht in Übereinstimmung mit den Grundsätzen der Religionsgemeinschaft erteilt. Der Staat stellt den Rahmen, die Schule,

---

[19] Axel Frhr. von Campenhausen / Heinrich de Wall, Staatskirchenrecht, München ^{4}2006, S. 45 ff., 141 ff.; Alexander Hollerbach, Die vertragsrechtlichen Grundlagen des Staatskirchenrechts, in: Handbuch des Staatskirchenrechts der Bundesrepublik Deutschland, Bd. 1, hrsg. von Joseph Listl, Dietrich Pirson, Berlin ^{2}1994, S. 253–287.

die ausgebildeten Lehrer, die Schulaufsicht und so weiter. Ob die Kinder aber Katechismus, Liedverse, biblische Geschichten oder Suren lernen, das sagt nicht der Staat, sondern das bestimmen in Zusammenarbeit mit den staatlichen Schulbehörden die respektiven Religionsgemeinschaften. Die staatliche Kompetenz ist also auf den weltlichen Bereich beschränkt. Das lässt die staatskirchenrechtliche Regelung offen, ausfüllungsbedürftig erscheinen.[20] Um noch einmal Heckel zu zitieren:

> „Die Selbstbeschränkung der Reichsgewalt auf offene weltliche Rahmenformen zur Sicherung und Entfaltung des Bekenntnisses gegen Übergriffe der Bekenntnisgegner wurde zum Schlüssel für die Ausübung und Anwendung des Reichskirchenrechts und des modernen Staatskirchenrechts“[21].

XV

Eng damit zusammen hängt die Grundlegung dessen, was wir heute den Föderalismus nennen: die Zweistufigkeit des Staates im Reich (heute Bund) und in den Territorien (heute Länder). Nicht zufällig ist der Kern der Länderkompetenz nach dem Bonner Grundgesetz die „Kultur“, also Schule, Hochschule, Kirchensachen. Dabei macht der Bund für die Ordnung des Staat-Kirchen-Verhältnisses neutrale Vorgaben. Alles das sind Materien, für die der Augsburger Religionsfriede die bischöfliche Jurisdiktion erst aufheben und das Reich die Zuständigkeit den Landesherren zuweisen musste.[22]

---

[20] Martin HECKEL, Die religionsrechtliche Parität, in: Handbuch des Staatskirchenrechts der Bundesrepublik Deutschland, Bd. 1, hrsg. von Josef Listl u. a., Berlin 1974, S. 445 ff. und 504 f. (= DERS., Gesammelte Schriften. Staat, Kirche, Recht, Geschichte, Bd. 1, Tübingen 1989, S. 227–323, hier: S. 285); Axel Frhr. VON CAMPENHAUSEN, Der heutige Verfassungsstaat und die Religion, in: Handbuch des Staatskirchenrechts der Bundesrepublik Deutschland, Bd. 1 (wie Anm. 19), S. 49 f. m. w. N.

[21] HECKEL, Die zwiespältigen Rechtswirkungen (wie Anm. 1), S. 19.

[22] Martin HECKEL, Vom alten Reich zum neuen Staat. Entwicklungslinien des deutschen Staatskirchenrechts der Neuzeit, in: ZNR 28 (2006),

„Auch der deutsche *Föderalismus* hat im Religionsfrieden von 1555 wichtige Wurzeln, weil das Reichskirchenrecht entscheidend die Selbständigkeit der Territorien und ihre Mitwirkungsrechte an der Reichspolitik in den sensibelsten Fragen des Konfessionellen Zeitalters stärkte."[23]

XVI

Last not least hat die Reformation einen bahnbrechenden Durchbruch für das Schulwesen gebracht. Natürlich waren Luther, Melanchthon und andere Reformatoren von der Strömung des Humanismus berührt, welcher zu Reformen im Hochschulwesen geführt hat. Die Wirkungen beschränken sich aber auf einen elitären Gelehrtenzirkel. Nur eine relativ kleine Schicht wurde davon berührt. Die Bildung des einfachen Volkes war dabei nicht im Blick.

Ganz anders die Reformation mit ihrer Breitenwirkung auf die Bildung des einfachen Volkes und die Entwicklung des niederen Schulwesens. Hier gab Luther mit der Adelsschrift den Anstoß:

„Vor allen Dingen sollte in den hohen und niederen Schulen die vornehmste und allgemeinste Lektion sein die Heilige Schrift und den jungen Knaben das Evangelium. Und wollte Gott eine jegliche Stadt hätte eine Mädchenschule, darinnen täglich die Mägdlein eine Stunde das Evangelium hörten, es wäre deutsch oder lateinisch ... Sollte nicht billig ein jeglicher Christenmensch bei seinen neun oder zehn Jahren wissen das ganze heilige Evangelium, da sein Namen und Leben drin steht?"[24]

Damit er es aber in seiner Muttersprache erleben konnte, musste nicht nur die Bibel ins Deutsche übersetzt werden, sondern es musste dafür gesorgt werden, dass die Kunst des Lesens und Schreibens allgemein wurde.

S. 235–278 (= DERS., Gesammelte Schriften, Bd. VI, Tübingen 2013, S. 300–354, hier: S. 304).

[23] Ebd., S. 238 = 304 f.

[24] WA 6,461.

Bei Luthers Anstoß war das religiöse Moment dominant. Die Durchführung kam von Melanchthon, der schon zu Lebzeiten als Praeceptor Germaniae tituliert wurde. Er hat die enge Verbindung von Protestantismus und Bildung grundgelegt. Maßgeblich wurden insbesondere Melanchthons Anstöße und Initiativen zur Begründung oder zur Reformierung schon bestehender Bildungs- und Schuleinrichtungen. Hier liegen die Wurzeln der niederen wie auch der höheren Schule in Deutschland mit Bibel, Katechismus und Gesangbuch als Grundlage allgemeiner Bildung.

Mit dem Einsetzen der Reformation machten sich starke Ressentiments gegen Bildung und Schule insgesamt bemerkbar, die für viele mit dem mittelalterlich-scholastischen System der traditionellen römischen Kirche identisch waren. Das führte zur Schließung nicht weniger Kloster- und Kirchenschulen und es bedurfte des nachdrücklichen Einsatzes der Reformatoren. In diesem Kontext wird Luthers Aufruf von 1527 wichtig: *An die Ratsherren aller Städte deutschen Landes, dass sie christliche Schulen aufrichten und halten sollen* und sein *Sermon oder Predigt, dass man solle Kinder zur Schule halten* (1530). Konkrete organisatorische Fragen regelt auch schon der *Unterricht der Visitatoren an die Pfarrherrn* (1527).

Noch lange Zeit blieben die Schulen ein Anhängsel der Kirche (Annexa religionis), aber die staatlichen Gewalten wurden zunehmend auch in die Pflicht genommen: „Der Anfang für die Entwicklung eines staatlich-weltlichen Schulwesens, der Keim zur deutschen Schule als Staatsschule, liegt in der Reformation“[25].

Eine mittelbare Spätfrucht der Reformation ist auch das hervorragende katholische Schulwesen, insbesondere der Jesuiten, die sich ganz auf die Bildung durch Schulen und Hochschulen konzentriert hatten, um dadurch verlorenes Terrain wiedergutzumachen. Konfessionalisierung und Territorialisierung des

[25] Dazu statt aller Horst F. Rupp, Art. Schule/Schulwesen 4.3, in: TRE 30, Berlin/New York 1999, S. 597–600, mit Zitat aus: Gerhardt Giese, Quellen zur deutschen Schulgeschichte seit 1800, Göttingen/Berlin/Frankfurt a. M. 1961, S. 12f.

Schul- und Bildungswesens sind damit grundlegende Ergebnisse der Epoche von Reformation und Gegenreformation bzw. katholischer Reform.[26]

XVII

Abschließend bleibt die Frage, ob die Grundrechte nicht wenigstens mittelbar eine Frucht der Reformation seien. Vor hundert Jahren führte der Staatsrechtslehrer Georg Jellinek (1851–1911) den Ursprung der Grundrechte auf einen calvinistischen Seitenzweig der holländischen und englischen Reformation zurück.

> „Was man bisher für ein Werk der Revolution gehalten hat, ist in Wahrheit eine Frucht der Reformation und ihrer Kämpfe ... Die Idee, unveräußerliche, angeborene, geheiligte Rechte des Individuums gesetzlich festzustellen, ist nicht politischen, sondern religiösen Ursprungs."[27]

Tatsächlich hatten die Reformatoren kein primäres Interesse an Religionsfreiheit oder Grundrechten überhaupt. Allerdings bestand Luther darauf, dass man Ketzer nicht mit Gewalt bekämpfen dürfe, sondern nur mit Argumenten. Ihr Überleben verdankten sie nicht Anfängen der Toleranz, sondern der Notlage, dass man Andersgläubige ertragen musste, weil man sie nicht ohne noch größeres Übel beseitigen konnte.

Auch hier stand die Rechtfertigungslehre am Anfang: Der Glaube ist nur als freier Glaube wirklich ein Akt der Antwort auf die Gnade. Der Freiheit allein aus Gnade korrespondiert die Freiheit des Glaubens und des Gewissens. „In diesem prinzipiellen Sinn bildet die Glaubens- und mit ihr auch die Religionsfreiheit

---

[26] Wie Anm. 25.

[27] Georg Jellinek, Die Erklärung der Menschen- und Bürgerrechte, hrsg. von Walter Jellinek, München ^{4}1927, S. 12 ff., 46 ff. Dazu Michael Stolleis, Georg Jellineks Beitrag zur Entwicklung der Menschen- und Bürgerrechte, in: Georg Jellinek, hrsg. von Stanley L. Paulson/Martin Schulte, Tübingen 2000, S. 103 ff.; von Campenhausen, Grundrechte als europäische Leitidee (wie Anm. 1), S. 24 ff. m. w. N.

für ein an der Reformation geschultes Verständnis den Kern der Menschenrechte“[28].

Eine wesentliche reformationsbedingte Voraussetzung für die Entwicklung der Menschenrechte war die Begrenzung der Staatsgewalt in Luthers Schriften. Einen Anfang kann man auch im Augsburger Religionsfrieden finden. In § 24 garantiert er in einem frühen, schüchternen Ansatz das religiöse Selbstbestimmungsrecht in Gestalt eines Auswanderungsrechts. Dieser gewiss bescheidene, aber eben doch erste Ansatz war in der Praxis vermutlich wenig effektiv. In seiner Potentialität war er aber doch ein kaum zu überschätzendes Rechtsgut.[29]

Ständische Rechte fungierten als Bausteine künftiger Individualfreiheit. Menschenrechte im modernen Sinn waren sie nicht. Immerhin knüpften erste Menschenrechtskataloge der neuenglischen Staaten an die Bill of Rights an, also an ständisch vermittelte Freiheitsverbriefungen. Sie bilden die Vorgeschichte der Grund- und Menschenrechte. Korporative Rechte der europäischen Staaten konnten in den Vereinigten Staaten von Amerika menschheitlich umgeformt zu den modernen Grundrechten entwickelt werden.

Da in Deutschland im Nebeneinander der Konfessionen das mit der Konfessionsspaltung verbundene Leid besonders stark erfahren wurde, sind hier erstmals Mechanismen für den Schutz des Individuums entwickelt worden, die die Respektierung elementarer Schutzzonen zum Ziel hatten.[30] In einer in Europa einmaligen Weise haben diese Verbürgungen im föderalistischen

---

[28] Wolfgang Huber, Art. Menschenrechte/Menschenwürde, in: TRE, Bd. 22, Berlin/New York 1992, S. 577–602, hier: S. 579; vgl. Martin Heckel, Die Menschenrechte im Spiegel der reformatorischen Theologie (Abhandlungen der Heidelberger Akademie der Wissenschaften, Jg. 1987/4), Heidelberg 1987 (= Gesammelte Schriften, Bd. 2, Tübingen 1989, S. 1122–1193).

[29] Wolgast, Religionsfrieden (wie Anm. 3), S. 157.

[30] Dazu grundlegend Christoph Link, Herrschaftsordnung und bürgerliche Freiheit, Wien 1979.

System des Alten Reiches Generationen effektiven Schutz geboten und die Grundlagen geschaffen für den religiös neutralen Staat der Gegenwart. Diese freiheitschützende Tradition des Reichsverfassungsrechts ist heute vergessen, weil sie durch das Aufkommen der Grundrechte nach dem Untergang des Alten Reichs verschüttet worden ist.

Verzeichnis der Autoren

Prof. Dr. Cornel A. Zwierlein, 2008–2017 w1-Prof. Ruhr-Universität Bochum; 2013–2017 Visiting Fellow Harvard University (Cambridge/M.)

Prof. Dr. Dr. h.c. mult. Michael Stolleis, Professor em. für Öffentliches Recht und Rechtsgeschichte an der Johann Wolfgang Goethe-Universität Frankfurt am Main; von 1991 bis 2009 Direktor des Max-Planck-Instituts für europäische Rechtsgeschichte; Mitglied verschiedener Akademien u. a. der Berlin-Brandenburgischen Akademie der Wissenschaften

Prof. Dr. Heiner Lück, Professor für Bürgerliches Recht und Rechtsgeschichte an der Universität Halle-Wittenberg; Mitglied der Sächsischen Akademie der Wissenschaften zu Leipzig; Vorsitzender des internationalen wissenschaftlichen Fachbeirats am Max-Planck-Institut für europäische Rechtsgeschichte Frankfurt am Main

Prof. Dr. Wim Decock, Professor für Rechtsgeschichte am Institut für Römisches Recht und Rechtsgeschichte der Universität Leuven; assoziierter Mitarbeiter am Max-Planck-Institut für europäische Rechtsgeschichte

Prof. Dr. Christoph Strohm, Professor für Reformationsgeschichte und Neuere Kirchengeschichte an der Universität Heidelberg; ordentliches Mitglied der Heidelberger Akademie der Wissenschaften; stellvertr. Vorsitzender des Vereins für Reformationsgeschichte

Prof. Dr. Heinrich de Wall, Professor für Kirchenrecht, Staats- und Verwaltungsrecht an der Friedrich-Alexander-Universität Erlangen-Nürnberg und Leiter des Hans-Liermann-Instituts für Kirchenrecht

Prof. Dr. Dr. h.c. mult. Axel Freiherr von Campenhausen, Professor em. für Kirchenrecht an der Universität München; ehemaliger Leiter des Kirchenrechtlichen Instituts der EKD; ehem. Mitglied der Synode der EKD und ehem. Vorsitzender des Bundesverbandes Deutscher Stiftungen

Namensregister